中国人才研究丛书

四川人才发展报告

(2017)

Report on
Talent Development
in Sichuan（2017）

王辉耀　主编

西南财经大学发展研究院
中国与全球化智库　编

社会科学文献出版社
SOCIAL SCIENCES ACADEMIC PRESS(CHINA)

四川人才发展报告编委会

主要编撰者简介

王辉耀 博士，教授，博士生导师，国务院参事，西南财经大学发展研究院院长，中国与全球化智库（CCG）理事长兼主任，中国国际人才专业委员会会长，中国人才研究会副会长，欧美同学会/中国留学人员联谊会副会长，商务部中国国际经济合作学会副会长，九三学社中央经济委员会副主任，中国华侨历史学会副会长，中华海外联谊会常务理事，国务院侨办专家咨询委员会专家。首任中央人才工作协调小组国际人才战略专题研究组组长，主持国家多个部委课题研究。担任北京市政府专家咨询委员会专家以及多家地方政府顾问。此外，目前还担任联合国国际移民组织（IOM）国际顾问理事会理事，德国劳动力研究所（IZA）研究员、国际猎头协会（AESC）顾问、国际大都会组织（Metropolis）执委，美国耶鲁大学亚洲发展顾问委员会理事和加拿大西安大略大学毅伟商学院亚洲董事会董事等。

留学欧美，获得加拿大温莎大学工商管理硕士学位，曾在加拿大西安大略大学和英国曼彻斯特大学攻读博士研究生，获国际管理博士（Ph. D）学位，并在美国哈佛大学肯尼迪政府学院担任高级研究员和在布鲁金斯学会担任访问研究员。曾先后兼任北京大学、西南财经大学、中国政法大学、中国农业大学、西安交通大学、广东外语外贸大学、哈尔滨工业大学、首都经济贸易大学、中国人事科学研究院和加拿大西安大略大学等多所大学及研究机构的兼职教授或博士生导师。

在人才战略、海归与留学生、华侨华人、国际移民和企业国际化以及智库发展等领域有大量著作和学术研究，在国内外出版相关中英文著作50多部，包括《中国海归发展报告》《中国留学发展报告》《中国国际移民报告》《海外华侨华人专业人士报告》《中国区域人才竞争力报告》和《中国企业国际化报告》等蓝皮书系列，以及《国际人才竞争战略》《国际人才战略文集》《国家战略——人才改变世界》《海归时代》《当代中国海归》《人才战争》《移民潮》《哈佛肯尼迪政府学院精英课》《海归百年创新中国》《大国智库》《国际猎头与人才战争》和《新加坡人才战略与实践》等著作。

西南财经大学发展研究院简介

西南财经大学发展研究院（Institute of Development, Southwestern University of Finance and Economics）成立于2009年9月12日，是西南财经大学四个学术特区之一。发展研究院是一家以服务国家、行业和地方的发展需要为己任的财经智库机构，着力研究经济社会发展中具有全局性、战略性、前瞻性的重大理论和实践问题，以不断增强西南财经大学服务社会的能力。发展研究院现由国务院参事、欧美同学会副会长、中国与全球化中心智库主任王辉耀担任院长，第一任院长、著名经济学家李晓西教授现任名誉院长，著名经济学家张卓元教授、刘诗白教授为学术委员会主席，著名经济学家厉以宁教授等知名专家为学术顾问，卢中原、刘伟等一批著名专家学者为学术委员。发展研究院与经济学院共同建设发展经济学博士点和硕士点，于2014年开始联合招收硕士生和博士生；设有“西南财经大学绿色经济与经济可持续发展研究基地”。

中国与全球化智库简介

中国与全球化智库（Center for China and Globalization，简称 CCG），是由北京全球化人才发展基金会、南方国际人才研究院、北方国际人才研究院和中国与全球化研究中心所组成的智库型研究机构。CCG 总部位于北京，在国内外有近 10 个分支机构或海外代表处，致力于中国的全球化战略、全球治理、人才国际化和企业国际化等领域的研究，目前拥有全职智库研究和专业人员近百人。

CCG 还是中央人才工作协调小组全国人才理论研究基地，中联部“一带一路”智库联盟理事单位，并被国家授予博士后科研工作站资质。在全球最具影响力的美国宾夕法尼亚大学《全球智库报告 2015》中，CCG 列全球智库综合排名第 110 位，并入选全球最值得关注智库百强；在中国顶级智库排行榜中名列第七，居中国社会智库第一。在该项目 2016 年度榜单中，CCG 在全球最佳创意和模式创新智库、全球最佳质量保证和完整策略及程序智库、全球最佳互联网应用智库等多个单项榜单中位列中国智库第一。CCG 还在《光明日报》、南京大学联合发布的《中国智库发展评价报告》，以及中国科学院成都文献情报中心、四川省社会科学院联合发布的《中华智库影响力报告（2016）》中位列中国社会智库第一。

摘　要

为反映党的十八大以来，四川人才发展及其工作的最新情况，分析区域人才发展过程中的热点问题，我们组织编写了《四川人才发展报告（2017）》。全书由总报告、高校人才篇、人才引进篇、人才创新篇和专家观点篇五部分组成。

总报告从宏观视角分析了十八大以来四川人才省情及其工作中存在的问题和“短板”，特别是凭借“一带一路”“全面创新改革试验区”等一系列国家战略和政策的大力支持，借鉴上海和深圳等沿海发达地区人才新政经验，构建与完善人才发展支撑体系成为四川人才发展的现实路径。

高校人才篇分六个部分，一是有关西部地区高校高端人才队伍建设的现实问题及对策建议；二是以高校师生国际化发展为切入点，考察四川5所高水平大学人才培养现状；三是以西南财经大学为个案，回顾学校构建现代人事制度体系的十年探索；四是通过问卷调查，分析四川12所高校人才发展的现状和问题，并就问题提出了相应对策；五是以四川某高校为案例，通过对学生、辅导员和管理者的实证调查，探讨高校辅导员胜任力的差异性评价问题；六是分析“双一流”建设背景下四川不同类型高校海外人才引进机制。

人才引进篇分两部分，一是回顾“十二五”时期来四川工作的境外专家情况，并介绍四川省国外人才和智力引进政策；二是介绍四川外籍人才引进、管理和发展方面的具体做法，并对外籍人才在川生活和融入提出建议。

人才创新篇包括四部分，一是以“国家级新区”——成都天府新区为案例，着重从培育创新型人才聚集力方面提出决策参考；二是全面阐释应急管理创新人才培养模式，从国外、全国和四川多个视角分析应急管理教育创新体系；三是基于四川区位视角，通过模型分析省内企业如何利用雇主品牌招引人才；四是分析在“大众创业、万众创新”的社会背景下，四川高校大学生创新创业的现状与问题，并对高校创新创业教育模式提出了积极建议。

专家观点篇主要汇集西部人才发展论坛、第二届“发展与展望圆桌论坛”：国外人才与智力引进工作研讨会、第二届“中国人才50人圆桌论坛”暨第三届发展与展望圆桌论坛中有关西部（四川）人才发展战略的观点和建议。

序　一

人才，是国家和地方发展的根本因素，是经济社会发展的第一资源。2016 年 5 月，习近平总书记就深化人才发展体制机制改革做出重要指示强调，办好中国的事情，关键在党，关键在人，关键在人才。做好人才发展工作，是协调推进“四个全面”战略布局和全面贯彻“五大发展理念”的内在要求。由西南财经大学发展研究院王辉耀院长领衔、联合校内外专家共同编写的《四川人才发展报告（2017）》付梓了。本报告的出版，是贯彻习近平总书记关于人才发展工作重要指示精神的体现。这是四川省第一部全面介绍地方人才发展及其工作的年度报告，借鉴了国内外其他地区人才发展的经验，全面总结了四川人才发展特征及取得的成绩，深入剖析了人才工作可能存在的不足及其原因，相信能为四川省人才工作体制机制改革、人才发展战略谋划、人才发展环境优化、人才工作方法改进等提供重要参考，能为四川省围绕贯彻“五大发展理念”、以人才优先发展推进全面创新改革驱动转型发展提供良策。

当前，西南财经大学站在创建“双一流”大学征程的新起点。学校将继续秉持人才强校战略，以“普天之下是我的领地，世界学者是我的知音”的气度和胸怀，以超常规举措面向全球广揽一流人才，继续为国家和地方培养一流人才。西南财经大学将一如既往，与四川省内外的专家学者积极开展协同创新，加强人才发展研究，以支撑创新驱动发展战略，服务经济社会发展，为实现“两个一百年”奋斗目标和中国梦提供有力支撑。

西南财经大学发展研究院是一家以服务国家、行业和地方的发展需要为己任的财经智库机构，近些年积极搭建人才发展研究平台。发展研究院联合中国与全球化智库，连续主办“中国人才 50 人论坛”和“发展与展望论坛”，集中围绕人才发展这一主题，会聚国内外知名专家学者，为国家和地方人才发展出谋划策，获得了积极的社会反响。本报告收录了专家学者们在历次论坛上的真知灼见，以飨读者。

是为序。

西南财经大学党委书记　赵德武

序　二

西南财经大学发展研究院是学校的“人才特区”之一，八年来一直从事面向全国和地方经济社会发展研究，以服务社会为己任、以输出西财贡献为担当，形成了一系列具有公共服务性质的研究成果。在王辉耀院长的带领下，发展研究院以人才发展研究为着力点，会集了众多从事人才发展研究的专家以及有志于人才发展研究的青年学者，联合编写了《四川人才发展报告（2017）》。该报告的出版，对四川人才发展及其工作而言是一件好事，对西南财经大学的智库研究和学科建设而言又是一件喜事。

四川省正处于由要素驱动为主向创新驱动为主转变的关键阶段，但人才资本水平低，使得物质资本的投入事倍功半。人才资本水平低已成为四川经济增长的“短板”。治蜀兴川只有深入挖掘人才资源，推进科技与经济紧密结合，才能实现经济发展方式的根本转变，才能为加快建设创新型四川奠定坚实基础。2015 年 9 月 7 日，中共中央办公厅、国务院办公厅印发《关于在部分区域系统推进全面创新改革试验的总体方案》，将四川列入全面创新改革试验区，人才作为推动区域经济社会创新发展的原动力，人才工作被推到新高度。此外，四川作为陆地丝绸之路和海上丝绸之路的交汇点，积极融入“一带一路”建设既是四川服务国家战略的应尽之责，也为四川构建开放的人才格局、实现自身转型升级提供重大机遇。

《四川人才发展报告（2017）》报告分为总报告、高校人才篇、人才引进篇、人才创新篇和专家观点篇五个部分。既有对十八大以来四川人才省情的总体分析，又有围绕四川人才“引、用、育、留”的专题式研究，还有汇集政府官员、高校学者、企业（协会）领袖和专家的论坛发言；既有理论层面的研究，也有实践经验的思考；既有宏观层面的政策分析和解读，又有微观层面的院校治理和教师发展。该报告内容丰富、思想性强，重点突出、指向性强，对四川建设具有国际竞争力和国家创新驱动发展先行省，特别是以人才驱动引领创新驱动发展提供了智力支撑和研究保障。

最后，祝愿《四川人才发展报告》越做越好！

西南财经大学校长　张宗益

目　录

Ⅰ　总报告

Ⅱ　高校人才篇

Ⅲ　人才引进篇

Ⅳ　人才创新篇

Ⅴ 专家观点篇

总 报 告

General Report

B.1

着力构建全面创新人才发展支撑体系 促进四川全面创新改革驱动转型发展

王辉耀 陈 涛*

摘 要：综合国力竞争归根到底是人才竞争。当前，世界经济发展进入了新的十字路口，全球化与逆全球化展开更加激烈博弈。人才，尤其是国际高端人才，仍将成为全球竞争的最主要资源。“功以才成，业由才广”。党的十八大以来，在以习近平同志为核心的党中央的领导下，四川人才发展及其工作成绩突出、优势明显。凭借“一带一路”“全面创新改革试验区”

* 王辉耀（1958～），四川成都人，教授，博士生导师，国务院参事，西南财经大学发展研究院院长，中国与全球化智库理事长兼主任，中国人才研究会副会长，欧美同学会副会长，主要从事人才发展与全球化研究；陈涛（1984～），甘肃兰州人，西南财经大学发展研究院助理研究员，教育学博士，管理科学与工程博士后研究人员，主要从事高等教育与人才发展研究。

等一系列国家战略和政策的大力支持，四川人才发展进入了历史性的机遇期，同时也面临着严峻的挑战。本报告通过建立 SWOT 分析模型，在全面把握四川人才省情特征的基础上，深入剖析四川人才发展及其工作中的问题和“短板”。借鉴北京、上海和深圳的人才新政，特别是人才发展支撑体系的建设经验，从转变人才发展战略思维、改造人才发展外部环境、重视人才发展理论研究和优化人才支撑体系四个方面，为实现四川人才大发展提出相关建议，构建适用于四川人才发展的理论体系与运作机理。

关键词： 人才发展支撑体系　人才工作　全面创新改革　创新驱动转型发展　四川

党的十八大以来，四川人才发展及其工作取得了实质性的巨大进步，以人才驱动引领创新驱动的全面创新改革成为四川经济社会跨越式发展的主旋律和主基调。在既有人才发展规划目标、任务和成效的基础上，四川人才发展紧密围绕落实“三大战略”和推进“两个跨越”，以“持续改进”理念作为加强四川人才发展及其工作的方法论和长效策略，在转变人才发展战略思维、改造人才发展外部环境以及重视人才发展理论研究的同时，通过积极借鉴深沪人才支撑发展工作的优秀实践经验，着力建立健全四川人才发展支撑体系与服务体系，并进一步完善人才发展理论体系建设。进入新的发展阶段，四川人才发展既有着大好机遇，也面临着严峻挑战。

一　党的十八大以来四川人才发展及其工作取得的新成效

从国际人才发展的潮流来看，国家及地区之间的竞争已演变成人才之间的竞争，人才的国际化竞争日益成为全球社会密切关注的重大课题。如：美国长期以来通过移民和留学政策吸引世界各国的优秀人才，并将杰出人才、优秀人才、高技能人才和投资移民作为移民的优先考虑对象；加拿大从2013年推出全新的创业签证，为在加拿大创新创业的外国企业家提供了便利和优待；德国在职业教育领域一直推行“双元制”和“学徒制”的人才培养模式，造就了一大批社会需求高的应用技能型人才；英国则通过英格兰高等教育基金理事会每年向高校和科研机构提供16亿英镑的经费支持，设立了1.5亿英镑的高等教育创新基金用于科学研发和人才培养；新加坡提出人才融入策略，主要通过国民融合理事会、企业家行动社区两个层面推动新加坡人、新移民与外国人间的融合。从以上国家的人才制度和政策不难发现，世界各国都竭力通过构建人才支撑体系来引才、育才、用才和留才，人才体制机制创新成为“人才战争”的制胜“武器”和“法宝”。

从国内人才发展的趋势来看，党的十八大以来，以习近平同志为核心的党中央做出了实施创新驱动发展战略的重大部署，把人才发展工作提到了前所未有的高度。据相关统计，十八大以来习近平总书记100余次在不同场合不同会议上强调了人才的重要性，并指出人才工作的新方向。总书记强调，“我们比历史上任何时期都更接近实现中华民族伟大复兴的宏伟目标，我们也比历史上任何时期都更加渴求人才”，“人才是创新的根基，创新驱动实质上是人才驱动，谁拥有一流的创新人才，谁就拥有了科技创新的优势和主导权”。习近平总书记的重要论断，深刻揭示了人才与创新的关系，指明了创新驱动发展战略的突破口和着力点，实施以人才引领创新驱动发展战略，必须加快建设创新型人才队伍，并大力推进人才体制机制改革和政策创新。总书记强调，“用好用活人才，建立更为灵活的人才管理机制，打通人才流动、使用、发挥作用的体制机制障碍”，“要实行更加开放的人才政策，不唯地域引进人才，不求所有开发人才，不拘一格用好人才”。

综观国际国内人才发展形势，四川省委省政府自十八大以来，积极加快人才工作建设步伐，从人才政策、人才项目、人才发展环境、人才工作机制、人才资源开发、人才培养等多个方面齐抓共管，5年来取得了丰硕、务实的新成效。

（一）政策引领，增强人才集聚效应

近年来，四川省委、省政府非常重视中央有关人才发展的指示和精神，特别是党的十八大以来，习近平总书记发表了有关人才发展的重要讲话，中央推出各类人才新政。其中，包括了习总书记于2013年10月在欧美同学会成立100周年庆祝大会上的讲话、2014年5月在外国专家座谈会上的讲话、2014年6月“两院”院士大会上的讲话以及在各地考察和各类座谈会议上的讲话等，习总书记强调“天下之治者在人才”，并提出“人才是衡量一个国家综合国力的重要指标”等人才发展的重要论断。2013年7月，国务院颁布了《外国人入境出境管理条例》，设立了R字（人才）签证；2016年2月，中共中央办公厅、国务院办公厅印发《关于加强外国人永久居留服务管理的意见》，设定灵活务实的永久居留申请条件，并进一步规范和优化审批程序；2016年3月，中共中央印发《关于深化人才发展体制机制改革的意见》，将人才发展体制机制改革视作全面深化改革的重要组成部分，并提出“人才是经济社会发展的第一资源”；2016年5月，中共中央、国务院印发了《国家创新驱动发展战略纲要》，更是将高水平人才队伍建设看作筑牢创新的根基。

四川省委、省政府在认真贯彻学习习总书记讲话精神和中央人才政策的基础上，重视政策供给和顶层设计，也连续出台了一系列促进人才发展的政策，包括2012年《四川省人才发展规划（2014～2020年）》、2015年5月四川省政府出台的《关于全面推进大众创业、万众创新的意见》、2016年3月四川省教育厅发布的《关于对高层次引进人才的子女就读中小学实行特殊优惠的办法》等政策举措。特别是在2016年7月发布的《关于深化人才发展体制机制改革促进全面创新改革驱动转型发展的实施意见》，堪称四川史上最强的“人才新政”。[①] 十八大以来，四川省

① 《十二大亮点读懂四川史上最强“人才新政”》，《川报观察》，http：//cbgc. scol. com. cn/rdxw/201607/t20160706_ 44736. html. 2016. 08. 01。

委、省政府打出了人才新政的“组合拳”，营造了地方人才发展的“强磁场”，逐步建立了与四川省情相适应的人才政策体系，推进四川全面创新改革。

（二）项目带动，助推人才队伍建设

四川省在人才队伍建设方面，实施了以“项目”为特征的人才工作模式，主要表现在人才引进、人才激励和人才培养三个方面。譬如：①海外引才“百人计划”，累计投入2.265亿元，分四批资助引进232名海外高层次人才和9个顶尖创新创业团队。其中117人入选国家前九批“千人计划”，入选数居西部第一。②实施海内外引才“千人计划”，引进高层次人才441人、顶尖团队33个，其中144人入选国家“千人计划”、入选数居西部第一，示范带动各地引进紧缺专业人才2.9万多人。③开展全球招才引智“三大活动”，每年由省委、省政府组团赴国（境）外开展专项招才活动，举办中国西部海外高科技暨高端人才洽谈会和中国（绵阳）科技城国际科技博览会，实现招商引资与招人聚才并举。④加强与国内外名校名院名企的战略合作，如2014年四川与清华大学签订战略合作协议，在战略咨询、科技成果转化、教育、干部交流培训、人才引进等方面开展一系列务实合作，吸引大批清华科技人员和毕业生来川发展。⑤“天府科技英才计划”，以“人才+项目”形式，分科技领军人才、青年科技人才、科技创新苗子、科技创新团队4类，共投入4350万元，资助了56名青年科技人才、119个科技创新苗子及20个团队。省委、省政府还提出对能够推动技术创新和产业发展实现重大突破的引进人才及团队，视其成果和发展前景，由省财政对个人和团队给予持续资助，引导支持他们创造一流技术、一流企业、一流品牌。⑥努力造就一支支撑产业发展的高层次人才队伍，对接国家“万人计划”，统筹院士培养工程、学术技术带头人及后备人选培养计划、青年科技人才培养计划等，如：院士培养工程已分两批遴选确定14名重点对象，资助金额共计1300万元。⑦“千名企业家培育计划”，重点拓展实施优秀企业家培养计划，分“商界精英”“明日之星”“创业能人”等专项，为

企业经营管理人才提供个性化、系统化、菜单式的培训。现已分两年累计投入2020万元，资助举办26个专题培训班，累计培训2300多名中高级企业经营管理人才。⑧实施“四川名匠”培育工程，进一步完善以园区企业为主体、职业院校为基础、学校教育与企业培养紧密联系的技能人才培养体系。

（三）生态营造，优化人才发展环境

四川人才发展有赖于打造优良的生态环境，这主要包括经济、文化、自然和区域交通等大环境。近年来，四川经济走势总体平稳，2015年，四川经济增长比前两年回落幅度缩小，波动范围收窄，在全国各省区市中排第16位。这说明四川的经济增长势头为人才会聚蜀地提供了良好的生存和发展空间；作为西部大开发的引擎省，四川拥有巨大的市场空间。目前，多家世界500强企业已落户四川，如英特尔公司在2003年就在成都投建工厂，总投资额达6亿美元。如今，四川着重完善财税、法制、人居环境及人才保障等发展环境，为投资创业者营造了宽松、舒畅的市场氛围。四川还实施了铁路交通圈建设规划。四川重大交通项目纳入国家“十三五”规划中，提出建设以成蒲铁路为亮点项目的半小时高铁交通圈，以成渝高铁为亮点项目的1小时高铁交通圈，以西成客专、成兰铁路为亮点项目的4小时高铁交通圈以及以成都西宁高铁为亮点项目的8小时高铁交通圈等。为了贯彻绿色发展理念，四川省环保厅每年都会发布《四川省环境状况报告》，向社会公布当年的空气质量、水环境、饮用水和声环境等指标变化，自然生态环境质量良好。此外，蜀地文化讲求兼容并包、多元集纳，四川古有蜀文化和巴文化，二者常被合称为巴蜀文化，类型有异、起源不同的文化相互融合，形成了四川特有的地域文化。在这种文化基因的延续中，四川一直力推以文化人、文化强省的战略。综上所述，近年来四川在人才环境资源建设方面取得了实质性进步，已初步具备了天时、地利、人和的聚才氛围。不难发现，四川引才聚才留才加快了全方位、多模块的大环境建设，正努力打造宜居宜业宜商宜学宜游的生态发展环境。

（四）机制创新，激发人才创新活力

人才发展，重在机制创新。四川省委、省政府为激发人才创新创业活力，充分调动省内外各界力量，研究和制定了科学的人才激励和评价办法。就激励创新创业专项改革而言，四川省于 2014 年出台了《关于激励科技人员创新创业专项改革试点的意见》，提出允许科技人员兼职取酬、鼓励离岗转化科技成果创办领办科技型企业、鼓励职务科技成果作价入股或有偿转让等一系列突破性政策，明确科技人员职务科技成果转化的收益，按至少 70% 的比例划归成果完成人及其团队所有。特别是省内经济相对落后的少数民族和偏远地区，四川省制定激励引导教育卫生人才服务基层“八条措施”和藏族聚居区“八条意见”，近两年为基层招录补充 4000 余名教育、卫生人才，选派 1 万余名专业人才到基层开展援助服务，选派 400 余名优秀干部人才到市县挂职，形成了优秀人才向基层流动、到一线创业的良好导向。另外，四川省还分类制定了人才评价办法，以省级人才优先发展试验区为重点，研究制定高级职称评审下放政策。特别对“千人计划”引进人才、“两新”组织特殊人才以及优秀农村实用人才，积极探索建立了特殊人才职称评审办法。

（五）平台搭建，整合人才资源优势

四川省为了整合人才人力资源，实现资源的优势互补，近年来，一直努力丰富和完善科教文化资源平台，打造科技创新人才平台和建设创业人才发展平台。具体包括：①建立协同创新中心，集聚和培养创新拔尖人才。2013 年，四川省教育厅和财政厅联合发布了《关于四川省高等学校创新能力提升计划的实施意见》，通过建立 50 个左右“四川 2011 协同创新中心”，集聚和培养一批创新拔尖人才。2015 年又增加了 30 个 2011 协同创新中心，如：四川大学口腔医学协同创新中心、成都信息工程大学集成计算芯片安全协同创新中心等。②推进产学研协同创新发展。近年来，四川省委、省政府高度重视产学研用协同创新，通过开展技术合作、协同技术攻关、共建研发

中心、共建技术联盟、共建产业基地等产学研合作模式，如大学科技园、孵化器等科技创新产业基地，从而为四川抢占产业发展制高点奠定坚实的人才基础。③打造成德绵“协同创新共同体”。2016 年，四川（成德绵）作为国家全面创新改革试验区之一，将协同创新水平提升到城市集群层面，成德绵三地的政府、企业、高校、资本等共同开启了一场前所未有的产业升级转型和创新创业行动。④成立四川科技协同创新促进会。2016 年 9 月，为提升四川创新创业顶层设计服务水平、成果转化转移研究和投融资研究能力，科技协同创新促进会在成都成立。促进会旨在打造跨行业、跨学科和跨地域，涉及科技协同创新各领域，政产学研有机融合的新型一体化公共服务平台。

（六）模式转型，注重人才培养效果

人才发展与高等教育休戚相关，然而近年来人才培养与劳动市场间的失衡问题愈加凸显，亟须高校人才培养模式转型发展，不断完善“产学融合”、校企“双导师制”，积极推广“订单式”培养技能人才，大力推动应用技术本科院校转型和发展现代职业教育体系。为提高大学毕业生的就业适应力和综合素养，川内高校纷纷创新人才培养模式，打破文理科、理工科界限，培养跨学科、跨专业人才。如：电子科技大学经济与管理学院多年来一直探索电子工程复合培养实验班，旨在打通经济管理与电子信息技术界限，培养复合型领军人才。培养跨学科、跨专业人才已经是电子科大近年来人才培养的一个重要思路。此外，为了培养大学生创新创业能力，促进大学生创业就业，2014 年，四川省委、省政府出台了《关于改革完善体制机制大力促进大学生和科技人才创新创业的意见》。到 2015 年，全省建成大学生俱乐部 48 个、大学生创业园 202 个，推动 11400 多名大学生实现创业，比 2014 年增长了 70%。2014 年，根据 MEI（中国大众创业指数）的排名，四川创业人才在全国排名第 6 位，① 说明创业人才集聚蜀地已经初见成效。

① 《四川双创综合排名全国第 10 双创人才排名第 6》，四川在线，http：//sichuan. scol. com. cn/ggxw/201605/54575731. html. 2016. 10. 20。

二　党的十八大以来四川人才发展及其环境面临的新态势

四川人才发展在党的十八大以后，上升了一个新高度，进入了一种新态势。国家的一系列重大战略部署和政策支持，使四川人才发展跨入了历史性的机遇期。但与此同时，我们也必须认识到作为人口众多的西部大省，四川人才发展仍然带有一些滞后性和局限性的"印记"，人才环境与东部沿海地区还存在一定的差距，人才工作面临前所未有的挑战。只有充分认识自身发展情况，做到知己知彼，才能找准问题和"对症下药"。基于此，本报告将借助 SWOT 分析模型，从四川人才发展的内部优势和不足、外部机遇和挑战四个方面展开论述，旨在全面、客观地把握四川人才省情和基本现状，凸显四川省人才发展的特殊性。

（一）内部优势

1. 人才规模平稳增长

近三年来，人才总量快速增长，人才素质不断提升，特别是海外人才引进的增长势头迅猛。3 年累计邀请 1200 名海外人才来川考察对接，促成 520 名海外高端人才入川，总投资达 149 亿元的海外高科技项目签约四川，"中国西部海外高新科技人才洽谈会"（简称"海科会"）已经成为四川开放引才的一张名片。作为高层次人才引进项目的"千人计划"，已分 7 批引进 595 名高端人才和 52 个顶尖团队来川发展（其中：189 人入选国家"千人计划"，居西部第一、全国第七），带动全省留学回国人员每年呈 30% 以上速度递增。2015 年，省"千人计划"申报人选及申报团队比 2014 年分别增长 70% 和 26%，创历史新高。52 个顶尖团队集聚高端人才 428 名，以团队核心技术推动所在企业的 2015 年销售收入达到 60. 18 亿元，为产业转型升级注入了新动力，为四川人才发展的多元化增添了新活力。

回到四川本土人才发展，2015 年，全省建成大学生俱乐部 48 个、大学生创业园 202 个，推动 11400 多名大学生实现创业，比 2014 年增长 70%，省内高校毕业生留川就业率连续3年超过70%；2015年全省技术合同认定交易额比2012年增长93%。四川还面向省外“985”“211”工程院校引进674名选调生和1700名紧缺专业人才来川工作。连续两年，到四川的清华、北大选调生达91名，是过去历年总数的3倍。2015年，清华大学选调到四川的应届毕业生占该校当年选调生总量的1/4。此外，通过实施千名企业家培育计划培训中高级经营管理人才3800余人，通过实施天府科技英才计划选拔培养1500名青年科技人才，通过实施高技能人才振兴计划新增高技能人才31.04万人。党的十八大以来，人才工作被提到一个前所未有的高度，人才政策为四川人才规模的平稳增长提供了良好环境。

2. 科教创新潜能巨大

四川作为科学教育大省，具有优势明显、基础雄厚的科教人力资源和静态资源。根据最新的《四川统计年鉴（2015）》，2014年，全省拥有普通高等院校107所，毕业生数达338461人，在校生数达1327816人，教职工数达113203人，其中具有副高级及以上职称的教师为29998人，占专任教师总人数（81404人）的36.85%。[①] 高校作为科教资源的重要组成，其研究机构和人力资源分别为449个和59250人，其中专业研发人员达7123人，且均为硕士及其以上学历，理科占据绝对优势（如表1）。[②] 此外，四川省内各市（州）县级以上政府隶属研发机构共155个（其中：自然科学技术领域最多，有111个，占到71.61%），从业研究人员共有15835人（如表2）。[③] 截止到2015年，全省各类科研开发机构共计2013个，各类专业技术人员达287万人，两院院士为59人。[④]

---

① 四川统计局：《四川统计年鉴（2015）》，http：//www. sc. stats. gov. cn/tjcbw/tjnj/2015/index. htm. 2016. 10. 02。

② 四川统计局：《四川统计年鉴（2015）》，http：//www. sc. stats. gov. cn/tjcbw/tjnj/2015/index. htm. 2016. 10. 02。

③ 四川统计局：《四川统计年鉴（2015）》，http：//www. sc. stats. gov. cn/tjcbw/tjnj/2015/index. htm. 2016. 10. 02。

④《四川省省情介绍》，四川人才工作网，http：//www. scrcgz. com/e_ sichuan/about_ sc. html. 2016. 10. 03。

表 1　四川高等学校科技人力资源和研究机构情况（2014 年）

<table>
<tr><th rowspan="2">项目</th><th colspan="2">科研活动人员(人)</th><th rowspan="2">研究机构数(个)</th><th colspan="3">R&D 人员(人)</th></tr>
<tr><th></th><th>大学本科及以上学历</th><th></th><th>博士毕业</th><th>硕士毕业</th></tr>
<tr><td>合计</td><td>59250</td><td>52737</td><td>449</td><td>7123</td><td>3184</td><td>2296</td></tr>
<tr><td>理科</td><td>39285</td><td>33497</td><td>323</td><td>5146</td><td>2618</td><td>1327</td></tr>
<tr><td>文科</td><td>19965</td><td>19240</td><td>126</td><td>1977</td><td>566</td><td>969</td></tr>
</table>

资料来源：《四川统计年鉴（2015）》。

表 2　四川各市（州）县级以上政府部门属研究机构与开发机构及情报文献机构数和人员数（2014 年）

<table>
<tr><th rowspan="3">项目</th><th colspan="2">合计</th><th colspan="3">自然科学技术领域</th><th colspan="3">社会、人文科学技术领域</th><th colspan="3">科技情报和文献机构</th></tr>
<tr><th rowspan="2">机构(个)</th><th rowspan="2">从业人员(人)</th><th rowspan="2">机构(个)</th><th colspan="2">从业人员(人)</th><th rowspan="2">机构(个)</th><th colspan="2">从业人员(人)</th><th rowspan="2">机构(个)</th><th colspan="2">从业人员(人)</th></tr>
<tr><th></th><th>科技活动人员</th><th></th><th>科技活动人员</th><th></th><th>科技活动人员</th></tr>
<tr><td>全省</td><td>155</td><td>15835</td><td>111</td><td>14014</td><td>9285</td><td>19</td><td>1101</td><td>851</td><td>25</td><td>720</td><td>618</td></tr>
</table>

资料来源：《四川统计年鉴（2015）》。

除了科教人力资源以外，科教静态资源也较为丰富，且基数大、品位高。目前，全省共有国家级重点实验室 12 个、国家级工程技术中心 16 个、省部级重点实验室 158 个、省级工程技术中心 121 个、省产业技术创新联盟 95 个、省级院士（专家）工作站 30 个、博士后科研流动/工作站和创新实践基地 212 个。就技能人才培养而言，现已建成了 11 个国家级高技能人才培训基地、12 个国家级技能大师工作室、22 个省级高技能人才培训基地、28 个省级技能大师工作室，一大批技能培训机构和文化馆站在人才开发中正发挥着积极作用。随着四川“双一流”建设工作的持续推进，未来 5 年将会有一批一流大学和一流学科进入全国前列，全省高等教育整体实力显著提高。2016 年恰逢四川大学建校 120 年、电子科技大学建校 60 年之际，两校率先打响了四川高校“双一流”建设的第一枪。

3. 集群发展初见成效

进入新世纪以来，随着四川经济社会快速发展，城镇人口集聚加速，城市规模的扩大与城际交通条件的改善，尤其是高速公路的打通，相邻城市辐射的区域不断接近并有部分重合，城市间的经济联系越来越密切，逐渐形成多个城市群雏形。党的十八大以来，四川省委、省政府发布了《关于实施多点多极支撑发展战略的指导意见》，所谓“多点”是要做强市州经济梯队，“多极”是要做大区域经济板块，就是要实施成渝经济区和天府新区区域规划，培育“四大城市群”、发展“五大经济区”，形成支撑四川发展新的增长极。据《四川省“十二五”城镇化发展规划》，“四大城市群”指成都平原城市群、川南城市群、川东北城市群和攀西城市群，每个城市群形成了各具特色的产业集群，川东北的第一产业，攀西的第二产业及成都平原的第三产业（如表3）。

表3　2012年四川省三次产业产值与总产值的比重

单位：%

三次产业	全国	西部12省（区市）	成都平原城市群	川南城市群	川东北城市群	攀西城市群
第一产业	10.1	12.6	9.0	14.9	21.6	13.2
第二产业	45.3	50.1	50.6	50.9	51.1	62.1
第三产业	44.5	37.3	40.4	24.2	27.3	24.7

资料来源：四川省统计局：《四川省四大城市群经济实力研究》，http://www.chinacity.org.cn/csfz/fzzl/128614.html. 2016.10.04。

通过上表可见，四川四大城市群产业结构处于“二三一”发展阶段，第二产业已成为发展的支柱性产业，保持工业化城镇化“双加速”的发展势头。城市群是产业分工的空间形式，而产业分工将产生规模经济和聚集经济，带来整体功能效应，增强城市群的竞争优势，促进区域经济发展。如：成都以电子、医药等为专业化产业；绵阳以电子为专业化产业；德阳以机械为专业化产业；眉山以农业为专业化产业；资阳以汽车工业为专业化产业等，基本形成了各个城市群及其内部的产业发展特色。四川四大城市群带动了多点多极的“产业集群”，以及一大批优势产业产品链。从四川本身的资源、原有基础以及政策等自身条件来看，四川省优势产业区域发展具备良好的条件。当然，城市群格局、产业群布局与其人才体系的支撑不无关系，所有集群化发展都离不开人力资源的支持。

（二）内部不足

1. 人口红利逐渐衰减

近年来，随着经济发展方式转变，依靠廉价劳动力实现 GDP 增长的方式已经难以为继。四川作为人口大省，由于人口老龄化程度日益加重，“人口红利”① 的优势行将消减。2010 年全国第 6 次人口普查，四川常住人口中 60 岁及以上老年人为 1311 万人，占总比重的 16. 30%，高于全国 3. 04 个百分点；65 岁及以上人口 880. 7 万人，占总比重的 10. 95%，高于全国 2. 08 个百分点，与 2000 年（第 5 次人口普查）相比，上升了 2. 18 个百分点，四川老龄化程度跃居全国第二。② 按照这一势头发展，预计四川老龄化人口到 2020 年将达 20. 78% （60 岁及以上）。③ 随着未来人口老龄化逐年加重，失能、半失能老年人口比例也将不断攀升，“中间大、两头小”的人口年龄结构正在发生改变，劳动力资源市场供给充分的优势逐步丧失，经济增长减速的人口资源配置陷阱正在形成，“人口红利”逐渐消减。

面对“人口红利”逐渐衰减，与全国大多数省区市一样，四川也遭遇劳动力过剩向短缺的转折，即经济学的“刘易斯拐点”④。换言之，在工业化过程中，随着农村富余劳动力向非农产业的逐步转移，农村富余劳动力逐渐减少。从经济发展规律来看，“刘易斯拐点”的出现往往是“人口红利”

---

① 人口红利，是指一个国家的劳动年龄人口占总人口比重较大，抚养率比较低，为经济发展创造了有利的人口条件，整个国家的经济呈高储蓄、高投资和高增长的局面。通俗讲，就是指一个国家或地区的人口年龄结构处在“中间大、两头小”的阶段，能提供充足劳动力并带来巨大经济效益。

② 《四川老龄化程度居全国第二位》，四川新闻，http：//www. gyxww. cn/NEWS/SC/201208/139379. html. 2016. 10. 05。

③ 《关注四川人口老龄化》，新华网四川频道，http：//www. sc. xinhuanet. com/content/2012 - 08/30/c_ 112904330. htm. 2016. 10. 05。

④ 刘易斯拐点，即劳动力过剩向短缺的转折点，是指在工业化进程中，随着农村富余劳动力向非农产业的逐步转移，农村富余劳动力逐渐减少，最终达到瓶颈状态。

逐渐消失的前兆，近年来全国各地频发的“用工荒”现象已很普遍，从经济发达的沿海地区，如长三角和珠三角，蔓延至中西部地区。四川作为劳动力输出大省，民工总量约占全国的10%。然而，当前四川农村存量劳动力中，能转移和输出的“挖潜”空间越来越少，各地用工缺口现象越来越突出，廉价劳动力的获取越来越难，企业人工成本持续攀升，传统的廉价劳动力无限供给模式难以为继。

2. 人才结构过于失谐

如上所述，四川人才规模虽有所增长，但其层次结构、区域结构和产业结构，仍然表现出明显的重心较低、分布不均、反差较大等问题。就人才层次结构而言，相关统计显示，全省高端人才①为63.6万人，仅占总量的7.7%；专业技术人才中，具有高级专业技术职称的人员仅占人才总量的7.5%。中国与全球化智库在有关研究报告中，反映了最近几年四川人力资源素质的基本情况。在学历教育上，专科及以下人力占74.26%，成为人才结构的重心部分，而高层次人才（硕博学历）只占到1.55%②，高层次塔尖人才拥有量显然十分匮乏。在技术职称和技能等级上，相关人力资源拥有量虽然达到921.6万人，但是相对8140万人（2014年）的全国第4大的人口省份而言，其技术型和技能型人力资源仍然是杯水车薪，其中高技能型人才资源拥有量更是微乎其微，人才层次结构失衡严重（如表4）。

表4　四川省人力资源素质概况

学历教育(%)			
专科及以下	本科	硕士	博士
74.26	23.94	1.46	0.09
技术职称和技能等级(万人)			
取得国家职业资格证书人数	专业技术人才总量	新增高级能人才	高级能人才年培养量
550	274.8	10.8	86

资料来源：四川省人才发展规划纲要（2015～2020年）。

① 高端人才，主要指院士、千人计划、国家杰出青年等具有博士学位的高层次专业人员。

② 《四川省人才发展规划纲要（2015～2020年）》。

就人才区域结构而言，四川区域人才分布极不平衡，成德绵地区“一头独大”，人才总量达264万人，占全省32%，R&D研发人员总量占全省71.1%，成绵两地拥有在川院士的96.7%、全省学术技术带头人的86%。然而，多数市、州、县区基础薄弱，增长乏力。像川南、川东北经济区人才总量分别只有成德绵经济区的45%和60%；民族地区、贫困山区和革命老区人才总量约为94.1万，仅占全省的11.4%，R&D研发人员总量不足全省的3%。就人才产业结构而言，传统产业人才存量较大但活力不足，新兴产业、部分支柱产业的人才存量较小且增速较缓，高端人才供给不适应产业加快转型升级需要。四川以高端科技人才、高级经营管理人才和高技能人才为主的产业高端人才只有63.6万人，仅占全省人才总量的7.7%。据预测，到2018年四川七大优势产业和六大战略性新兴产业人才需求增量将达122万人左右。总之，四川的人才产业结构的矛盾性突出。

3. 区位环境制约发展

在市场经济条件下，一个区域的发展与其所在的市场和有效辐射的市场密切相关，因为市场状况决定着经济发展获取资源和销售产品的状况。从此意义而言，地理位置是影响经济发展的重要因素。综观全球经济发展，大多数国家的沿海地区较其他地区发展快。就四川省的区域位置来看，四川地处内陆，位于西南腹地，其核心城市成都离广西的港口最近也有1700公里。远离海洋，与外国发展国际贸易较为不便，给四川经济发展带来诸多障碍。四川的区位劣势不仅从心理上阻碍了其与外国的经济交流，形成了“内陆心态”，而且大大增加了区域产品出口的成本。正是四川地理位置欠佳，导致其远离国内经济核心区，即北方环渤海湾经济区、长江三角经济区和珠江三角经济区，四川距离三大核心区至少2000公里以上①，因此基本上无法受到这些核心经济区的辐射，且互动协作较差。

① 国家统计局四川调查总队：《从区域经济理论看四川经济发展的优劣势》，http：//www.hntj.gov.cn/hgjj/200606080047.htm2006.06.08。

正是由于四川远离海洋、远离经济核心区，要想消除区域阻碍与外界进行充分交流，就必须打通交通要道。通常来讲，经济越发达，对交通的要求越高。我国沿海地区有便利的海运，形成大运力的对外运输通道；中部地区地势平坦，一般有铁路、公路和河运。相较而言，四川与外省，特别是经济核心区联结的交通状况较差。就公路交通来说，四川与经济核心区的距离甚远，高成本交通不宜作为长途运输的主要通道；就水路交通来说，四川的水运航道等级较低，难以承担对外运输的大通道职能。因此，铁路交通具备四川对外运输的大通道职能。但由于蜀地地形复杂，古有“蜀道难，难于上青天”之说，现有通向外部的铁路出口线少、复线少、等级低、运力弱，难以满足全省经济发展的需要。由此可见，缺乏大运力的外运通道，四川与国内经济核心区和国际市场的贸易往来受到制约。

（三）外部机遇

1. 国家战略释放红利

随着国家新一轮西部大开发和“一带一路”战略的实施，我国对外开放的重点延伸到了中西部广大内陆地区，带来了人才、技术、资本等要素将向西流动的趋势。经过十多年西部大开发，特别是近几年的加快发展，四川经济总量已位居全国第八。2014 年全年实现地区生产总值（GDP）28536.7 亿元，省会城市成都 GDP 总量突破万亿，达到 10056.59 亿元，区域差距正在不断缩小，西部经济大省名副其实。在西部大开发战略持续推进之际，2013 年，习近平主席在出访中亚和东南亚国家时，先后提出共建“丝绸之路经济带”和“21 世纪海上丝绸之路”的重大倡议，合称“一带一路”战略。其中西部省份 9 个，东部省份 5 个。因此，有学者认为，“‘一带一路’的国内中心在西部，西部的中心在四川”。[①]

① 李文：《“一带一路”四川要做西部领头羊》，http://epaper.scdaily.cn/shtml/scrb/20141214/86949.shtml. 2016. 10. 07。

四川社会科学院党委书记李后强教授认为："'一带一路'战略，本质上是道路经济、通道经济，核心是要素的流动。"① 其中，要素流动中最为关键的是人才流动，只有人才流动才能充分发挥技术、资本等其他要素的"传输带"功能，带来"传输红利"。近3年来，四川省委、省政府积极抓住战略契机，大力发展招商引资，其核心是通过建立与沿线国家和地区合作的产业园区及国际投资项目推动人才流动（如表5）。"一带一路"不仅有利于四川实施西部大开发、大开放，而且有利于四川积极"引进来""走出去"，拓展四川产业、企业的发展空间。据统计，2014年四川省外贸进出口突破700亿美元，同比增长8.8%。② 显然，"西部大开发"和"一带一路"战略为我国西部省份产业经济结构转型提供了空前的发展机遇，只要大力促进以"人才流动"为核心的要素流动，就会释放出巨大的战略性红利，实现四川经济社会发展效益的最大化，打开四川经济发展新局面。

表5　四川在"一带一路"战略下的合作和投资项目概览

四川与"一带一路"沿线国家和地区合作的产业园区		四川企业在"一带一路"国家和地区投资的部分项目	
名称	地点	项目名称	实施主体
新川创新科技园	天府新区	老挝钾盐矿开发二期项目	开元集团
川法生态科技园	天府新区	新加坡航空培训基地项目	海特集团
中法成都生态园	成都龙泉驿区	土库曼斯坦天然气产能建设项目	中国石油集团川庆钻探工程有限公司
中德中小企业产业园	成都蒲江县	印尼燃煤电站项目	中国成达工程有限公司
中德应急产业园	德阳市	俄罗斯楚瓦什农业项目	四川西林进口贸易有限公司
东盟国际产业园	遂宁市	白俄罗斯工业园项目	成都新筑机械股份有限公司等
		陆地石油钻机及其配套设备进出口项目	四川宏华石油设备有限公司

资料来源：四川省商务厅。

① 《专家谈"一带一路"下的四川机遇》，国务院新闻办公室网站，http：//www.scio.gov.cn/ztk/wh/slxy/slzf/Document/1414327/1414327.htm. 2016.10.07。

② 《四川主动融入"一带一路"建设》，http：//paper.people.com.cn/rmrb/html/2015-05/15/nw.D110000renmrb_20150515_5-01.htm。

2. 全创改革促进融合

2015 年 9 月 7 日，中共中央办公厅、国务院办公厅印发的《关于在部分区域系统推进全面创新改革试验的总体方案》正式对外公布。按照方案，包括四川在内的 8 个区域被纳入全面创新改革试验区，创新改革试验主要肩负四大任务：一是探索发挥市场和政府作用的有效机制；二是探索促进科技与经济深度融合的有效途径；三是探索激发创新者动力和活力的有效措施；四是探索深化开放创新的有效模式。四川作为推进《总体方案》的四个省级行政区之一，将依托成都、德阳和绵阳地区开展先行先试，其改革试验方案原则上规划 3 年。鉴于四川拥有丰富的军工资源，侧重军民深度融合发展，推动军民融合将是四川的特色与潜力。

成德绵创新成果多、体制基础好，成都是中国西部的经济中心、商贸中心和金融中心；德阳则是中国最大的重型机械制造基地之一；绵阳更是有“每 4 个城市人口就有 1 个科技人员”的说法，是西部最重要的军工和科技城市之一。2014 年，成德绵三市 GDP 的总量超过 14153 亿元，是 2013 年全省 GDP 的近一半。同时，国家创新改革试验区将与该区域内的天府新区、成都国家创新型城市、成都高教区国家自主创新示范区、绵阳科技城和德阳创新驱动示范市的建设结合起来。根据中央的部署，作为全创改革试验区的成德绵地区实质上就是四川的“人才特区”，系统性、整体性和协同性改革将是四川人才发展升级转型的重大机遇。

（四）外部挑战

1. 人才竞争愈演愈烈

自 2010 年《国家中长期人才发展规划纲要（2010 ~ 2020 年）》发布后，国内各省区市各部门系统纷纷制定出台自己的人才发展规划，确定新目标、实施大投入、出台地方人才新政，构建高水平的宜居宜发展的人才体制机制创新改革实验区，涌现了以北京中关村、上海张江为代表的一大批在国内外具有相当竞争优势的人才特区。随着创新驱动发展战略、“一带一路”发展战略、长江经济带国家发展战略、西部大开发战略的启动，全国上下都在争夺海外高层次人才、引进院士和千人计划人才、集聚高水平的创新创业人才和团队，人才竞争进入白炽化状态，这对于人才实力和竞争力相对薄弱的西部地区省份而言，无疑是雪上加霜。

然而，当国内人才竞争愈演愈烈之时，四川人才竞争力表现却相对落后和乏力。如：近年来各省份在人才投入上不惜重金，江苏 18 亿，广东 13 亿，上海 10 亿，北京 8.5 亿，湖北 5.8 亿，天津 4.5 亿，福建 3 亿，广西 3 亿，陕西 2.5 亿，云南 2.4 亿，山东 2 亿，河北 1.8 亿，而四川才 1.3 亿。[①] 因此，德国驻成都总领事安介儒认为："在成都的国际化发展进程中，最大的挑战是人才稀缺，人力资源匮乏。""人力资源是成都实现国际化过程中最需要解决的问题。"[②] 除成都以外，18 个市州基本上都实施了专门的引才计划，呈现出"你追我赶"的势头。

2. 产业调整迫在眉睫

在全球新一轮产业革命兴起、全国产业发展新格局的形成以及高端产业"西进"的背景下，加快产业转型升级成为四川经济社会转型发展的主渠道。四川省委十届七次全会提出，必须通过转型发展构建产业支撑、优化空间布局、加快动力转换，推动四川经济综合实力和竞争力实现由量到质的提升，做到经济总量大、经济结构优、创新能力强、质量效益好。当前，四川产业经济结构单纯依靠投资驱动、规模扩张、出口导向的发展模式空间已越来越小，必须从传统要素投入拉动为主，转向发挥人才资源的作用并依赖人才带来的创新和技术进步为主来拉动经济增长，推进"大众创业、万众创新"，经济发展方式才能实现预期转变。

目前，四川仍处于工业化城镇化"双加速"阶段，"十三五"期间将着重瞄准页岩气、节能环保装备、信息安全、航空与燃机、新能源汽车等十余个高端产业领域，形成产业发展新引擎。从四川"十三五"产业发展部署来看，就是要进一步大力推进特色优势产业发展，加快用高新技术改造提升

① 刘建贤：《创新体制机制，构建创新创业人才汇集地》，四川省委组织部人才处。

② 《成都发展太快，人才是挑战》，《成都商报》，http://news.sina.com.cn/o/2013-03-26/025926637591.shtml. 2016.10.25。

传统产业，积极承接东部地区产业转移，培育发展新兴特色优势产业。然而，四川现有产业定位仍局限于价值链的三低（即技术含量低、附加值低、技术可转移度低）环节，在占据产业链高端的研发阶段方面，跨国公司研发机构主要还是选择落户在我国东南沿海发达地区，一系列现实问题严重影响四川省经济转型发展，成为产业升级的瓶颈。

三　四川人才省情特征分析及人才工作存在的问题与短板

在四川人才发展及其环境的 SWOT 描述和分析的基础上，本报告将进一步深入探讨四川人才省情的基本形势，即通过“优势—机遇”的分析，认识四川人才发展的“杠杆性”；通过“劣势—机遇”的分析，认识四川人才发展的“抑制性”；通过“优势—威胁”的分析，认识四川人才发展的“脆弱性”；通过“劣势—威胁”的分析，认识四川人才发展的“问题性”。可以说，每一个态势分析都旨在反映当前四川人才发展及工作的主要问题和改革动向。基于此，本报告将深度剖析四川现有人才工作中存在的问题和“短板”，并深刻思考问题的根源与本质。

（一）基于 SWOT 模型的人才省情特征分析

根据 SWOT 模型的分析方式，对四川人才发展内外部条件等多方面内容进行综合和概括，进而分析四川人才发展的自身实力及其与竞争对手的比较，旨在挖掘人才发展的潜能、完善其不足、把握其机遇及应对其挑战，优化解决问题方案。

1. 杠杆性：“优势—机遇”分析（SO）

该分析是将四川人才发展的内部优势与外部机遇融为一体，是一种理想的发展状态，通过发挥自身优势、抓住改革机遇，将两者的结合化为发展的杠杆。具体来说：首先，随着四川人才规模平稳增长、人才素质不断提升，

表 6　四川人才省情的 SWOT 分析

外部条件＼内部条件		优势 S 1. 人才规模平稳增长 2. 科教创新潜能巨大 3. 集群发展初见成效	劣势 W 1. 人口红利逐渐衰减 2. 人才结构相对失谐 3. 区位环境制约发展
机遇 O	1. 国家战略释放红利 2. 全创改革促进融合	SO 分析 发挥自身优势， 抓住改革机遇	WO 分析 借助发展机遇， 克服自身不足
威胁 T	1. 人才竞争愈演愈烈 2. 产业调整迫在眉睫	ST 分析 利用自身优势， 回避外部威胁	WT 分析 减少内部弱点， 启动外部防御

特别是海外人才引进势头的日益迅猛，以人才流动为核心的要素流动将成为推进新时期四川“西部大开发”和“一带一路”战略的基本支撑和保障；其次，作为西北地区乃至全国的科教大省，人力和静态资源优势突出，只要有效激发全省科教人才的活力和创造力，推动科技与经济深度融合，就能不负使命地完成“国家全面创新改革试验区”的建设和推广工作，探索出具有区域特色的政府与市场深化创新的有效机制和模式；最后，在四川工业化和城镇化“双加速”发展时期，“多点多极”支撑战略下创建的城市群和产业群，已经成为四川推进国家战略和全创改革的“人才特区”和“产业集群”，这是四川人才发展环境的重要物质保障。

2. 抑制性：“劣势—机遇”分析（WO）

正如上文所分析，四川人才发展自身面临诸多不利因素，如“人口红利”逐渐衰减、人才结构过于失谐和区位环境制约发展等。但与此同时，四川也迎来了最好的发展机遇期，特别是“一带一路”和“国家全面创新改革试验区”的战略性支撑。因此，四川人才发展亟须抓住这些外部机遇，通过“机遇”带来的红利弥补其自身的弱点，让机遇改变劣势，而非让劣势抑制机遇。所谓“抑制性”主要是指二者关系的难协调性。具体来说：一是国家战略（西部大开发、“一带一路”）打通了“红利要道”，一方面可以促进海内外人才竞相聚集四川创新创业，将日渐衰减的“人口红利”

转型为创新驱动的“人才红利”；另一方面，可以通过“一带一路”改变四川的内陆区位劣势，通过加快铁路项目建设，如川藏铁路将打通西部经济区，西成、成兰铁路将对接丝绸之路经济带，成渝铁路提速后，重庆将被纳入成都1小时经济圈；川南城际铁路串联起成、渝、贵、昆的城市群，还可连接宜宾、泸州等长江经济带城市，连接“21世纪海上丝绸之路”。二是全创改革有助于改变四川失谐的人才结构，主要是层次结构、区域结构和产业结构，以“成德绵”试点为示范，引领四川其他市州也能逐步形成区域性经济和产业特色。

3. 脆弱性：“优势—威胁”分析（ST）

当前，四川人才发展面临前所未有的挑战和威胁，国际国内人才竞争愈演愈烈，特别是“高精尖缺”人才极受追捧。同时，产业转型升级也成为四川现阶段经济社会发展的核心战略目标，然而产业调整亟须人才资源的有力支撑，否则转型升级就失去了“原动力”。人才发展外部威胁的严峻性和复杂性，使其内部优势的发挥蒙上一些“脆弱性”特征，“优势”克服“威胁”将是人才发展顺利开展的“制动机”。显然，只有很好地利用自身优势，才能有效回避外部威胁所造成的影响。近年来，四川自身人才规模平稳增长、科教创新潜能巨大，正是具备较好的引才、育才、留才和储才环境及发展平台，优秀人才流向蜀地才成为可能，丰富的科教资源无疑是人才竞争的制胜法宝。为了实现四川产业的集群化和区域性发展，“多点多极”支撑下的“四大城市群”“五大经济区”已经成为产业结构依区域经济特色和人力资源分布而调整的基本模式，通过城市群和产业群建设将有助于推动产业结构的转型升级，从而达到以优势化解威胁的目的。

4. 问题性：“劣势—威胁”分析（WT）

四川人才发展必然会面临外部威胁和自身“短板”的双重问题，应对这一严峻形势必须从自身“问题”入手，通过减少内部弱点，启动防御性技术，最大限度地避免外部威胁和挑战。正如上文所述，随着国内外人才竞争势态愈演愈烈，四川人才资源的不充分导致其产业结构转型升级缺乏动力和活力。只有尽快将“人口红利”转为“人才红利”，平衡好层次结构、区域结构和产业结构等人才结构，以及通过加大铁路等项目建设，才能有助于消解区位劣势。因此，只有减少内部弱点，或者将“弱点”转化为“优点”，四川人才发展环境的外部威胁才能得到真正避免，因此四川人才工作面临外部威胁，要着重“补齐短板”。

（二）四川人才工作存在的问题与“短板”

1. 人才战略意识有待加强，以人才引领创新驱动发展仍需努力

改革开放以来，党中央高度重视人才发展工作，并提出“人才资源是第一资源”的科学论断。四川社会各界普遍对人才作为第一资源的认识已有很大进步，但是全省上下重视人才发展及工作的氛围还有待提高，推动以人才引领创新驱动发展的特征还不够明显，一些企事业和民营单位“抓人才就是抓经济”“抓人才就是抓创新”的理念还没有真正树立起来。成都市人才办的一份调研报告显示，对成都市副处级以上干部的问卷调查中，就“根据你的了解，党委（组）对人才工作是否研究”这一问题，选择“经常研究”的占45.8%，选择“偶尔研究”的占35.8%，选择“从未研究过”的占6.7%，选择“不了解”的占11.7%。从上述问卷调查中不难发现，“偶尔研究”和“从未研究过”的占了42.5%，可以说将近一半的受调查者还没有将人才战略意识融入日常工作中。

2. 人才制度环境仍有差距，引才留才用才的比较优势还未形成

近些年来，四川人才发展环境发生了深刻转变，一系列的人才新政和制度安排为天下英才集聚四川提供了良好的支撑和保障，但是与发达地区和同层级省市相比，四川的人才制度环境仍然存在诸多差距和不足，引才留才用才中仍暴露出不少制度环境的“硬伤”。具体而言，包括以下4个方面：①经济环境制约人才创新创业。四川经济总量虽位于全国第八、西部第一，但高新技术产业、战略性新兴产业和现代服务业的比重偏小，创新创业人才的事业平台受到限制。再加之，人才薪酬待遇偏低，严重挫伤了高精尖缺人才留川发展的积极性，如四川IT企业人才工资收入仅为北京、上海、杭州、厦门等地的1/3到1/5。此外，由于人才开发低能区域面积大，除成都外，其余市州经济总量普遍在 800 亿到 1600 亿元，财政收入偏低，人才资源开发投入不足，导致人才竞相流入成都，形成全省人才资源的“马太效应”。②文化环境制约人才资源开发。四川位于西部内陆，“才而优则仕”的观念较为严重，特别是对一些体制内的优秀人才，往往将“当官”作为主要激励手段，导致优秀人才行政事务缠身，无法投身于专业性工作中，造成人才资源的极大浪费，因此“官本位、行政化”的用才模式急需破除，否则无法发挥人才效益。③政策环境制约人才效用发挥。四川现有的人才政策往往由于“政出多门”，且制定部门多元而较为分散，加之督促检查机制不健全、部门之间协作力度不够，政策落实时间滞后、政策执行的时效性较差等问题突出。

3. 人才政策制定尚不完备，“三化”现象深层制约政策的系统性

党的十八大以来，四川省委省政府及各市州地委政府高度重视人才工作，随即出台了一系列人才新政，这些政策对四川人才工作的有序开展起到了积极的引导和规范作用，但是人才政策的制定与实施仍然面临许多棘手问题，如：政策不完备、落实不到位，其中最为严重的是政策制定的系统性较弱，以致综合效力不足。事实上，这些问题集中反映在“三化”现象对人才政策的深层制约上。①政策碎片化。全省上下有关人才政策的制定都有一个“通病”，即偏向单项政策突破，对政策体系的顶层设计和系统建构不重视；偏向“闭门”制定政策，导致政出多门、各自为政，人才政策效果不佳；偏向人才引进政策制定，后续政策设计与实施却跟进不足，导致“引得进、用不好、留不住”，引进人才再次面临流失的尴尬境遇。②政策同质化。全省各地各级人才政策制定习惯于参考和借鉴上级和发达地区的施政经验，但对本地区经济状况、产业布局、城镇能级等因素的认识和考虑并不充分，导致政策模式“千政一面”、如出一辙，难以制定出“因地制宜”、创新务实的好政策。③政策表层化。从以上人才政策的“三化”表现中不难发现，政策制定过于简单和表层。譬如：现有政策重视人才引进的优惠内容，但在体制机制改革、市场体系培育、发展环境营造上仍缺少突破性进展，人才引进政策的“含金量”不高；现有人才政策偏重“塔尖式”人才

（如：高层次领军人才、“千人计划”等），但面对“塔基式”人才，如大量的应用技能型“蓝领”人才却重视不够，基于人才类型的分类政策制定和管理办法尚未建立起来。

4. 人才机制建设尚不健全，机制的科学性协同性配套性有待提高

当前，四川人才机制建设工作还存在许多深层次亟待破解的问题，如协同性问题、配套性问题，这就导致大材小用、小材大用、专才通用、通才专用和滞后使用，最终使人才不得其所、用不当时、才不尽用。具体来说：①人才机制建设的协同性较弱。目前，四川人才工作仍然缺乏统筹性和协调性的推进机制，同时相关单位和部门之间缺乏有效沟通和积极协助，无论是政策创新、制度优化，还是力量保障，统筹、科学、高效的协同机制尚未建立起来，“各司其职、各负其责，相互协作、齐抓共管”的工作格局还没有全面打开。②人才机制建设的配套性较弱。尽管近年来四川引才力度较大，相关工作扎实有序，但一部分引进人才还未能享受到人才公寓、廉租房、公租房等社会保障性住房，配偶就业和子女入学等实际生活问题解决的“落地率”和“满意率”还有待提高。

5. 人才资源利用仍不充分，“人口红利”向“人才红利”转化空间巨大

四川作为全国人口大省，随着老龄化程度日益加重，“人口红利”优势逐渐衰减，加快经济发展方式转变必须以人才促发展，靠人才创红利。当前，四川人才资源利用仍不充分，这成为“红利转化”的瓶颈。具体表现：①人才培养与社会需求的匹配度有待提高。近年来，随着高等教育大众化进程的持续推进，高校人才培养与市场需求形成了错位。如：全省高校每年向企业输送的专业型和技能型人才仅为企业实际需求量的35%左右。正是由于高等教育人才培养与社会需求的不协调，导致教育资源难以充分为大学生创新创业提供支撑。2013 年，四川省大学生创业率仅为 1.3%，低于全国 1.6% 的平均水平。②科技人才对经济增长的贡献率有待提高。2013 年，四川人才对经济增长的贡献率比全国平均水平低 6.6 个百分点，比广东、江苏和北京等经济发达省市分别低 6.6、14.2 和 20.6 个百分点。同时，四川科研贡献率不到 50%，低于全国平均水平 5 个百分点，科技促进经济社会发展指数列全国倒数第11位。从自主创新贡献来看，四川百亿元GDP发明专利授权数仅为15.6件，比全国平均水平少8.2件，居全国第10位；从科技成果转化贡献来看，登记技术合同1.28万项，成交金额172.0亿元，登记技术合同数比江苏、广东、上海、北京分别少1.82、0.27、1.35、4.99万项，技术合同成交额分别低413.6亿、363.68亿、448.87亿、2679.2亿元，技术市场成交额居全国第12位。③“高知、高技、高创”人才流失严重。高层次和高技能人才效能有待提升的同时，也出现了高精尖缺人才大量外流的窘境。近年来，四川全省专业技术人员外流达到120多万人，特别是经济欠发达地区更为严重。

四 “十三五”期间四川省人才工作的改进策略与体系建构

2016年是我国国民经济和社会发展第十三个五年规划的开局之年，全国人民在以习近平总书记为核心的党中央领导下开始步入了一个崭新的发展期，以人才驱动引领创新驱动的发展路径将是未来五年全国社会经济发展的主路线。四川省作为国家全面创新改革八大试验区之一，在既有人才发展规划目标、任务和成效的基础上，推动人才发展及其工作的持续改进将是四川全面创新改革的关键任务。基于此，在对四川人才发展现状及其工作实践的整体把握后，我们将从人才发展的战略思维、外部环境、理论研究和支撑体系四个模块提出相应的策略，并在深沪人才支撑发展实践的基础上，提炼人才支撑的理论体系及运作机理。

（一）四川人才工作改进的四大策略模块

1. 模块策略一：人才发展的战略思维转变

（1）将人才发展放到全创改革的核心位置

社会是人的集合体，社会生活是人创造的，社会发展是人们活动的结果。显然，只有重视人才、唯才是用，把人才发展放到四川社会经济建设工作的核心位置，才能可持续地推进经济发展工作。2015 年 11 月 17 日，四川省委十届七次全会审议通过《关于全面创新改革驱动发展转型发展的决定》，明确把全面创新改革作为引领“十三五”发展的“一号工程”。这就需要四川在未来 3 ~ 5 年的深化改革发展中，不仅要有人才发展战略意识，而且要将战略意识上升为战略思维，即在整个全创改革过程中都要有人才驱动引领创新驱动的思维和认识。换言之，全创改革的本质就是人才工作改革，是一项人才战略、人才工程。只要能实现人尽其才、才尽其用、用有所成，四川全面创新改革就会不辱使命，试出经验和特色。当然，人才发展的战略思维要系统规划和科学布局，否则无法形成战略性。

（2）将人才投入作为经济发展的衡量指标

战略性思维不仅是一种全局认识，也是一种长远意识。因此，四川人才发展的战略思维不能只局限于当下的劳动力市场需求，而要能预测未来 5 年甚至更长时间的人力资源配置；不能只局限于通过人才工作抓人才，而要通过各项工作抓人才，把人才投入置于四川社会经济建设的优先地位。《四川省人才发展规划纲要（2014 ~ 2020 年）》中对 2020 年四川人才发展的总体目标提出新要求：“人才资源总量占人力资源总量比例提高到 17%；受高等教育的人才比例提高到 53%；高技能人才占技能劳动者的比例提高到 24%；高层次专业技术人才占专业技术人才总量比例提高到 8.8%。”这些数字表明人才发展 GDP 正逐步成为四川经济发展的新指标，全省上下都应把人才投入列为各类部门单位的重要考核项目，破除以往发展中的“惯性模式”，制定具有战略性、规划性和前瞻性的人才发展计划。

2. 模块策略二：人才发展的外部环境改造

（1）营造人尽其才的制度环境

人才资源具有很强的环境选择性，我国人才的“孔雀东南飞”现象便是人才优先选择经济发达地区发展的集中表现。因此，环境好、生态优，则人才聚、事业兴。人才竞争的背后，实质上是人才环境的竞争。从这个意义上讲，环境就是吸引力，环境就是竞争力，环境就是凝聚力。建立健全四川省人才发展的内外部环境，以“制度”的形式将环境氛围规范化。就经济制度环境而言，除重点支持以成德绵为核心的全创改革试验区外，还要以试验区的改革经验引领和提升川东、川南、川西、川北等次中心区域的人才资源开发水平，逐步建立起攀西战略资源创新开发试验区、川南经济区白酒和能源化工产业人才集群、川东北经济区能源化工基地和农产品深加工基地以及川西北地区现代农业、旅游文化、资源开发等人才汇集地。只有根据地方产业特色，建立好相应的经济制度环境，才能吸引专业人才。就政策制度环境而言，人才竞聚四川除了经济因素外，最大的影响因素是人才政策，人才政策越优，人才聚集效应就越大。当前，提升四川人才政策制度环境优越性的关键是要破解政策的“三化”现象，着眼于建立统分结合、上下联动、协调高效、整体推进的人才工作机制。具体而言，主要包括以下四个方面：一是建立科学的决策机制，健全人才工作领导小组议事规则和决策程序；二是完善分工协作机制，明确人才工作主要职能部门的职责；三是建立沟通交流机制，建立人才办联席会议制度，加强对人才工作的日常分析研判和协调落实；四是建立督促落实机制，由人才工作领导小组及相关单位党委监督、促进政策的落地。

（2）营造以人为本的服务环境

正所谓“引才容易，留才难”。如果没有良好的人才服务环境予以保障，即便是重金招才，也无法留才长用。因此，优化人才发展生态环境的核心就是要坚持以人为本，健全人才服务保障体系，不仅要注重以事业留人、以待遇留人，还要以感情和服务留人。就四川现有人才服务环境的水平而言，亟须完善以下两点工作：一是加强人才服务体系建设，搭建人才发展平台载体。通过实施人才发展的服务政策，加强人才服务载体建设。如：①搭建“学校—企业—地方”全方位合作平台，通过资源整合，推动科教资源转化为地方生产力，具体包括校地校企合作，建设大学科技园等科技孵化器，建设博士后工作站、企业技术中心和工程技术中心等。②搭建“企业—园区—产业”链条式发展平台，通过依托产业集聚人才，依靠人才引领产业，探索人才项目资本协同模式，为人才提供发展空间。③搭建“融资—导师—服务”一站式孵化平台，通过疏通融资渠道、提供市场信息、宣传政策法律等帮助科技人员安心创业、放心创业，可以设立创业资金、聘请创业导师扶持和设立服务专员帮助等方式。二是构建以政府为主导、用人单位为主体、中介机构为桥梁、个人和社会力量为补充的多元化人才服务保障。①要充分发挥政府的主导作用，各级政府优先保证对人才发展的投入，建立人才发展专项资金，保证重大人才发展专项资金增长幅度不低于同级财政经常性收入的增长幅度，发挥好财政资金的杠杆和示范作用；②要充分发挥用人单位的主体作用，通过改革人才投入管理体制、创新财税金融政策，支持企事业单位等用人主体加大人才开发投入力度；③要充分发挥服务中介机构在政策咨询、技术转移、风险投资、需求调查和资源评估等方面的桥梁作用，建立人才创新创业促进中心，在办理人才绿卡、签证、工商登记、税务、职称申报、项目和奖项申报等方面提供便捷式服务；④要充分发挥个人和社会力量的补充作用，鼓励支持社会建立人才发展资金，鼓励个人和家庭注重子女教育、终身教育等人力资本投资。

（3）营造创新创业的文化环境

人才发展，动力是改革创新，核心在环境氛围。在建立健全制度环境和服务环境的基础上，亟须营造“以文化人”为向心力的“软环境”。在四川正积极落实“三大战略”和大力推进“两个跨越”之际，培育创新精神和创新文化，让各类主体充分激发潜能，形成大众创业、万众创新的生动局面将是四川引才育才留才用才生态环境建设的关键。一是要培育四川省独特的创新文化，倡导兼容并包、求真务实、宽容失败、团结协作的创新氛围。四川自古就有兼容并包、多元集纳的地域文化，在这一传统文化的基础上拓展与时俱进的创新文化，就是在吸引人才治蜀兴川时，要深化科技管理体制和人才管理体制，允许和宽容科技创新失败，关心和爱护在探索中受挫的科技人才，支持他们继续前行。将人才看作发展目的而不是手段，着眼于实现人才可持续开发、可持续创新，营造全社会见贤思齐、奋发有为的良好风尚。二是要营造良好的敬才爱才惜才的社会氛围，倡导以灵活政策引才、以事业平台聚才、以良好环境留才的生态环境。要加强高层次人才的管理和服务工作，切实改善他们的工作和生活条件，千方百计为他们解除后顾之忧。要大力表彰和广泛宣传优秀人才的先进事迹，使人才充分享有实现自身价值的自豪感、贡献社会的成就感、得到社会尊重的荣誉感，做好人才团结凝聚工作。

3. 模块策略三：人才发展的理论研究支持

（1）重视人才理论研究

人才工作不仅是一项操作性很强的实务性工作，更是一门有理论、有方法、有体系、有规律的理论性研究。然而，人们对人才研究的不了解和不重视，常常使得人才工作“走弯路”“走迷宫”，往往事倍功半，不得其法，其根源就是没有深入的人才理论研究，甚至没有认识到理论研究的迫切性和必要性。随着国际国内人才竞争日益激烈，人才理论研究愈加重要，涉及人才领域的工作处处可研究。譬如：“人才培养”通常是指对人才进行教育和培训的过程，这里的“人才培养”主要涉及高等教育、职业教育和成人教育等研究领域，属于第三级教育或中学后教育的研究内容，包括培养目标、培养规格、培养形式和培养体系等；又如：“人才激励”通常是指激发人的动机，使人具有内在动力，朝着所期望的目标前进的心理活动过程，这里的“人才激励”涉及行为激励、绩效激励、薪酬激励、荣誉激励等，属于组织行为学、人力资源管理和心理学等研究领域。显然，以上两例都属于人才理论研究的范畴，但是我们这里谈及的人才理论研究显然是囊括引进、培养、激励等多方面的“大人才”研究概念，通过建立“人才学”研究，系统地将多学科和跨学科人才研究串联起来，有助于推动人才工作更加具有体系性、规范性和科学性，因此首先亟须从思想上重视人才理论研究。

（2）建设人才研究智库

对于人才理论研究的重要性，既要在思想层面达成共识，还要从制度层面形成机制。首先就是要建立专门从事人才理论研究的智库，或对四川已有人才理论研究基础的科研院所进行政策、资金和人力等方面的支持，如西南财大发展研究院、四川省社会科学院以及相关研究的学会等，把思想上的重视落地到制度上的支持。通过培育以“人才学”为研究对象的新兴交叉学科，组建具有跨学科、多学科特征的研究团队，专门从事四川人才发展的理论研究，从第三方研究的视角形成四川人才工作的智囊团和思想库，从而发挥客观公正、建言献策的公共服务性研究作用。

（3）扩大人才研究合作

人才理论研究是为了科学、客观、有效地指导人才工作实践，通过“理论先行”“抽象实践”“探索规律”的路径进行专门性研究。然而，由于地方研究的视野局限性和发展阶段性不同，四川人才理论研究必须开阔视野、拓展思路，从国际和国内人才研究和优秀实践经验中寻找适合四川省经济社会发展特征的人才研究路径和方法，特别是与高水平的人才发展研究机构建立合作关系，邀请相关领域的海内外专家学者、高级管理人员等定期来川交流考察，从而活跃人才研究的氛围，提高人才研究的水平，激发人才研究的活力，提升人才研究的知名度。

4. 模块策略四：人才发展的支撑体系优化

（1）推动人才发展的核心是优化人才支撑体系

人才发展思想与理念的落地必须通过一套行之有效的人才支撑体系予以支持和保障，因此毫不夸张地说推动人才发展的核心就是不断优化、完善人才支撑体系。《四川省人才发展规划纲要（2014～2020 年）》的 4 大任务目标之一就是建立多层次人才支撑体系，2016 年 3 月，四川省委、省政府发布《关于深化人才发展体制机制改革促进全面创新改革驱动转型发展的实施意见》中提出的工作目标就是“力争通过三年努力，基本构建起与全面创新改革相适应的人才制度体系，建立健全导向鲜明、激励有效、科学规范的人才培养、引进和使用模式，形成人才推动创新改革、人才支撑跨越发展的生动格局”。因此，当前四川人才发展及工作的核心任务就是建立健全人才支撑体系，只有完善基础制度建设并形成有力的抓手，才能有底气谈释放“人才红利”、打造“人才高地”和建设“人才特区”，也只有建设好人才支撑体系，才能有效推动下一步的人才发展治理体系的建构。

（2）借鉴深圳上海人才新政优化支撑体系建设

2016 年，是全国各地人才新政出台的“大年”。3 月 1 日，公安部支持北京创新发展的 20 项出入境政策正式实施，涉及外国人签证、入境出境、停留居留等方面，这也是继中共中央办公厅、国务院办公厅印发《关于外国人永久居留服务管理的意见》后地方的第一个试点。同日，广州市委、市政府颁布《关于加快集聚产业领军人才的意见》及相关配套文件，提出了20项任务举措，突出高精尖缺人才导向，计划5年投入35亿元，在重点产业领域内支持500名创新创业领军人才，每年支持1000名产业高端人才和2000名产业急需紧缺人才。3月23日，深圳市委、市政府印发《关于促进人才优先发展的若干措施》（简称“深圳人才新政81条”）并提出，“深圳改革开放以来的实践一再证明，抓人才就是抓发展，强人才就是强实力，没有人才优势就不可能有发展优势、创新优势、产业优势”。9月25日，上海市委、市政府发布《关于进一步深化人才发展体制机制改革加快推进具有全球影响力的科技创新中心建设的实施意见》（简称“上海人才新政30条”），相比上海2015年出台的包含投资人、创业者直接落户等内容的《关于深化人才工作体制机制改革促进人才创新创业的实施意见》（简称“上海人才20条”），此次出台的“30条”是在“20条”的基础上修改完成的，增加部分侧重“创新创业”领域，是上海人才体制机制改革的“再完善、再突破、再创新”。

参考深圳、上海两市较为系统、全面的人才新政，以及特征鲜明的人才支撑体系，根据四川人才发展支撑体系建设的基本思路和运作机理，报告从人才引进、人才培养、人才激励、人才储备、环境资源和协同创新6个方面分类梳理，旨在借鉴东部沿海经济发达地区的举措经验，优化四川人才支撑体系建设的整体性思路。

①深沪人才引进支撑子体系建设经验

深圳在人才引进方面，提出两大政策：一是实施更具竞争力的高精尖人才培养引进，分别提出了：a. 杰出人才培育引进计划，重点引进诺贝尔奖获得者、国家最高科学技术获奖者及两院院士等杰出人才15名。对深圳新当选的两院院士和新引进的杰出人才，每人给予100万元工作经费和600万元奖励补贴。b. 深化和拓展“孔雀计划”，市财政每年投入不少于10亿元，用于培育和引进海内外高层次人才和团队。经认定的国家级领军人才、地方级领军人才、后备级人才和海外人才，分别给予300万元、200万元和160万元奖励补贴。经评审认定的海内外高层次人才“团队+项目”，给予最高1亿元资助。c. 培育引进高层次创新创业预备项目团队，对未入选“孔雀计划”的创新创业团队，给予最高500万元资助。d. 加强基础研究人才稳定支持。二是大力引进培养紧缺专业人才，涉及较广，包括急需高层次专业人才、党政人才、金融产业专业人才、城市管理治理专业人才、教育系统专业人才、医疗卫生专业人才、高水平人文社科专业人才。①

上海在人才引进方面，具体包括：a. 优化永久居留证申办条件，扩大申办范围。如对在本市连续工作满4年，每年在境内实际居住累计不少于6个月，有稳定生活保障和住所，工资性年收入和年缴纳个人所得税达到规定标准的外籍人才，经工作单位推荐，可申请在华永久居留。b. 完善永久居留证申办途径，探索从居留证向永久居留证的转化衔接机制。对入选中央和本市“千人计划”的外籍高层次人才可办理外国人永久居留证；上海人才主管部门认定的外籍高层次人才、上海科技创新职业清单所属单位聘雇并担保的行业高级人才，可不受60岁年龄限制，申请5年有效的工作类居留许可，工作满3年后，经工作单位推荐，可申请在华永久居留；在中国（上海）自由贸易试验区、张江国家自主创新示范区（简称“双自”地区）工作并符合一定条件的外籍高层次人才，也可申请在华永久居留。c. 充分发挥R字签证政策作用，扩大R字签证申请范围。扩大外籍高层次人才在口岸和境内申请办理R字签证的范围，为其提供入境和停（居）留便利。d. 实施外国留学生毕业后直接在上海创新创业政策。在上海地区高校取得本科及以上学历且在“双自”地区就业的外国留学生，经证明后可直接申请办理外国人就业手续和工作类居留许可。e. 完善上海市海外人才居住证（B证）制度。根据不同条件适度延长B证有效期限，最高期限可到10年，并

① 龙华新区民治办事处：《中共深圳市委深圳市人民政府印发〈关于促进人才优先发展的若干措施〉的通知》，http：//www.szlhxq.gov.cn/mzbsc/bmfw97/grfw/jtsq/684098/684102/1431122/index.html.2016.11.15。

提高持 B 证人员的市民待遇。①

②深沪人才培养支撑子体系建设经验

深圳人才新政中将高端人才的引进与培养合二为一，提出未来 5 年重点培养一批具有成长为中国科学院、中国工程院院士潜力的人才并争取入选 3～4 名，每培养出一名两院院士给予培养单位 500 万元奖励。支持企事业单位设立院士（科学家、专家）工作站（室），传帮带培养创新人才，符合条件的给予 50 万～100 万元开办经费资助。此外，还提出加快培养国际化人才，涉及干部出国出境培训、人才和项目的国际合作交流、学生国际交流计划；提高技能人才培养水平，包括大力发展职业技能教育，提出对在职劳动者中等职业技术教育，由政府、企业、个人按照一定比例承担学费，完善在职劳动者职业技能等级或学历层次提升补贴资助，给予每人最高 1 万元补贴；推进技能人才培养国际合作，以及选择 100 家左右企业开展校企联培、企业新型学徒制和实施“双元制”职业教育模式。②

上海人才新政就人才培养而言：a. 完善创新型科技人才培养模式，建设若干具有国际影响力的一流大学；建设若干具有国际一流水平的标志性学科；建立本市高校岗位结构比例动态调整机制；建立本市高校学科专业、类型、层次和区域布局动态调整机制；鼓励高校、科研院所与企业联合共建新型研发机构，做大做强产学研用对接平台；鼓励企业建立高校、科研院所实践基地，联合培养研究生；深入推进青年大学生创业引领计划。b. 改进创新型科技人才支持方式，提出培育造就一批有国际影响力的战略科学家和创新型科技人才。建立若干专业技术人员继续教育基地，集中开展高层次和紧缺急需专业技术人才专项培训。推动产业技术研究机构、高校、重点园区、重点企业联合建设工程师学院，大力培养卓越工程师。聚焦本市先进制造业

① 上海网上政府大厅：《关于进一步深化人才发展体制机制改革加快推进具有全球影响力的科技创新中心建设的实施意见》，http：//www. shanghai. gov. cn/nw2/nw2314/nw2315/nw4411/u21aw1163613. html. 2016. 11. 15。

② 龙华新区民治办事处：《中共深圳市委深圳市人民政府印发〈关于促进人才优先发展的若干措施〉的通知》，http：//www. szlhxq. gov. cn/mzbsc/bmfw97/grfw/jtsq/684098/684102/1431122/index. html. 2016. 11. 15。

和现代服务业重点领域，建立一批高技能人才培养实训基地。深化首席技师制度，建设一批技能大师工作室，传承培育工匠精神。①

③深沪人才激励支撑子体系建设经验

深圳人才新政就人才激励提出多项措施，如100万元支持鹏城杰出人才、建立10万~50万元人才荣誉奖项、每年安排10亿元专项资金奖励各类创新创业、建立特区勋章和荣誉制度、5万元的政府特殊津贴制度和设立人才事迹展示馆等。②

上海人才新政着重对人才创新创业的激励，主要提出有：a. 完善科技成果使用、处置、收益管理制度。将不涉及国防、国家安全、国家利益和重大社会公共利益的科技成果的使用权、处置权、收益权，下放给高校、科研院所。高校、科研院所与研发团队可自主决定转让、许可或者作价投资，可通过协议定价、在技术交易市场挂牌交易、拍卖等方式确定价格。b. 完善科技成果转移转化奖励机制，如高校、科研院所科技成果转移转化扣除其处置过程中直接费用后，其净收入的70%或者以上可用于奖励个人和团队。对高校、科研院所以科技成果作价入股的企业，放宽股权激励、股权出售对企业设立年限和盈利水平的限制。c. 落实促进科技成果转移转化的税收政策，实施股权奖励递延纳税试点政策，高校和科研院所转移转化科研成果，以股份或者出资比例等股权形式给予个人奖励等举措。③

④深沪人才储备支撑子体系建设经验

深圳将扩大博士后设站和人员规模作为建设“人才战略储备库”的重要路径，鼓励高校、科研机构和企业设立博士后流动站、工作站和创新实践

---

① 上海网上政府大厅：《关于进一步深化人才发展体制机制改革加快推进具有全球影响力的科技创新中心建设的实施意见》，http：//www. shanghai. gov. cn/nw2/nw2314/nw2315/nw4411/u21aw1163613. html. 2016. 11. 15。

② 龙华新区民治办事处：《中共深圳市委深圳市人民政府印发〈关于促进人才优先发展的若干措施〉的通知》，http：//www. szlhxq. gov. cn/mzbsc/bmfw97/grfw/jtsq/684098/684102/1431122/index. html. 2016. 11. 15。

③ 上海网上政府大厅：《关于进一步深化人才发展体制机制改革加快推进具有全球影响力的科技创新中心建设的实施意见》，http：//www. shanghai. gov. cn/nw2/nw2314/nw2315/nw4411/u21aw1163613. html. 2016. 11. 15。

基地，每批新增博士后工作站不少于 15 家，每年新增创新实践基地不少于 30 家，每年招收博士后研究人员不少于 500 名。博士后设站单位资助标准提高至 80 万元，创新实践基地提高至 50 万元，在站博士后人员每人每年给予 12 万元生活补贴，鼓励设站单位增加配套资助，对出站留深和来深博士后，给予每人 30 万元科研资助。①

上海同样将博士后作为人才储备的主要来源和支柱，提出破除论资排辈、求全责备等观念，抓紧培养造就青年英才，推动博士后科研“两站一基地”（博士后流动站、工作站以及创新实践基地）和企业科技创新“四平台”（如企业工程研究中心、工程实验室、工程技术研究中心、企业技术中心）协同联合发展。②

⑤深沪环境资源支撑子体系建设经验

深圳人才新政中提倡：a. 建立完善人才健康顺畅流动机制，实行高层次人才机动编制管理，凡市外事业单位在编高层次人才来深创新创业，5 年内按市事业单位编制内管理；支持高校、科研院所等事业单位科研人员离岗创业，3 年一期，最多不超过两期。离岗期间保留人事关系，原单位代缴部分的养老、医疗等社会保险；允许高校、科研院所及职业技工学校设立一定比例的流动岗位，吸引企业家和企业科研人员兼职；放宽科研人员因公出国出境的批次数、人数和在外停留时间；鼓励高校全日制在校生创新创业，提高原有创业场租补贴的 20% ~50%，提高大学生就业见习和实习补贴，每人每月给予最高 2500 元，最长不超过 6 个月，对于优秀项目最高可资助 50 万元。b. 强化人才创新创业金融扶持，通过设立 80 亿元规模的人才创新创业基金，支持人才创新创业；完善人才创业贷款风险补偿机制，对符合条件的科技研发项目和创业担保贷款，给予贷款贴息资助。c. 加大各类人才安

① 龙华新区民治办事处：《中共深圳市委深圳市人民政府印发〈关于促进人才优先发展的若干措施〉的通知》，http：//www. szlhxq. gov. cn/mzbsc/bmfw97/grfw/jtsq/684098/684102/1431122/index. html. 2016. 11. 15。

② 上海网上政府大厅：《关于进一步深化人才发展体制机制改革加快推进具有全球影响力的科技创新中心建设的实施意见》，http：//www. shanghai. gov. cn/nw2/nw2314/nw2315/nw4411/u21aw1163613. html. 2016. 11. 15。

居保障，包括建设不少于1万套人才公寓，完善高层次人才安居办法，对杰出人才给予600万元奖励补贴或面积200平方米左右免租10年的住房，全职工作10年后、贡献突出并取得深圳户籍，可无偿获赠租住房或1000万购房补贴。除了杰出人才安居保障外，还对中初级人才住房、新引进人才租房和生活补贴、境外人才住房公积金等给予了大力支持。d. 优化人才子女入学，通过设立入学积分项目，高层次人才的非深户籍子女就读义务教育和高中阶段学校，享受当地户籍学生待遇。e. 强化人才医疗保障，根据人才等级享受不同级别的保健待遇，为外籍人才医疗提供预约诊疗和外语服务。f. 提升服务人才水平，通过联系优秀专家制度、构建全市统一的人才基础数据信息库和综合服务平台、为外籍人才创新创业提供多次往返的F字（访问）签证和长期居留的R字（人才）签证，以及设立人才研修院，强化人才知识产权保护。g. 推进人力资源服务业发展，放宽人才服务业准入限制，设立人力资源服务业发展专项资金，加大高端猎头机构引进培育力度。h. 推进前海人才管理改革试验区建设，如允许港澳专业人才提供专业服务，完善深港人才交流机制，建立海外人才离岸创新创业基地。①

上海提出促进创新创业人才双向流动，允许科研人员在岗或离岗创业，为人才创新创业营造了宽松自如的氛围。如符合条件的高校、科研院所科研人员经所在单位同意，可带着科研项目和成果，保留基本待遇离岗创业，并与原单位其他在岗人员同等享有参加职称评聘、岗位等级晋升和社会保险等方面的权利；创业孵化期内（3～5年）返回原单位的，工龄连续计算。此外，还强调优化人才创新创业的生态环境，主要涉及完善创新创业法制环境，加强创新成果知识产权保护，拓展人才创新创业投融资渠道，加强大众创业、万众创新服务体系建设，营造人才宜居宜业环境，如：人才公寓等配套服务设施建筑面积占项目总建筑面积的比例由7%提高到不超过15%；优

① 龙华新区民治办事处：《中共深圳市委深圳市人民政府印发〈关于促进人才优先发展的若干措施〉的通知》，http://www.szlhxq.gov.cn/mzbsc/bmfw97/grfw/jtsq/684098/684102/1431122/index.html. 2016.11.15。

化海外人才就医环境；扩大国际教育资源供给。①

⑥深沪协同创新支撑子体系建设经验

深圳人才新政中“协同创新支撑子体系”的建设是通过创建一系列、多部门的载体和机制来完成的，如：“人才引进支撑子体系”是通过多个招才引智工作机制予以推动，像设立“引才伯乐奖”，通过企事业单位、人才中介组织等举荐人才，凡引荐高端人才 1 人（团队），将给予 10 万 ~200 万元奖励补贴。此外，还要积极发挥企业、驻外机构、群团和社会组织招才引智的作用；又如：“人才培养支撑子体系”是以技能大师工作室、技师工作站和高技能人才培训基地为载体推动高技能人才培养；以参与“双一流”和广东省高水平大学建设项目为载体推动高精尖缺人才培养；以高水平科研机构和新型智库为载体推动核心技术、军民融合人才培养；以吸引市外技术转移机构、培育国际学术交流平台来推动高新技术和国际化人才培养。再如：“人才激励支撑子体系”是通过全面发挥政府、市场、专业组织、用人单位等多元评价主体功能，建立多维度人才评价标准，推进高层次人才市场化认定机制和技能人才多元化评价改革；通过建立激励创新和科技成果转化的职称评审制度，将社会化职称评定下放给具备条件的行业组织。②

上海人才新政也提出建立协同创新体系，就人才职称制度改革而言，提出政府部门建立职称评审评价责任和信誉制度，加强评审专家数据库建设，逐步将职称评审权下放给用人主体和行业组织，引导建立由行业组织或龙头企业牵头，不同所有制、不同类型企业共同参与的职称评审委员会；就人才激励机制改革而言，提出建立有利于科技成果转移转化的工作机制，设立科技成果转移转化联席会议制度，加强部门协同配合，协调推进科技成果转移转化工作。通过建设一批协同创新中心和智库，促进创新链与产业链有效衔

① 上海网上政府大厅：《关于进一步深化人才发展体制机制改革加快推进具有全球影响力的科技创新中心建设的实施意见》，http：//www.shanghai.gov.cn/nw2/nw2314/nw2315/nw4411/u21aw1163613.html. 2016.11.15。

② 龙华新区民治办事处：《中共深圳市委深圳市人民政府印发〈关于促进人才优先发展的若干措施〉的通知》，http：//www.szlhxq.gov.cn/mzbsc/bmfw97/grfw/jtsq/684098/684102/1431122/index.html. 2016.11.15。

接，加快推进创新成果转化。[①]

基于“深圳人才新政81条”和“上海人才新政30条”的实施举措归类，可以看出两地推出的人才新政具有若干共同点，即力度大、体系全、特色强。具体来说：就人才引进支撑子体系建设而言，两地根据自身情况，其引才策略有所不同，深圳讲求重金引才，上海侧重“落户”引才。两地瞄准地都是高精尖缺型高端人才，上海格外注重创新创业人才的引进。四川省在该体系建设上的引才标准与深圳、上海差异不大，其关键是发挥政策优势吸引人才，这就需要准确找到四川省引才的“向心力”；就人才培养支撑子体系建设而言，深圳提出引才与育才合二为一，即突出对高端人才的培养，如培养两院院士，而不只是引进人才。上海则提出结合“双一流”建设，培养创新型科技人才和战略科学家。此外，两地人才新政中都强调职业技能教育和技术人才专业培训。因此，四川省除了高端人才培育、高层次学历人才培养外，应加大力度建设高技能、高水平的职业教育支撑体系，为四川省产业转型升级以及技术技能型人才创新创业提供教育支持和保障；就人才激励支撑子体系建设而言，深圳主要是通过奖励和荣誉制度进行支持，而上海主要是围绕创新创业，完善管理机制、奖励机制和税收机制予以激励。显然，四川省在该子体系建设方面也应加强机制建设，只有不断完善制度载体和激励办法建设才能有效促进“人才红利”的释放，特别是对当前四川省全创改革试验区、“五大经济区”等重点战略进行有效对接的人才激励。

就人才储备支撑子体系建设而言，两地人才新政都是通过吸引博士后研究人员实现人才储备，深圳突出博士后财政支持，上海注重博士后体系建设。这说明吸引博士后已经成为人才储备支撑子体系建设的主渠道，完善和扩充博士后流动站、工作站及创新实践基地，加大博士后的引进待遇、项目资助、校企合作和出站留用机制成为人才储备的关键；就环境资源支撑子体系建设而言，深圳鼓励人才流动和离岗创业，设立人才创新创业基金，对人

① 上海网上政府大厅：《关于进一步深化人才发展体制机制改革加快推进具有全球影响力的科技创新中心建设的实施意见》，http：//www. shanghai. gov. cn/nw2/nw2314/nw2315/nw4411/u21aw1163613. html. 2016. 11. 15。

才安居、子女入学、医疗保障及人才服务提出具体办法。上海同样鼓励人才双向流动，对知识产权、投融资渠道和创新创业基本环境（住房、就业和入学等）做出具体规定。由此可见，该子体系建设主要围绕人才的基本生活环境展开，保障人才生活的基本需求。但除此之外，人才的双向流动将成为这一体系建设的新内容，包括高校和科研院所人才（包括在读大学生）向社会流动创业，又包括企事业单位向高校和科研院所流动联合创新创业。就协同创新支撑子体系建设而言，深圳人才新政中协同创新支撑子体系建设相对系统、完善，对人才引进、人才培养和人才激励3个内部支撑子体系均有对接支持，通过一系列、多部门的载体和机制协作完成。因此，四川省该子体系建设应着重把握多元化、市场化（社会化）、协调性和行业性特征，通过发挥政府、市场、企事业单位、专业服务组织协同创新作用，为内部支撑体系建设提供支持。

（二）人才发展支撑体系建构及运作机理

人才发展支撑体系不仅是人才工作运行的载体，具有多元性、动态性和层次性的特征，还是一个由若干既相互联系又相互制约的子系统整合而构成的一个有机整体，主要分为内部和外部两大体系，其中人才内部支撑体系设有人才引进、人才培养和人才激励3个子体系；人才外部支撑体系则设有人才储备、协同创新和环境资源3个子体系。6个子体系由不同的要素组成，都具有特定的功能和作用，每一个子体系之间相互支撑、相互促进，形成了错综复杂的有机整体。

当然，6个子体系在整个支撑体系中发挥什么作用？如何确保各个子体系有效衔接和高效运转，而不是徒有虚名或者相互扯皮，这就需要深入分析各个子体系之间的内在关联，从政府、企业、高校、科研机构以及包括中介机构、咨询机构、媒体、社区等各方面入手，多方位、多层次构建人才支撑体系的运行模式，确保整个体系有效、协调运转，推动建设“区域人才小高地、产业人才大集群”，为四川全面创新改革提供人才支撑，最终实现“三大战略”和推进“两个跨越”的战略目标。

根据人才支撑体系的内、外两大体系分类和6个子体系要素构成，可基本分为3个支撑层面：一是由人才储备、协同创新和环境资源3个人才外部支撑体系形成的“依托层面”，所谓“依托层面”是指外部支撑体系是内部支撑体系运行的基础和平台。其中，环境资源支撑体系包括经济环境资源、市场环境资源、文化环境资源、政策环境资源、自然环境资源、区位环境资源等，环境资源的优与劣直接影响到人才总体的数量、质量、类型和地域分布；协同创新支撑体系是指各级政府、企业、高校、科研机构、中介服务机构、咨询机构、媒体、社区等各个部门和单位作为人才支撑体系的“动力源”，由各级政府牵头，统筹、协调并汇集各方力量，以实现多部门、跨领域的协同合作和创新发展，否则人才内部支撑体系无法改变“碎片化”“表层化”“同质化”的发展窘境；人才储备支撑体系是外部支撑体系的核心，是一项具有战略眼光的人力资源规划，通过对人才数量、层次和结构的优化设计，打造具有四川省地方特色的“人才库”。“人才库”的建设直接瞄准了内部支撑体系中的“人才引进”和“人才培养”，人才储备一是要引进为了未来使用的人才（可能暂时“不用”的人才）；二是加大四川的教育投入，培养能适应社会需求的复合型人才。总体而言，人才外部支撑体系中的3个子体系形成了良性循环和互动，只有3个子体系共同相互作用，才能打造出稳固坚实的“三角基座”，为人才内部支撑体系提供“依托”保障和外部支撑。

第二个层面是由人才引进、人才培养和人才激励3个人才内部支撑体系形成的“职能层面”，该层面是人才发展和人才战略规划在实施过程中的具体表现。其中，人才引进支撑体系是针对四川人才匮乏最具时效的人才发展渠道，也是当前四川人才工作的重点。人才引进支撑体系运作有4条实现路径：一是实施引才聚才计划；二是搭建招商引智平台；三是拓宽人才引进渠道；四是建设宜居宜业环境。人才激励支撑体系是引才支撑体系的延续，“引才”只是第一步，关键是如何通过有效的激励机制和方式“用才”“留才”。但激励支撑体系的有效运作必须建立在一套科学、严格的制度规范上，如：设置人才分类评价标准；建立以能力、实绩和贡献为导向的人才评价体系；加大创新的人才激励力度等。人才培养支撑体系是一项长期复杂的

“大型工程”，既有学历教育系列，又有非学历教育系列，既有基础教育、职业教育和高等教育，又有成人教育和终身教育。基于此，人才培养支撑体系建设包括：①改革创新创业人才培养模式；②改进科技人才培养支持方式；③加大创新型企业家培养力度；④完善技术技能人才培养模式。

在第一个层面（依托层面）和第二个层面（职能层面）的基础上，第三个层面就是内、外部6个子体系共同作用下的人才支撑体系，即战略层面。可以说人才支撑体系是一种结构，包括6个子体系的内在结构；是一个过程，是四川人才发展和开发与各个子体系相互感应、分析、反应和行动的过程，整个过程的目的是发挥人才系统的最大效用。从外部看，人才支撑体系的运行是系统与外部环境交换信息、能量的过程；从内部看，是适应环境变化和组织发展需求、改变系统的状态、组织、结构和运作形式的过程。总体来说，内外部支撑体系及相应的6个子体系是一个动态的、变化的过程；6个子系统相互承接、交叉又独立应用；6个子体系互为指导、互相影响。建立人才支撑体系的运行模式，概括为“政府主导，企业主体，高校和科研机构参与，社会协同运行”的模式。（如图1）

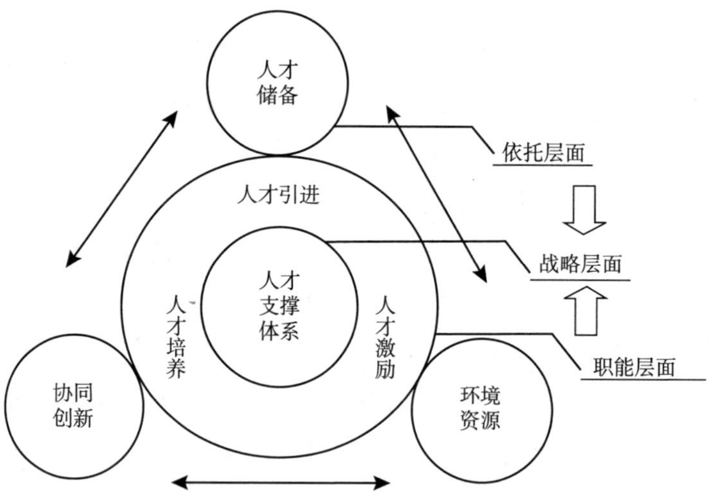

图1　人才发展支撑体系运作机理

高校人才篇

Development of Talents in Higher Education

B.2 西部高校高端人才队伍建设困境及思考

史代敏*

摘　要：随着国内各大高校日益重视人才队伍建设，人才竞争态势异常激烈，特别是西部地区高校在人才引进、队伍建设等方面更是困境重重，主要表现在高端人才承载基础薄弱、高端人才流失严重、引才优势不足、产学研协同创新能力较弱以及人才发展环境不完善。针对以上问题，本研究分别从国家和地方两个层面，提出了相应的建议和对策。

关键词：高端人才　人才发展　西部高校

* 史代敏（1965～），四川德阳人，西南财经大学副校长，教授、博士生导师。

当前，国内各大高校都在加快人才队伍建设，人才竞争异常激烈。特别是西部地区高校，高端人才总体规模小、缺口大，长期以来人才流失较为严重，尤其是高水平人才，甚至是高水平团队的集体流失，“人才东南飞”成为一种趋势。人才是高校发展建设的根本。如何通过引进、稳定和培养一批高端人才，破解西部高校高端人才发展的困境，已经成为西部高校在“双一流”建设中必须亟须破解的重要难题。

一 西部高校高端人才队伍建设的主要问题

（一）国家级重大科研平台缺乏，高端人才承载力不足

据不完全统计，西部地区高校中，国家重点学科、重点实验室和工程技术研究中心等国字号的科研平台共127个，博士后流动（工作）站690个，仅为东部地区高校水平的25%、26%。[①] 12个西部省份中，“985”高校只有7所，除四川、重庆、陕西、甘肃外，其他西部省份均无“985”高校。国家级重大科研资源与平台建设的先天不足，导致了西部地区高层次人才严重不足，且引入难、留住难，发展后劲不足。

（二）人才投入不足，高端人才流失严重

近年来，我国东部地区政府纷纷加大了高等教育投入力度。如：上海市于2015年10月开始正式实施“高峰高原重点学科建设计划”，明确在第一阶段内市级财政将投入36亿，到第二阶段继续加大投入。2015年，广东省出台《广东省高水平大学建设专项资金管理办法》，2015～2017年设立高水平大学建设专项资金50亿元，支持重点建设高校和重点建设项目；2016年起启动《高水平大学建设人事制度改革试点方案》，加强对高水平领军人才

① 谢辛：《破解西部地区高层次人才开发“三大困境”》，《中国人才》2012年第7期，第27页。

的引进与培养。东部地区高校通过加大投入等系列引才举措，将对西部地区人才队伍建设产生更大的冲击，导致西部地区的人才流失问题变得更为严峻。

（三）人才竞争态势激烈，引才优势“先天”不足

西部高校的地缘劣势，导致急需紧缺学科人才引进难度进一步加大。以国内外经管类人才的“引才”为例，当前，国内各大高校对经管类人才尤其是金融学科高端人才的“争夺”竞争已进入“白热化”阶段，针对“国家级人才”，东部地区高校不仅年薪优厚，而且提供数百万的科研平台费。西部高校，如果得不到有力的经费支持，仅凭自身的力量很难持续引进、留住海内外高端人才，且极易造成西部地区有限的高端人才向高薪行业、东部地区高校转移。

（四）产学研协同创新能力较弱

当前，一方面由于受资源和资金限制，西部地方政府对产学研发展的政策支持相对有限，与东部地区相比差距较大；另一方面由于高校与政府、行业主动对接的意识不够强，西部地区部分高校的部分科技研发与应用平台功能发挥不佳，一些优势学科正逐步丧失其传统影响力。

（五）人才发展环境还不完善，社会配套政策相对滞后

相比较而言，西部地区高端人才引进、流动、退出相衔接的工作机制有待健全，尤其是外籍高端人才在人才流动制度、医疗保险制度、社会福利制度、就业失业保障制度等方面还缺乏一个有效的社会支撑体系，在住房购买、子女上学、个税保险等方面还存在诸多不兼容的现象。应推进教师队伍建设的不断优化，建立一个较为完善的公共服务支持体系，推进人才流动制度、医疗保险制度、社会福利制度、就业失业保障制度等的不断健全。

二 关于加强西部高校高端人才队伍建设的思考与建议

（一）国家层面

首先，应在国家层面，研究制定更加贴近西部高校人才发展的专项政策，在重大平台建设、精准对口支持、培养补偿机制、专项资金资助、学科布局优化等方面进一步加大支持力度。

1. 加大人才项目倾斜力度

一方面，建议在国家各类竞争性人才计划和科技项目中，单独划出一定比例（如：20% ~30%），专门面向西部地区高校①。另一方面，可以设置针对西部地区的国家级人才项目，如"千人计划（西部项目）""万人计划（西部项目）"等，进行定向资助，同时设置最低服务年限。近年来，国家在重大人才项目上已经针对西部地区高校进行了重大改革，极大地调动了西部和东北地区高校对高端人才队伍建设的积极性。如长江学者奖励计划从2015 年起只允许西部和东北地区的高校申请讲座教授，东部不能再申请，对西部地区高校产生了非常积极的影响，未来需要国家给予西部更多的人才政策支持，推动西部人才队伍尤其是高端人才队伍的发展壮大。

2. 探索精准对口支持机制

东部地区高校发展实力雄厚、资源优势突出，可加强东西部地区高校之间学科和人才的精准对口支持，特别是加强对西部地区相对落后的省属地方高校的学科建设。建议可制定西部地区的对口支持政策，由东部地区高校具有领先优势的学科选择一所对应的西部高校来进行学科的对口支持；可要求东部高校优秀人才在申请部分国家级人才项目时，设置同等条件下的优先入选条件，如具有西部高校两年以上工作经历者、主动申请支援西部地区学科发展建设者可优先入选等。

---

① 蔡秀萍：《凝心聚力破解西部人才短缺困境》，《中国人才》2014 年第 2 期，第 13 ~15 页。

3. 建立健全人才补偿机制

根据市场规律，人才流向资源丰富的东部地区具有一定的内在必然性，西部高校投入大量人力、物力财力建设引进、培养起来的高端人才，很容易被东部高校以更优厚的待遇和研究平台引进。因此，建议由政府主导建立区域人才培养补偿办法，实行“人才转会”制，人才培养与人才转移的双方可以就补偿问题进行协调，西部高校获得相应的人才流失补偿，补偿资金用于培养和引进高端人才，以此维持高端人才总量的相对稳定。

4. 实施西部专项资金资助

西部高校应实施更加具有吸引力的薪酬制度以吸引和留住人才，国家可适度加大对西部地区人才队伍建设的支持力度。在同等条件下，西部地区高校高端人才收入不低于东部地区高校，差额部分可由国家进行专项资助。此外，应允许有条件的西部地区高校集资建设经济适用房，或为优秀人才建设住宅公寓等，切实提升西部高校对人才的吸引力。

5. 大力推进学科布局优化

学科建设与师资队伍建设紧密相关，对师资队伍建设具有龙头引领作用。应积极落实国务院《关于加快中西部教育发展的指导意见》①，加快实施“一省一直属高校”建设；同时，在每个省遴选一批重点建设的一级学科和特色学科，更好引导西部高校特色发展，努力缩小与东部高校学科建设的差距。

（二）地方政府层面

地方政府应着力破解制约高校人才发展的体制机制因素，组织更多的资源加强高校建设，在管理体制改革、人才投入、平台建设以及公共服务建设等方面进一步加大支持力度。

1. 进一步下放高校办学自主权

当前，如何通过人才队伍建设增强队伍活力，是各大高校共同面临的问

① 《关于加快中西部教育发展的指导意见》，国办发〔2016〕37 号。

题。尤其是西部高校，通过资源筹措支持学校发展的能力有限，在管理方面尤其需要放松管制、减少限制，激发高校自主创新、自主发展的活力。因此，建议进一步下放高校办学自主权，明确主管部门和高校的权责关系，尤其是进一步下放省属地方院校在人事分配制度方面的权力；同时，要下放编制管理权，由高校自主开展编制管理；下放岗位设置权，由高校自主确定岗位总量和岗位结构比例。

2. 进一步加大人才财政投入

从一定意义上来看，高校经费投入对高层次人才的引进、培养的影响直接而又高效，提高人才队伍的经费投入，将大幅提高优秀人才的引入比例、留在西部高校的比例。建议地方政府可设置高端人才专项经费，主要用于提高高端人才工资福利待遇、特殊津贴、住房补贴、科研启动经费等。如，每引进一位全职高端人才或海外高校终身教授来西部任职（或兼职），地方政府每年提供一定数额的专项补贴。

3. 搭建高水平产学研协同创新平台

应紧密围绕高端产业和产业高端发展需求，遴选一批具有发展潜力的学科，支持其与国内外领先的高校、研究中心合作。加强关键技术协同攻关，努力在较短时期内提升产学研的整体水平，争取实现地方和高校双赢。

4. 着力完善人才公共服务体系

建议进一步完善海外人才引进绿色通道，着力完善高端人才服务的公共体系，为引入的外籍人员在办理“绿卡”、签证、税务、职称申报等方面，提供便捷性服务；不断完善人才公寓、医疗待遇、子女入学、家属就业等方面的具体措施；切实加强创新成果知识产权保护，引导社会资本和金融资本投资人才创业。

总而言之，当今时代，优秀人才加速流动，高端人才竞争更是异常激烈，国家、西部各省市、西部高校应以“双一流”建设、“一带一路”战略为契机，多措并举、整合资源、加强协同，着力解决制约高端人才发展的关键问题，大力营造更有利于吸引、用好人才的发展环境，全面推进西部高校高端人才快速发展和科学发展。

B.3
四川省高校师生国际化发展研究
——以五所高水平大学为例

闫月勤　李旭刚*

摘　要： 选取四川5所高水平大学为样本，从教师与学生的视角考察我省大学国际化发展现状后发现：四川省内高校的国际化发展趋势良好，不同类型、不同层次、不同的考察内容发展不平衡，高水平综合性大学好于工科为优势学科的大学，与发达地区的高水平大学比较差距较大，也有一定的优势，但总体国际化水平偏低。需要借助国家"一带一路"发展战略，服务国家外交大局，充分利用新时期教育对外开放工作的良好政策环境和四川省的地理人文环境，大力实施大学国际化发展战略，积极扩大来华留学生规模，为师生创造更多国际学术交流的机会，大力引进国外智力，培养一支高度国际化的教师队伍，培养大批具有国际竞争力的人才。

关键词： 大学　国际化　师生　评价体系　排名

《国家中长期教育改革和发展规划纲要（2010～2020年）》提出："开

---

* 闫月勤（1962～），高等教育学博士、教授，西南交通大学大学国际化评价研究中心主任，主要从事大学国际化、国际组织研究；李旭刚（1989～），西南交通大学公管学院硕士研究生，主要从事大学国际化研究。

展多层次、宽领域的教育交流与合作，坚持以开放促改革、促发展，提高我国教育国际化水平。借鉴国际上先进的教育理念和教育经验，提升我国教育的国际地位、影响力和竞争力，促进我国教育改革发展。”[①]《关于做好新时期教育对外开放工作的若干意见》对新时期教育开放工作进行了全面部署。国际化发展已经成为各高校的题中必有之意，四川高校在国际化发展中也取得了令人瞩目的成绩，但与东部发达地区高校相比，还存在明显的差距。本文以代表四川省最高教育水平的5所高水平大学为例，选择高校国际化发展中最重要的影响因素——学生与教师国际化两个维度为视角展示四川省高校的国际化发展现状。

一　研究样本、评价体系与数据

本研究选取了代表四川高等教育最高水平的5所“211工程”建设大学为研究样本。这是因为，5所“211工程”大学是国家重点扶持的高水平大学，5所大学的国际化水平能够反映川内大学国际化的水平及发展趋势。5所大学中，四川大学是综合性大学，电子科技大学与西南交通大学是理工科类大学，西南财经大学是财经类大学，四川农业大学是农学类大学。5所大学都明确确立了国际化战略。

学生国际化和教师国际化是大学国际化发展最重要的影响因素，本研究限于篇幅选取了这两个最重要维度开展研究，以此视角反映大学国际化发展的现状。对于评价指标，本文采用西南交通大学大学国际化评价研究中心的“大学国际化评价指标体系（2015）”以及该研究团队发布的“大学国际化水平排名”数据进行分析。指标体系见表1，数据采用2013～2015年三年的排名数据。

① 教育部：《国家中长期教育改革和发展规划纲要（2010～2020年）》，http：//www.moe.edu.cn/srcsite/A01/s7048/201007/t20100729_171904.html。

表 1　西南交通大学大学国际化评价指标体系（2015）

一级指标	二级指标	三级指标
学生国际化（2014）	国际学生（一学期及以上、全日制）	留学生占在校生的比例
		层次及人数
		专业及人数
	派出	交流学生(一学期及以上)
		参加国际比赛人数
		参加国际会议人数
		学生层次及人数
	就业国际化	应届毕业生海外升学人数及比例
		应届毕业生国际化企业就业情况(全球500强)
		海外校友会数
教师国际化	交流（2014）	出国参加国际会议人数
		国外讲学、进修人数
		国外合作研究人数
	构成（截至2014.12.31）	外籍教师(半年以上)人数及占学校专任教师的比例
		聘海外名誉教授、客座教授人数
		国外获得学位的教师人数
		国际组织、刊物、任职人数
		国外学习、工作(一年以上)经历的人数
	晋升(2014)	教师职称评定是否有国际背景要求
教学国际化	课程(2014)	非外语类专业使用外语授课课程数
		通过国际专业认证专业数
		MOOC 课程数
	合作项目数	机构数(截止2014.12.31)
		项目数(截止2014.12.31)
		合同数(2010～2014)
科研国际化	研究(2014)	国际合作项目数
		来自国外科研经费(单位:万元)
	成果	国际联合发表论文数(2010～2014)
		国外获得专利数(2010～2014)
		中外联合实验室数(截至2014.12.31)
文化交流（截至2014.12.31）	国外	孔子学院
		区域国别研究机构数
	国内	国际语言文化推广机构数

续表

一级指标	二级指标	三级指标
国际显示度（2014）	排名	QS 世界大学排名
		进入 ESI 前 1% 学科数
	Google 数据	—
国际化保障	国际化理念（2010～2014）	学校国际化战略规划
		人才培养定位中国际化的体现
		学校国际化评估体系
		招生宣传、新生入学教育对国际教育项目、活动的宣传

资料来源：西南交通大学大学国际化评价研究中心。

为了验证高校教师、学生和管理者对这套指标体系科学性的认同，我们发放了 400 份学生问卷，对 50 多位教师和管理者进行了结合问卷的访谈。结果如下。

表 2　调查问卷回收统计

问卷类别	地点	发放问卷数	收回	有效问卷
学生问卷	西南交大九里校区图书馆	100	97	95
学生问卷	西南交大犀浦校区图书馆	100	94	91
学生问卷	川大望江校区图书馆	100	98	92
学生问卷	川大江安校区图书馆	100	96	94
教师、管理者问卷	川大、西南交大	50	45	45

资料来源：李旭刚：《四川省大学国际化发展问题研究：以川内 5 所“211 工程”大学为例》，西南交大硕士学位论文。2016。

从图 1 可以看出，88.9% 的被调查者同意该指标体系，还有 11.1% 的人员对此不清楚，让人感到惊喜的是没有“不同意”与“不太同意”的选项，可见对此指标体系，教师与管理者均持肯定态度。

二　四川省高校学生国际化发展现状

依照西南交大版大学国际化评价指标体系和“大学国际化水平排名”

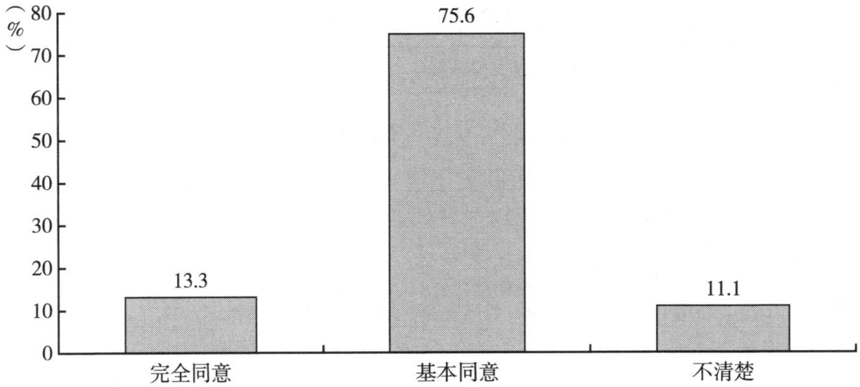

图1　教师与管理者对于大学国际化指标的看法

资料来源：李旭刚：《四川省大学国际化发展问题研究：以川内5所“211工程”大学为例》，西南交大硕士学位论文，2016。

数据，结合对西南交大、四川大学400名学生的调查、对45名教师和管理者的调查，川内5所高水平大学的国际化表现如下。

（一）川内大学学生出国留学与国际交流现状

学生国际化是大学国际化的重要标志，是指一特定国家招收别国学生或者输送本国学生前往他国学习的教育现象。一般来说，短期留学生多属交换或游学，主要为了获得文化经验或语言能力，长期留学生更多是为了取得学位和证书。2013年四川省共接受各种形式来华留学生10146名，占全国总数的2.8%，总体而言规模仍偏小。其中，来川留学生中，学历教育与非学历教育人数分别为2478人、7668人，分别占24.4%、75.6%。学历教育中，专科生、本科生、硕士研究生与博士研究生分别占来川留学总人数的3.1%、64.6%、22.5%、9.8%，研究生及以上的学历教育仅占三分之一，高层次较少。[①] 2013年四川省国家公派出国留学人员1011人，总数相比去年增长约44.8%，居近三年来增长速度之最，见表3。

① 卢铁城、唐朝纪：《2013年四川高等教育发展报告》，四川科学技术出版社，2014，第316～331页。

表 3　2011～2013 年四川省国家公派出国留学人数情况

年份	国家公派出国留学人数	相比上年增长率(%)
2011	583	8.8
2012	698	19.7
2013	1011	44.8

资料来源：根据《2013 年四川高等教育发展报告》整理所得。

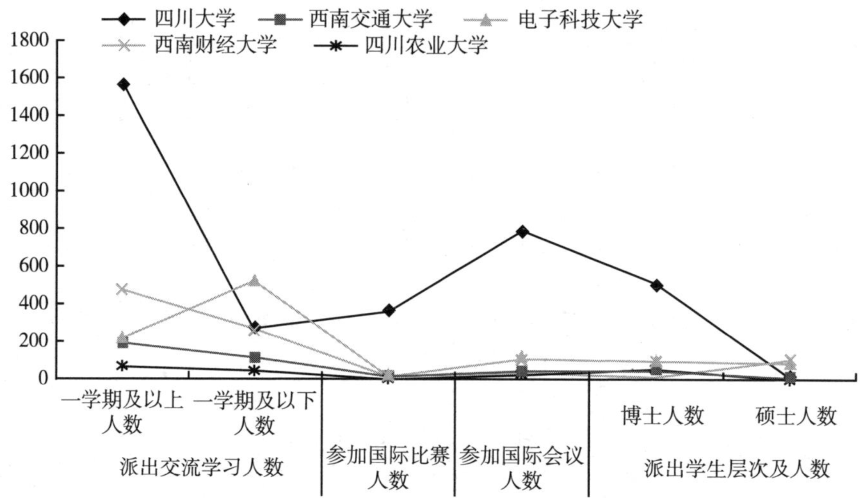

图 2　2013 年四川 5 所“211 工程”大学派出学生

资料来源：依据“大学国际化水平排名（2014）”整理所得。

图 2 是 2013 年四川省内 5 所高水平大学的学生派出情况，从中我们发现：第一，派出交流学习的学生，一学期及以上的人数，川大表现最为突出，远远超过其他 4 所大学；一学期及以下的人数，电子科大和西南交大派出的人数超过了川大，其中电子科大人数最多；第二，在参加国际比赛与参加国际会议的人数中，川大的人数同样最高，其他学校人数较少；第三，从派出的学历学生人数看，博士派出人数川大最多；硕士西南财经大学最多。第四，由派出的学生人数看，川大的派出学生人数最多；第五，在学生交流和派出留学生各项指标看，综合性高水平大学好于理工农医类优势学科大学，表现不平衡。此外，针对学生出国的情况，分别在川大与西南交大发放了问卷，进行实地调查，见表 4。

表 4　四川大学与西南交大学生出国人数以及出国方式

		导师科研合作	政府项目	学校或学院的项目	学生团体自行组织	个人自行联系	没有出国经历	合计
西南交大	调查人数	6	0	6	2	10	162	186
	占调查人数比例(%)	3.20	0.00	3.20	1.10	5.40	87.10	100
	与川大比较此项交大占比(%)	100	0.00	60.00	33.30	62.50	49.40	50.00
	交大此项占两校被调查总人数比例(%)	1.60	0.00	1.60	0.50	2.70	43.50	50.00
川大	调查人数	0	6	4	4	6	166	186
	占调查人数比例(%)	0.00	3.20	2.20	2.20	3.20	89.20	100
	与交大比较此项川大占比(%)	0.00	100	40.00	66.70	37.50	50.60	50.00
	川大此项占两校被调查总人数比例(%)	0.00	1.60	1.10	1.10	1.60	44.60	50.00
合计	两校调查总人数	6	6	10	6	16	328	372
	占两校调查总人数比例(%)	1.60	1.60	2.70	1.60	4.30	88.20	100
	两校调查人数占此项总比例(%)	100	100	100	100	100	100	100
	该项占两校调查总人数比例(%)	1.60	1.60	2.70	1.60	4.30	88.20	100

资料来源：问卷调查数据进行描述性统计后整理所得。

表 5　四川大学与西南交大学生出国交流的时间统计

		一个月及以下	一个月至半年（含）	半年至一年（含）	一年及以上	没有出国经历	合计
西南交大	调查人数	20	4	0	0	162	186
	占调查人数比例(%)	10.80	2.20	0.00	0.00	87.10	100
	与川大比较此项交大占比(%)	69.00	57.10	0.00	0.00	49.40	50.00
	交大此项占两校被调查总人数比例(%)	5.40	1.10	0.00	0.00	43.50	50.00

续表

		一个月及以下	一个月至半年（含）	半年至一年（含）	一年及以上	没有出国经历	合计
川大	调查人数	9	3	6	2	166	186
	占调查人数比例(%)	4.80	1.60	3.20	1.10	89.20	100
	与交大比较此项川大占比(%)	31.00	42.90	100	100	50.60	50.00
	川大此项占两校调查总人数比例(%)	2.40	0.80	1.60	0.50	44.60	50.00
合计	两校调查总人数	29	7	6	2	328	372
	占两校调查总人数比例(%)	7.80	1.90	1.60	0.50	88.20	100
	两校调查人数占此项总比例(%)	100	100	100	100	100	100
	此项占两校调查总人数比例(%)	7.80	1.90	1.60	0.50	88.20	100

资料来源：问卷调查数据进行描述性统计后整理所得。

调查统计显示，两校出国的学生都较少。88.2%的学生没有出国经历；而出国的学生中，导师合作科研的学生只有西南交大有6人，政府合作项目的学生只有川大的6人；参加国际会议的西南交大有6人，川大有4人。从出国时间的调查情况中可以看出，出国时间在半年及以下的人数，总共有36人，西南交大人数较多；在半年及以上的人数，总共有8人，川大较多；短期出国人数远远多于长期出国人数。人数少、时间短是大学学生国际交流、公派学习的特点。

表6　四川大学与西南交大学生参加国际化会议情况

		经常	多次	偶尔	从不	合计
西南交大	调查人数	0	2	46	138	186
	占调查人数比例(%)	0.00	1.10	24.70	74.20	100
	与川大比较交大此项占比(%)	0.00	33.30	50.00	50.70	50.00
	交大此项占两校调查总人数比例(%)	0.00	0.50	12.40	37.10	50.00
川大	调查人数	2	4	46	134	186
	占调查人数比例(%)	1.10	2.20	24.70	72.00	100
	与交大比较川大此项占比(%)	100	66.70	50.00	49.30	50.00
	川大此项占两校调查总人数比例(%)	0.50	1.10	12.40	36.00	50.00

续表

		经常	多次	偶尔	从不	合计
合计	调查人数	2	6	92	272	372
	占调查人数比例(%)	0.50	1.60	24.70	73.10	100
	两校调查人数占此项比例(%)	100	100	100	100	100
	此项占两校调查总人数比例(%)	0.50	1.60	24.70	73.10	100

资料来源：问卷调查数据进行描述性统计后整理所得。

表6 可以看出，73.1% 学生没有参加过国际会议，偶尔参加的占 24.7%，多次参加的1.6%，而经常参加的仅有0.5%。两所大学的学生参加国际会议这一指标的表现较差，两校参加国际会议的人数差距不大，只是在经常与多次方面，川大表现更好，仅有的2 个经常参加国际会议的人，都是川大学生。

（二）川内大学来华留学生情况

关于四川省大学的来华留学生情况，通过对比四川 4 所样本大学在 2012～2014 年的来华留学生数据可以看出，在博士研究生与硕士研究生的来华留学生中，电子科大处于较高位置，有较多的人数；本科人数与非学历教育来华留学生中，川大的来华留学生数量远远超出另外三所大学，特别是 2013 年的非学历教育来华留学生数量较大；西南交大的各项数据略高于西南财经大学。除了电子科技大学外，其他大学的本科生与非学历教育来华留学生均高于研究生人数。整体上看，来华留学的研究生人数较少。此外，折线几乎是上升趋势，说明四川这 4 所大学的来华留学生呈现增长趋势，但增长较为缓慢；川大的本科人数近三年增长较快。（见图 3）

将四川 2 所大学与北京大学、华中科技大学的来华留学生情况进行比较发现（见图 4）。

（1）来华留学的非学历人数、本科生人数、硕士生人数，北大处于最高，且前两项远远超出其他三所大学；

（2）华中科大的博士人数略高于北大，西南交大略高于川大；

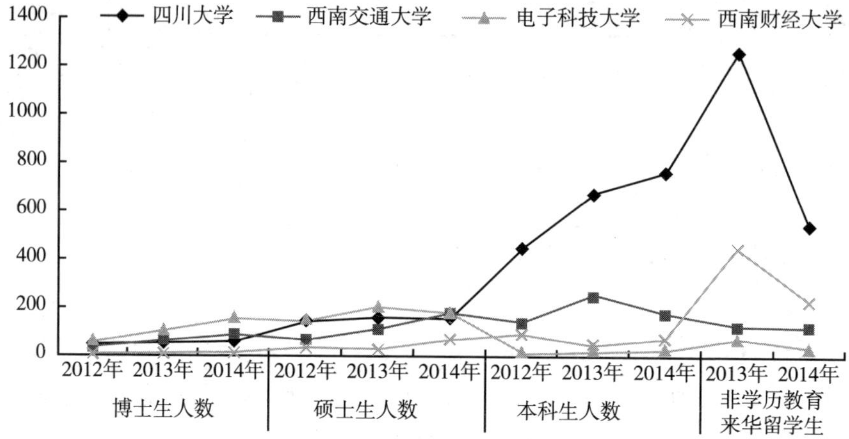

图3　四川4所“211工程”大学近三年来华留学生人数

资料来源：西南交大“大学国际化水平排名”（2013～2015）整理所得。

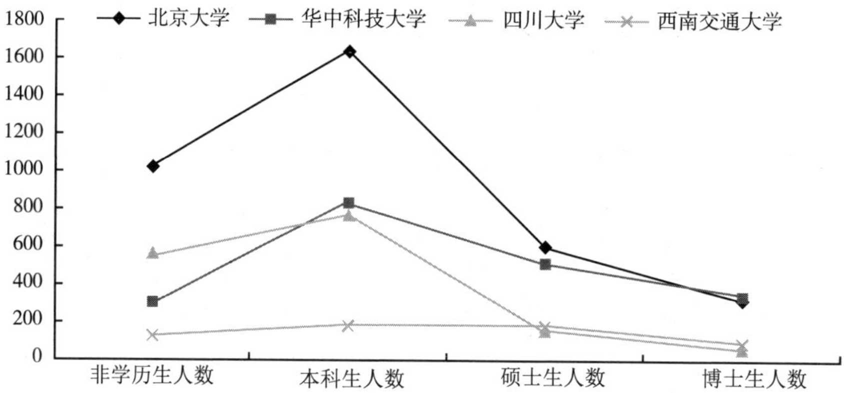

图4　2014年4所大学的来华留学生人数

资料来源：西南交大“大学国际化水平排名（2015）”整理所得。

（3）在来华留学生各层次中，本科生人数最多，博士人数最少；

（4）来华留学生学历生人数，随着学历的提升，人数是递减的，而且北大与华中科大高于四川这两所大学；

（5）西南交通大学来华留学生各层次人数较少，各层次人数较均衡；

（6）非学历人数，川大在北大之后，高于华中科大与西南交大。

整体上看，4 所大学来华留学生中，本科人数与非学历人数有了一定的规模，但是高层次的硕士生与博士生人数较少，特别是四川这两所大学的高学历来华留学生人数显得尤其低。在非学历来华留学生中，北大与川大这两所综合型大学要高于传统工科强势的华中科大与西南交大，但在高学历的硕士生中，华中科大与北大接近，西南交大高于川大，博士生华中科技大学高于北大，西南交通大学高于四川大学，进一步说明，在低层次的非学历来华留学生中，这两所综合型大学因为学科较多且文科语言类专业发展较好，故占优势，而传统工科强势大学由于有国内甚至世界一流学科专业，吸引了国外高学历留学生来就读。

三　川内大学教师国际化发展现状分析

我国教师队伍整体水平与国际著名大学之间存在较大的差距，这是实现国际化的最大障碍。[①] 国际大学协会（IAU）的调查也显示，教师的国际意识和知识被大学列为国际化的主要动因之一。[②] 教师国际化一方面反映一所大学拥有的开展大学国际化教学和科研的人力资源情况，另一方面反映大学对世界范围内优质人力资源的吸引能力、利用情况。在大学国际化发展过程中，要积极创造条件，鼓励教师赴国外参加学术会议、合作开展教学和科研，同时大力招聘在国外获得高学历、具有较高学术造诣的留学人员回国任教，提升教师队伍的国际化水平，大力聘请国外著名学者来校讲座、开设课程和联合科研，打造充满活力和生机的国内外高度融合的教师队伍。

① 戴晓霞：《高等教育的国际化：外国学生政策之比较分析》，《复旦教育论坛》2005 年第 5 期，第 11 ~ 16 页。

② Kappel G，Kramler G. Business Informatics Group，Vienna University of Technology. *Journal of Object Technology*，2015，14：3.

（一）川内大学教师与国外合作科研情况

新时期，四川省教育厅不断加强引智工作，拓展引智的深度与广度。2013 年川内大学接待来自 50 多个国家共 750 批次 2894 人次访问交流，接待来自 40 多个国家的共 684 批次 2139 人次来校进行短期讲学，大约与 20 个国家的 427 人开展了 202 项科研合作；承办或举办国际学术会议共计 88 次，参加人数 19922 人，其中参会人数 4945 人；共聘请外国专家与外籍教师 542 人。①

以四川 5 所“211 工程”大学为例，图 5 反映了 2012～2014 年三年来教师与国外大学和科研机构合作科研的情况。

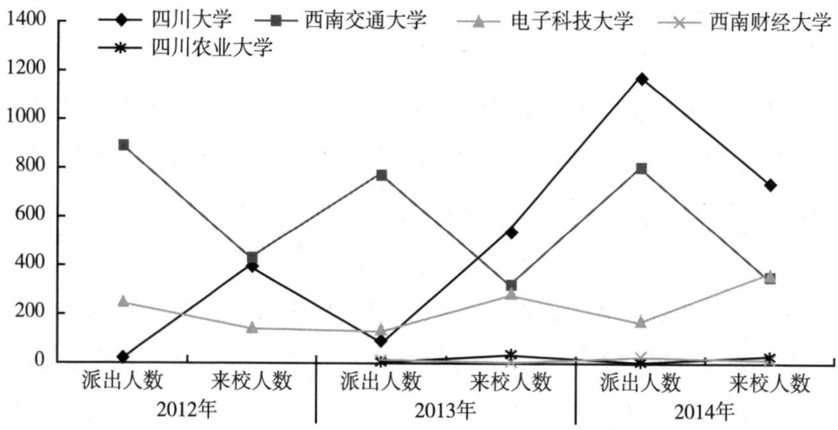

图 5　5 所“211 工程”建设大学近三年教师国外合作研究人数

资料来源：“大学国际化水平排名”（2013～2015）整理所得。

从图 5 我们可以看到 5 所大学的教师国外合作研究状况是，西南交大在 2012 年和 2013 年领先其他 4 所大学，2014 年川大崛起，该指标人数最多，超过了西南交通大学；电子科大三年来一直较为稳定。整体上看，5 所大学

① 卢铁城、唐朝纪：《2013 年四川高等教育发展报告》，四川科学技术出版社，2014，第 316～331 页。

都是教师派出人数多于来校人数；近三年教师的国外合作研究人数波动较大，特别是川大与西南交大。

从川内大学教师参加国际科研合作来看：第一，作为国际化发展的重要项目，川内大学教师的国际合作研究处于良好发展态势；第二，川内大学教师的科研国际合作中，高水平综合性大学（“985 工程”建设大学）发展最好，其次是工科为优势学科的大学；第三，在国际合作科研中，我国大学跟国外大学与科研机构的合作总量还很小，以至于每所大学都有几千人的教师队伍，能够出国参与合作研究的人数仅有几百人；第四，川内大学教师在与国际科研合作方面发展不平衡。

（二）川内大学教师国外讲学、进修情况

教师赴国外先进国家访学、进修、讲学是国际化发展的重要内容，可以学习国外大学的先进教育思想、教育理念和教育方法，可以提升自己的教育教学水平，使教育思想观念与国际同步，回国后可以更好地为国家培养具有国际视野、通晓国际规则、具有国际竞争力的人才。

图 6 是 5 所高水平大学在 2012 ~ 2014 年派出、来校讲学、进修的情况，可以明显看到，四川大学在几所大学中遥遥领先，其他几所大学都是上升的

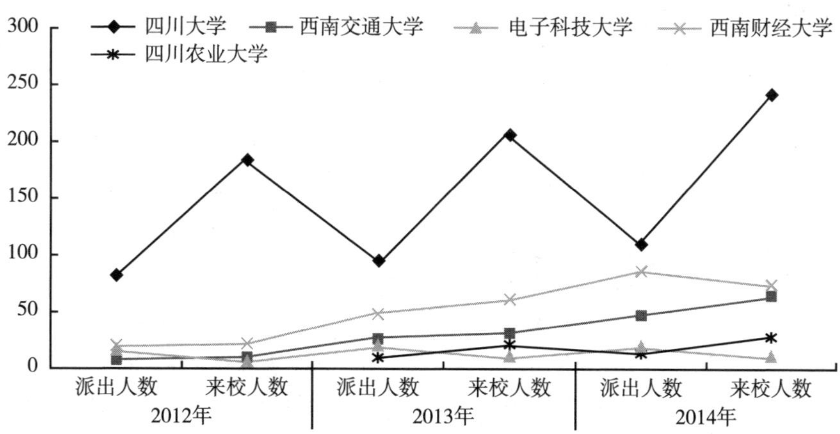

图 6　5 所“211 工程”大学近三年教师国外讲学、进修人数

资料来源：“大学国际化水平排名”（2013 ~ 2015）整理所得。

趋势，出国讲学、进修的教师人数以及来校的人数逐年增加，整体看来校人数大于派出人数。

图 6 揭示的情况可发现：第一，川内大学在国际化发展中，教师队伍出国讲学、进修这种国际交流形式得到了大力发展，出国和来校的人数都呈现增长趋势，处于上升态势；第二，高水平综合性大学在教师国际讲学、进修方面受到更多重视，机会更多，发展更好，其次是工科为优势学科的大学；第三，教师队伍出国和来校讲学、进修方面虽然总体发展态势很好，但是各类大学发展不平衡；第四，教师国际化发展中讲学、进修总量还偏少，还需要大力扶持支持。

（三）川内大学教师参加国际会议情况

参加国际会议是大学教师最常见的国际学术交流方式，通过参加国际学术会议，可以及时掌握国际学术发展趋势，了解学术研究前沿动向，可以向国际同行宣传国家、学校以及自己的科研成果与进展，扩大国家、学校与个人的国际学术影响，扩大学术视野，促进国际学术进步。

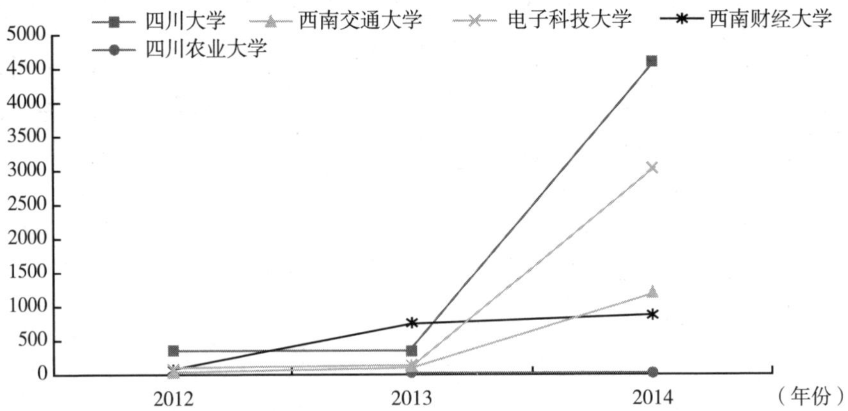

图 7　5 所“211 工程”大学近三年教师参加国际会议人数

资料来源：“大学国际化水平排名”（2013～2015）整理所得。

图 7 反映了四川省大学教师参加国际会议的情况，上图折线变化先是直线后向上倾斜，2013 年以前平稳上升，2014 年参加国际学术会议人数激增，

呈现直线上升趋势；以川大和电子科大发展最快，西南财大 2013 年后人数呈平稳略下滑。

图 7 反映的大学教师参加国际会议情况，有如下规律。

第一，2013～2014 年，各大学参加国际学术会议的教师呈现直线上升趋势。说明各个大学在实施国际化发展战略后，都十分重视教师国际化发展，鼓励支持教师参加国际学术会议；第二，参加国际会议情况也是高水平大学更好，更重视，图 7 的四川大学和电子科技大学作为“985 工程”建设大学，教师参加国际学术会议的人数上升速度远远高于其他大学；第三，各个大学教师参加国际学术会议进行学术交流的情况发展平衡。

（四）教师与管理者出国类别调查情况

为了了解大学教师和管理队伍出国类别情况，我们做了专门的访谈调查，结果如表 7。

表 7　教师与管理者出国情况

出国情况 百分比(%)	出去过 80	没出去过 20	–	–	–
出国后的任务 百分比(%)	攻读博士学位 4	访问学者 22	参加国际会议 18	探亲访友或旅游 36	未出国 20

资料来源：访谈调查数据整理后所得。

从表 7 可知，在川内大学教师与管理者中，出过国的占比 80%，比例很高，但其中超过 1/3 教师与管理者是探亲访友或旅游类型的出国，访问学者占比 22%，参加国际会议占比 18%，攻读博士学位的仅有 4% 的人员。可见，出国访问、参加国际会议和攻读博士学位这些有助于大学国际化发展的出国任务比例较低。

（五）与东部中部高水平大学比较

选择川内综合性大学与工科为优势学科大学各一所与全国最高水平的综

合性大学、工科为优势学科大学各一所进行比较（见图 8）发现：第一，4 所大学教师与国外合作研究人数均高于教师国外进修、讲学人数，国外讲学、进修派出人数低于来校人数，国外合作研究派出人数则高于来校人数；第二，北大与川大 2 所综合性高水平大学各项数据都高于华中科大与西南交大，只有在国外合作研究派出人数中，西南交大略高于北大。北大与川大这两所综合型大学在教师国际交流中表现要优于传统工科强势的华中科大与西南交大；第三，国外合作研究派出人数，川大与西南交大均高于北大与华中科大，国外讲学、进修人数四川这两所大学也高于华中科大，可见，川内大学在教师国际化发展中也有自己的优势；第四，总体看，综合性高水平大学的教师国际化发展在进修、讲学与合作科研方面都好于工科为优势学科的大学。第五，不同类型、区域的大学教师国际化发展不平衡。

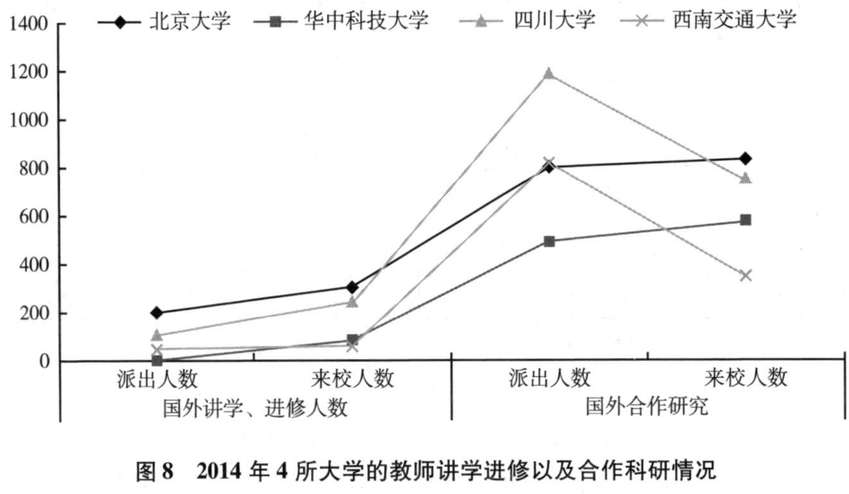

图 8　2014 年 4 所大学的教师讲学进修以及合作科研情况

资料来源：“大学国际化水平排名（2015）”整理所得。

图 9 是 2014 年 4 所大学教师参加国际会议的情况，北大人数最为突出，其次是川大、华中科大、西南交大；与图 8 相比，参加国际会议的人数一是北大基数最大，二是 2 所综合性大学好于 2 所工科大学。

通过图 8、图 9 对比，我们发现：第一，川内大学教师国际化发展方面与东部发达地区大学、与“985 工程”建设高水平大学有差距也有优势；第

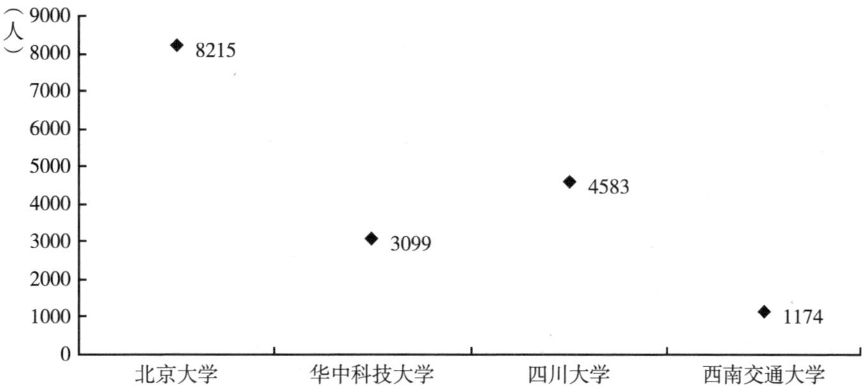

图 9　2014 年 4 所大学教师参加国际学术会议人数

资料来源：依据“大学国际化水平排名（2015）”整理所得。

二，整体表现，综合性高水平大学的教师国际化发展好于工科为优势学科的大学；第三，不同类型大学、不同地区大学的教师国际化发展不平衡；第四，川内大学教师国际化水平还很低；第五，在大学教师国际交流中，存在着明显的来、去不平衡现象。如，讲学来校多于派出；合作科研派出多于来校。

四　主要发现与建议

依据 5 所大学师生国际化发展的表现，我们对四川省内大学国际化发展从教师和学生的视角有如下发现和建议。

（1）四川省内大学的国际化发展趋势良好。无论学生还是教师，国际化发展的各个指标总体都呈现上升趋势。说明四川省教育主管部门和各个大学具有正确的国际化发展观念，各大学实施的国际化发展战略都取得了一定成果。

（2）四川省内大学的国际化程度还很低，无论是教师还是学生，在出国交流、留学、合作研究、出国讲学与进修、参加国际学术会议等方面受益面都很低，更没有常态化，与东部发达地区高校比较，结果也如此。港、澳特区大学学生国际交流访学已经达到了80%以上，教师的国际交流更是常态，与之相比差距更大。所以，省教育主管部门和各个大学还需要加大支持力度，充分认识国际化是当今高等教育发展的三大趋势之一，没有教师与学生的国际化交流就没有大学的国际化发展，采取有效措施，使学生、教师受益面更大，将国际学术交流常态化。

为此，四川省教育主管部门和各大学要努力突破四川相对封闭的地理区位，利用好“一带一路”战略形成的经济、文化圈和教育改革与发展政策，为师生提供更多国际交流与学习机会，努力开阔师生的国际视野，通晓国际规则和国际事务，造就一支高度国际化的教师队伍，培养大批具有国际竞争力的人才。

（3）川内大学的国际化发展中，不同类型大学、不同层次大学以及同一指标在不同大学的发展均不平衡。综合性大学好于工科为优势学科的大学，“985工程”建设大学好于“211工程”建设大学。

（4）四川省内大学与东部发达地区大学相比、与综合性高水平大学相比存在明显差距。在著名的世界大学排行榜中，川内只有四川大学能够进入排名。西南交大发布的“大学国际化水平排名”中，四川大学位列第19，是川内大学最高排名，还有大学在国际化发展指标中存在空白，比如中外合作办学项目与机构。省教育主管部门和各个大学应该充分借助《关于做好新时期教育对外开放工作的若干意见》发布后的良好政策环境，借助“一带一路”国际战略提供的良好发展契机，借助国家给予西部的倾斜政策，借助成都良好的经济发展机遇，采取有效措施，促进川内大学的国际化发展，尽快缩小与高水平大学、发达地区大学的差距。

（5）鼓励不同类型、不同层次大学国际化发展个性化、特色化。大学是环境的产物，每一所大学都有自己所处的不同经济文化环境，都有自己不同的办学层次、不同的学科专业，由于这些因素，各个大学的国际化发展也必须鼓励特色化个性化发展，以便适应大学特色化发展的需要，不能统一要求、同质化发展。

（6）发力“一带一路”，扩大来华留学生规模。衡量一所大学的国际化水平，留学生是一项重要标志，当一所大学有较大比例的留学生时，其国际化水平自然会有所提升，同时，留学生规模的扩大也会提升校园国际化氛围，使校园成为多元文化汇集的共同体。而且国际化水平高的大学都要经历“量的扩充”到“质的提升”这一过程[①]，毫无疑问，四川省大学的国际化水平目前还停留在“量的扩充”阶段。据教育部2015年来华留学生数据统计显示，“一带一路”沿线国家已经成为留学生生源发力点，前10大生源国中，印度、巴基斯坦和哈萨克斯坦同比增长均超过10%，四川、云南和广西等中西部地区和边境省区的留学生规模显著扩大。作为“一带一路”建设所涵盖的内容，可以通过出国留学和来华留学实现人才培养、储备和支撑，为“一带一路”建设夯实人才基础。[②]“一带一路”所经国家众多，培养既熟悉、理解中国文化，又熟悉本国及本区域历史、语言、文化等方面的高端人才，对于实现“一带一路”的宏伟愿景显得至关重要而又迫在眉睫[③]，四川省教育主管部门与各个大学要利用这样的外部机会，招收大规模的留学生。服务国家发展战略和外交大局，培养大批知华、友华、爱华的留学生，特别是高学历的留学生。

（7）进一步加强引智工作。四川省教育主管部门和各个大学要充分利用国家鼓励高等教育国际化发展的政策环境，借助新时期教育进一步开放的好时机，借助国家“一带一路”战略实施的需要，利用好本省独特的自然和人文环境，大量聘请国外海外专家学者，服务于川内大学的国际化发展，服务于国际化人才培养和科学研究的需要。当然，引进国外海外专家要注重效益、主抓重点学科和研究领域的引进，使之能够在合作科研、合作开发新

① UNESCO. Communiqué：2009 World Conference on Higher Education, The New Dynamics of Higher Education and Research for Societal Change and Development ［M］. Paris：UNESCO, 2010. 201－203.

② 李鼎鑫：《发挥锤子功效——“一带一路”建设中的人文与教育元素》，《神州学人》2015年第10期，第38～45页。

③ 周谷平、阚阅：《“一带一路”战略的人才支撑与教育路径》，《教育研究》2015年第10期，第4～9页。

技术和解决科学技术难题方面做出贡献。目前，很多国内大学建立了海外院长制度，通过海外院长对国外情况的熟悉吸引更多的海外人才、开展中外合作办学、促成重要项目实施，是一个值得肯定的措施。如西南交通大学建立的海外院长机制。

B.4

深化改革破藩篱　激发活力汇英才

——西南财经大学人事制度改革十年回顾与展望

黄海波　冯卫东　齐向楠　张译匀　刘金石*

摘　要：西南财经大学作为四川省的高水平大学之一，于2006年在全省高校中率先打造全新的现代人事制度体系，10年来采取了一系列重大举措，如："分类聘用制""分段式管理""高层次人才引进""立体化培养""人事权下放"等，并逐渐形成人才活力竞相迸发、人才工作科学发展的新局面，实现了学校教学、科研、人才培养及国际化水平的跨越式提升，初步构建起与特色鲜明的高水平研究型财经大学定位相适应的人才高地。但与此同时，学校人事制度改革依然面临科研体制不健全、评价机制不科学、人才发展环境欠优、社会配套政策滞后等问题，只有通过不断完善人才发现与引进机制，加大高层次人才引进力度；继续优化人才管理与评价机制，构建留人长效机制；持续加强人才发展环境建设，打造先进人才文化高地等途径，才能开创西南财大人事制度改革新高度。

关键词：人事制度改革　现代人事制度体系　西南财经大学

* 黄海波（1979~），西南财经大学组织人事部助理研究员，主要从事高等教育管理、人力资源管理研究；冯卫东（1975~），教授，主要从事高等教育管理、人力资源管理研究；齐向楠（1988~），主要从事高等教育管理研究；张译匀（1990~），女，主要从事高等教育管理研究；刘金石（1978~），副教授，主要从事公共经济学研究。

伴随着改革开放的脚步，我国高校人事制度历经两次洗礼，打破了“大锅饭”和“铁饭碗”，逐步完成了由政府计划管理向政府间接管控、高校自主管理的过渡，实现了高校用人机制从身份管理向岗位管理的转变。随着我国高等教育进入内涵式发展的关键阶段，2006 年以来，以完善机制制度、推动内部治理体系建设为重点的新一轮改革拉开大幕，深化高校人事体制机制改革，强化依法治校、教授治学成为高等教育综合改革新的方向和任务。然而，在事业单位改革总体滞后的情况下，高校人事制度改革由于内在动力缺乏和外部约束远没有达到充分和完善的程度，长期困扰高校发展的体制机制性障碍，特别是用人机制的瓶颈问题在新时期进一步凸显。

西南财经大学作为教育部直属的全国重点大学，是首批入选国家教育体制改革试点高校的大学之一。作为一所以经济学和管理学为主体、金融学为重点、多学科协调发展的财经类高校，西南财经大学由于地处祖国西部，地理位置相对偏远，吸引人才的竞争优势和比较优势明显不足。在深化教育体制机制改革的国家话语背景和学校自身人才发展的现实需求下，自 2006 年 1 月开始，西南财经大学率先采取了一系列重大举措，以期打造全新的现代人事制度体系，逐步形成人才活力竞相迸发、人才工作科学发展的新局面，实现学校教学、科研、人才培养及国际化水平的跨越式提升，初步构建起与特色鲜明高水平研究型财经大学相适应的人才高地。

一　学校人事制度改革的主要成效

以人事分配制度改革为突破口，西南财经大学采取了一系列人事制度改革措施，系统完善了人才引进与培养、使用与评价、激励与流动管理体系，学校师资队伍整体水平得到显著提升、人力资源管理开发能力不断提高、人事人才规章制度得到持续完善，进而，在更深层面实现了西南财经大学教学科研水平、人才培养质量和国际化发展等方面的综合跃升，达到了“以点带面，推动全局”的改革效果。

（一）人才与师资队伍建设成果显著

1. 高层次人才引进工作取得显著进展

2006 年以来，西南财经大学引进人才以经济学和管理学为主体，彰显财经特色，吸引了来自美、英、德、日、澳及中国香港等十多个国家和地区，包括哈佛大学、牛津大学、剑桥大学、斯坦福大学、加州大学伯克利分校、东京大学等国际知名大学毕业的全职博士 251 人；从北京大学、清华大学、浙江大学等国内重点高校引进全职博士 302 人。此外，学校秉承“不求所有,但求所用”的人才理念，采取柔性机制，特聘了 10 名海外知名学者为学院院长，聘请海外讲座教授、课程教师 147 人来校工作，截至 2016 年 12 月，学校专任教师总数达 1225 人，初步形成海内外人才的“群聚效应”。

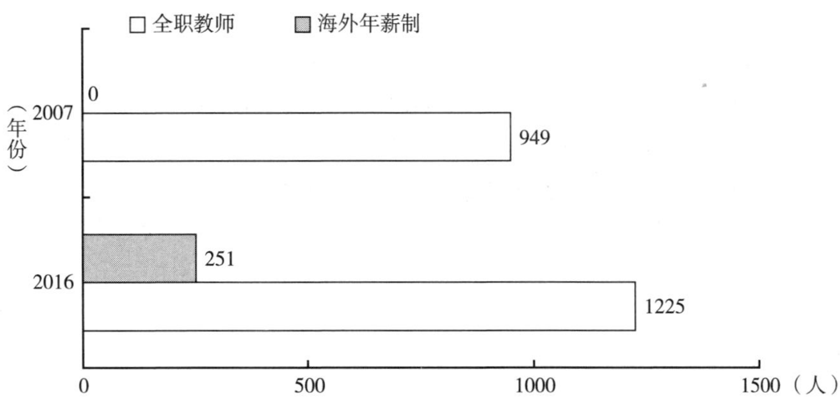

图 1　全职教师与海外年薪制对比

2. 高层次人才规模质量获得显著提升

十年来，西南财经大学采取多渠道引进、全方位培养、优化制度环境、搭建学术平台等措施，建起了一支以国家“千人计划”入选者（5 名），教育部“长江学者特聘教授”（2 名）、“长江学者讲座教授”（5 名），国家“百千万人才工程”人选（5 名）以及“新世纪优秀人才”（32 名）、国家杰出青年科学基金资助项目人选（2 名）等为核心的海内外高层次人才队伍，师资队伍整体质量显著提高。同时，依托“领军人才 + 创新团队”的培养模式，学校经济与管理研究院、金融研究院、中国家庭金融调查与研究中心等跨学科、跨专业的“人才特区”，充分利用了人才、设备、场地等资源形成创新成果 200 余项，实现了创新团队资源的有效整合，初步搭建起学术领军人才、学科带头人、学术骨干和青年后备人才层次分明、结构合理、衔接紧密、可持续发展的人才培养和支持体系。

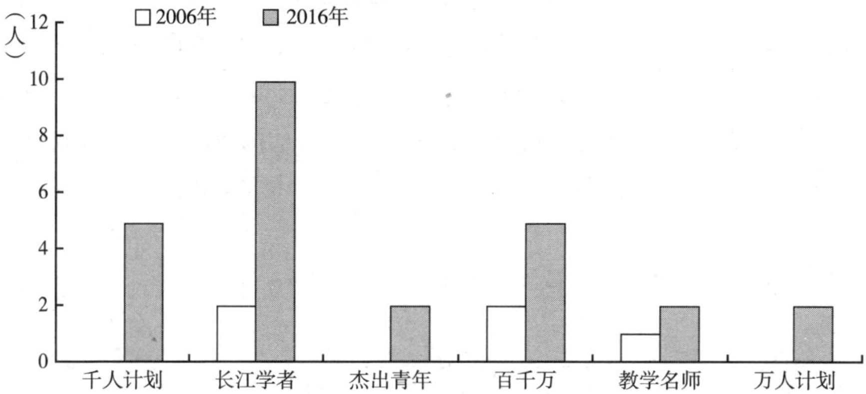

图 2　国家级高层次人才队伍建设情况

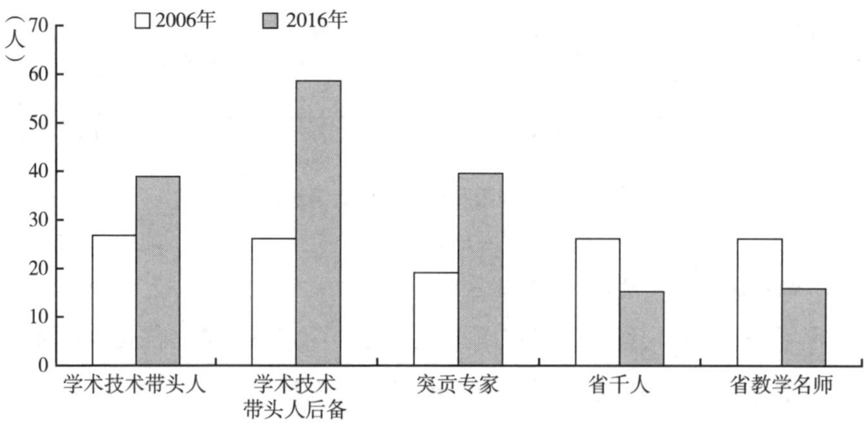

图 3　四川省高层次人才队伍建设情况

3. 专任教师队伍结构比例更趋合理

伴随着西南财经大学人事制度改革的持续深入推进，学校教师资源配置更趋科学，师资队伍结构更趋合理。具体体现在：首先，学历结构方面，教师学历层次稳步提升，具有博士学位的教师共775人，占专任教师总数的63%，形成了以博士研究生为主、其他优秀人才为辅的多层次骨干教师队伍；其次，海外经历方面，拥有一年及以上海外学习经历或学术交流经历的教师共718人，占专任教师总数的比例由2007年的27%增至59%，实现了学校师资国际化发展的重大突破；最后，学缘结构方面，通过积极吸引汇聚海内外优秀人才、严格控制本校选留博士比例、以师资培养促进校内教师"学缘再造"等多种手段，目前最高学历非本校毕业的专任教师比例由54%增至67%，有力改善了本校专任教师学缘结构。

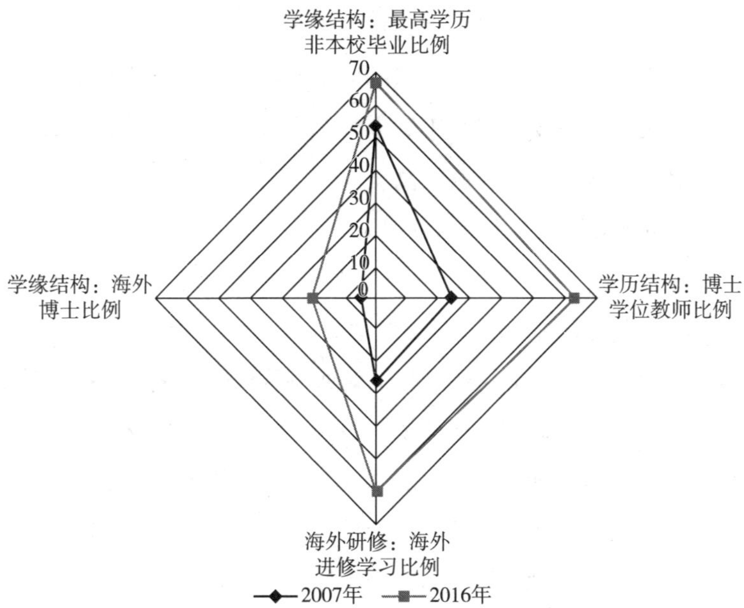

图4　西南财经大学教师结构对比

（二）教学与人才培养质量明显提高

1. 高端师资带动人才培养质量提升

以人事改革为契机，学校大力推进人才培养改革，加强双语教学课程建设，全面提高人才培养的国际化水平。截至2016年12月，学校共开设全英文课程80余门，其中，年薪制教师承担了80%以上的双语示范课程。此外，借鉴国际一流商学院人才培养经验，西南财经大学实施了“经济与管理国际化创新人才培养模式”，创建起经济与管理研究院，该院被誉为“北美模式中国制造”。在人才培养体制方面，该院成立全英文创新人才实验班，并与美国德州农工大学、法国RENNES商学院、加拿大圭尔夫大学等海外高校建立合作关系，双方学生每学期均可实现互访交换。目前已接受了来自欧美及亚洲十余个国家的留学生90多人次，其中有30余名国际交换生将在该院攻读本科学士学位。在硕博连读培养方面，该院以北美知名大学的经济学与管理学博士培养方案为主要参照模板，凭借本院教师的海外学术背景，着力创新型研究人才培养，培养的博士生在国内外高水平期刊上已发表论文多篇；绝大多数毕业生就职于国内外知名银行、证券公司等金融机构以及国内知名高校，就业层次普遍较高。

2. 一流师资推动毕业生质量持续提高

自2006年以来，学校积极推进精细化的就业创业指导服务，积极拓展就业市场，保障毕业生实现充分、高质量就业。在《西南财经大学2016届毕业生就业质量报告》中，学校本科毕业生就业率为95.25%，其中，47.62%选择签约就业、19.95%选择出国（境）深造学习，20.65%选择国内升学。本科毕业生中签约世界500强企业的共计513人，占签约就业本科毕业生的28.13%；考取全球排名前50学校的毕业生占出国（境）毕业生总数的19.9%，考取全球排名前51～100学校的毕业生占出国（境）总数的12.57%；本科生国内升学791人，其中考取211工程学校（不含985）的毕业生473人，占59.8%，考取985工程院校的毕业生277人，占35.02%，人才发展的综合效能持续提高。

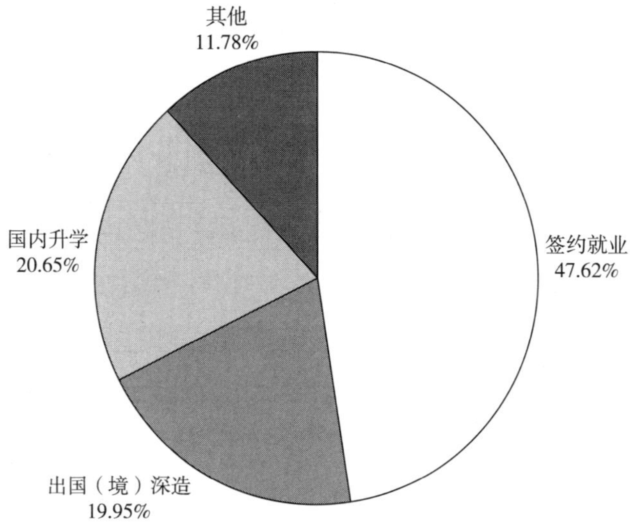

图 5　2016 届本科生毕业去向图

（三）科研与社会服务质量持续提升

1. 高层次人才激发科研成果井喷式增长

一是外文期刊论文发表数十倍增加。2006 年，西南财经大学在 Web of Science 三大数据库（SCI、SSCI、A&HCI）收录的期刊发表论文仅为 10 篇，2016 年则多达 276 篇，增长了近 27 倍，极大提升了学校的学术影响力和知名度（如图 6）；二是中文高水平期刊数量和质量迈向新的高度。2006 年学校教师发表的中文 A 级论文共 7 篇，2016 年共发表 80 篇，是 2006 年的 11 倍，这体现了学校整体科研实力的巨大提升；三是国家级课题立项数显著提升。2006 年，西南财经大学国家社会科学基金立项数仅为 7 项，但到 2016 年底已增至 23 项，增长率达 229%。尤其是在自然科学基金项目数量上，由 2006 年的 5 项增至 2016 年的 39 项（如图 7），资助金额也由 2006 年的 85 万元提高至 2016 年的 1377 万元，自科重点项目和重点国际（地区）合作交流项目等高质量项目更是实现了质的突破。

2. 人才特区建设显著扩大社会服务影响力

“智库工程”有力促进了高水平创新学术团队建设，极大提高了学校的

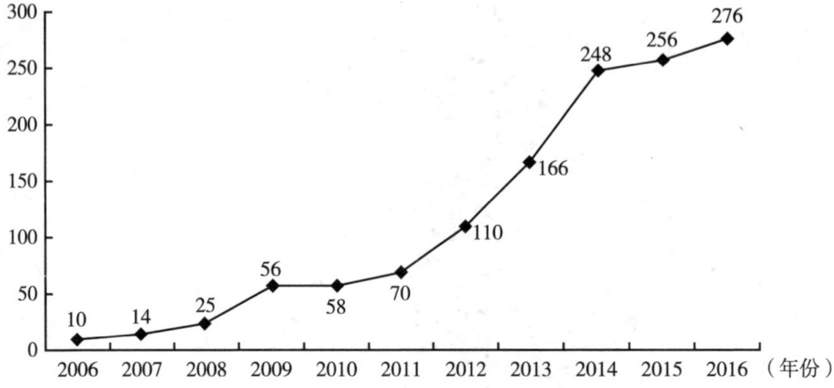

图6　Web of science 数据库年度收录情况

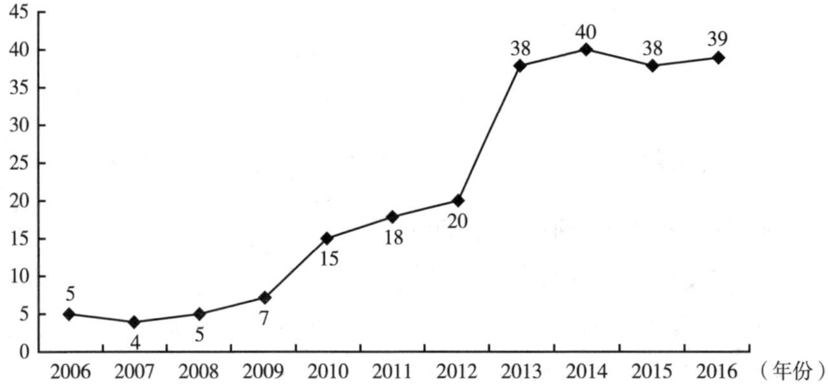

图7　自然科学基金项目数量增加情况

社会服务能力和综合办学水平。目前，西南财经大学与中国人民银行研究局合作成立的“西南财经大学中国家庭金融调查与研究中心”，是“高等学校学科创新引智计划”（简称“111 计划”）的文社科类创新引智基地之一，在提供经济金融政策、进行相关学术研究等方面发挥着显著的影响作用，享有较高声誉。与华西期货联合成立“西南财经大学—华西期货金融科技研究中心”，极大提升了西部地区期货公司的服务水平。与此同时，西南财经大学发展研究院与北师大、国家统计局联合编制发布的《中国绿色发展指数年度报告》，产生了广泛而深刻的社会影响，得到了党和国家领导人的高度重视。

（四）交流与国际化发展稳步推进

1. 教职工国际交流日益频繁

2006 年，西南财经大学出国（境）学习交流的教职工仅 47 个团组（107 人次），而随着学校人事政策对国际化发展的重视，2016 年，学校共派出专任教师赴国境外交流 202 个团组（403 人次），广泛进行交流访问、学术科研合作、参加国际会议等；组织辅导员等专业技术人员系统赴日本上智大学、美国俄勒冈州立大学、台湾中原大学、台湾师范大学、韩国科学技术院等海外高校学习共计 5 个批次。为加强行政管理人员的专业素养与管理水平，学校还组织行政管理人员赴日本早稻田大学等国际知名高校学习。

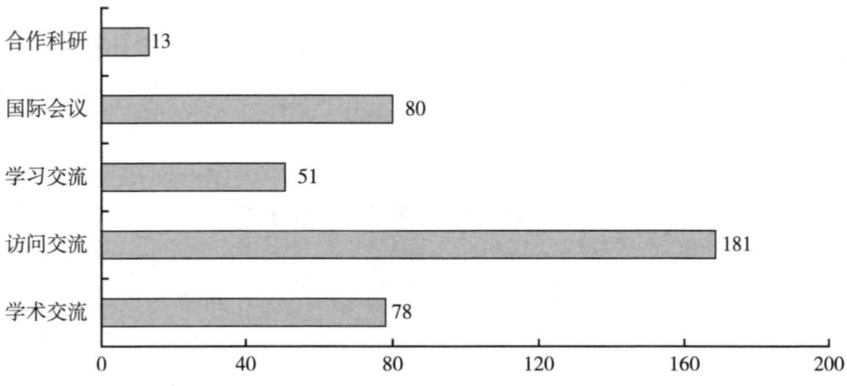

图 8　2016 年教师出国（境）情况

2. 联合培养项目不断拓展

以国际化战略布局为依托，自 2006 年以来，西南财经大学不断提升学生交流项目的层次与数量。2016 年，学校通过海外人才聚集带来的影响力和知名度，与 30 个国家和地区的 150 所高校建立了 190 个学生交流项目，校内通过参加项目出国出境交流的学生共计 791 人次。通过加强与国家留学基金委合作，2016 年，西南财经大学 15 名博士研究生、14 名硕士研究生、57 名优秀本科生被国家留学基金委录取为公派留学生。此外，学校“中欧国际商务双硕士项目”获得国家留学基金委“2014 年创新型人才国际合作培养项目”资助。该项目旨在更好地贯彻改革开放新政策，落实“一带一路”的重要战略，培养适应国际交往和发展的财经类双边人才。预计在未来三年，学校将每年选送 5 名优秀学生赴德国柏林经济与法律学院攻读国际贸易硕士学位，国家留学基金委将为选派的留学人员提供学费和生活费资助。

二　学校人事制度改革的主要措施

瞄准目标定位，着眼于引进和培养一批具有世界眼光和竞争优势的高素质人才，西南财经大学敢为天下先，大胆探索，以全球视野和开放理念，把引进高层次人才作为促进学校发展的头等大事来抓，在师生员工中凝聚形成“只有全力建设好人才队伍，西财未来发展才有希望”的引才战略共识，“引进比自己更优秀的人才”的引才格局竞争意识，“别人走，我们要跑；别人跑，我们要跑得更快”的责任担当，并将这些共识转化为自觉行动，重点采取了以下举措。

（一）创新机制：以“分类聘用制”实现动态管理

用人制度改革是学校改革创新系统的出发点和突破面。为打开工作局面，学校制定了“三个转向”方案，即体制内封闭循环转向体制内外交融发展、传统人事管理转向现代人力资源开发、人才适应学校发展转向人才引领学校发展，全面统筹人事工作改革。

在此指导下，学校根据实际情况，先后制定了《西南财经大学人才引进及管理办法》《西南财经大学年薪制教师聘期管理与考核办法》《西南财经大学专职讲师岗位管理办法》等，为全面规范人才“引、用、育、留”工作机制提供制度保障。在实施过程中，学校自 2004 年起，开始对新进硕士研究生及以下学历人员实行人事代理制，通过社会人才服务机构，在充分保障新进人员的各项权利和福利待遇基础上，进行聘用合同管理。2006 年 1 月，在教师资源社会化管理初见成效的基础上，学校党政审时度势，全面推行“年薪制 + 聘用制”代替传统人事体制，对新进具有博士学位的海内外高层次人才，以高薪激励、合同管理、目标考核为主要原则，采取协议工资的方式签订聘用合同。至此，多种用人制度并存的用人模式初步建立，传统的人才“单位所有制”被破除，初步形成了“能进能出”的动态调整机制。

此外，为进一步顺畅进退机制，完善压力机制与动力机制的协调作用，学校对聘任期满考核不合格者实行岗位调整或终止合同管理，对连续两个聘期考核合格者实行无固定期限管理或长期教职管理，这既为教师提供了更明确的目标和动力，促进了人员的合理流动，又为高层次人才长久发挥作用提供了相对稳定的环境和归属感。同时，考虑到人才机制的通用性，学校建立起了不同用人体制间的转换机制：老体制下的人员可以申请转为新体制用人模式；国内年薪制可以申请转为海外年薪制管理；行政管理岗位人员符合一定条件也可以转为年薪制教师。为校内不同类型的人员搭建起职业发展的互通式“立交桥”。

（二）以人为本：以“分段式管理”统筹师资建设

1. 人才激励：“引得进”

自实行“年薪制＋聘用制”以来，学校对引进人才全部实行校内外公开招聘制度，充分运用现代人才激励理念和方法，采取原则性和灵活性相结合的人才招聘方案吸引海内外人才。海外人才为协议工资，即根据其学科专业、科研水平、毕业学校、专业排名和工作经历等实行差别年薪；国内人才根据教学科研任务的不同情况，提供几种可供选择的年薪方案。年薪制彰显出较强的人才自动筛选功能，具有优秀教育背景和高素质的人才敢于应聘，一定程度上自动提高人才引进的层次和质量。

2. 统分结合：“用得好”

“统”主要是成立专门面向海外人才的学科特区，营造一种比较单纯的人际环境，避免海外回国人才被传统研究范式同化，充分发挥海外人才的团队效应和资源整合效应。“分”则是根据自愿原则，海外人才自主选择相应的专业学院。如此，一方面可以直接促进海内外人才学科交融和学术交流，形成尊重差异，包容多样，提倡学术平等和自由探索的文化氛围；另一方面海外人才可以更好地整合利用学院相应资源，参与地方经济和社会发展重大问题的研究，提升学校社会服务质量。

3. 注重发展：“留得住”

为留住优秀人才，学校重点采取了以下措施：一是实施人才重大培养工程。加大教学名师和教学团队建设力度，每年邀请几十位海外人才的博士生导师以及获得终身教职的知名教授来校开设讲座、合作课题研究等，继续指导青年人才成长。二是深化专业技术职称评审和晋升制度改革。开启高级职称“快速通道”，实施成果认定制，为人才提供良好的上升空间和发展环境。三是建立与高层次人才的经常性联系制度，想方设法解决其工作、生活问题，全心全意为其服务。

4. 机制灵活：“走得掉”

学校尊重人才发展和学术发展规律，实行“来去自由”政策，尊重人才选择，并与离职的高层次人才保持联系和合作。在保证高层次人才队伍总体稳定的条件下，实施制度性退出策略。聘期结束时的年薪制人才，如果没有达到最低续聘要求，将实行自动终止合同或者学院分担人才投入费用的逐步退出机制，最大程度保证有限资源的合理配置。

（三）引领示范：以“高层次人才”带动学校发展

1. 以“宽广胸襟”吸引人才

学校坚定实施人才强校战略，把引进高层次人才摆在优先发展战略位置。自2006年起，由校领导带团参加美国经济学年会、管理学年会、金融学年会等国际学术会议，借势大力宣传学校发展机遇、人才政策和学术氛围，连续11年赴美国知名高校大规模招聘经济管理类人才，是国内较早赴美大规模招聘的高校。这些举措不仅极大提升了西南财大在国内外人才招聘领域的知名度和美誉度，也为随后其他高校大规模招聘提供了经验借鉴。

2. 以“学科特区”凝聚人才

为打造“学术领军人物 + 团队 + 项目”的人才建设模式，持续推进学科特区建设，我校以“构筑大平台、凝聚大团队、承担大项目、培育大成果”为目标，围绕高层次人才展开创新团队建设。即以重大科研项目、社会服务项目为载体，通过校院联动方式，以学术领军人物为核心跨学科、跨学院、跨学校、跨国界形成结构合理、素质互补、学科交叉、资源共享的优秀团队。学校定期检查创新团队建设成果，对于被认定的“优秀科研合作团队”，将给予进一步的支持。

3. 以“柔性机制”使用人才

学校坚持“不求所有，但求所用”的人才思路。推行海外知名学者担任学院“特聘院长”模式，充分利用个人优势和影响力，加快推动学科建设国际化进程，在人才引进、人才培养和创新团队建设等方面发挥独特作用。同时，每年引进在海内外知名大学获得终身教职、学术成果获得学界公认的杰出教授、副教授来校担任特聘教授、讲座教授，专门为青年教师和学生开设经济学、管理学基础理论课程，指导青年教师开展科学研究及教学改革。

4. 以“着眼未来”储备人才

从2009年开始，学校创新金融、会计等急需紧缺专门人才的建设模式，实施“订单式”培养，选拔在校本科生和硕士研究生赴国外知名高校攻读博士学位，为学校重点学科建设提前储备师资。

（四）搭建平台：以“立体化培养”助推教师成长

1. 分层次提升人才队伍水平

第一，加大学术带头人培养。重点健全学术带头人遴选和培养机制，完善考核与管理方式，明确学术带头人在学科发展、团队建设、科研工作、人才梯队建设及学术交流等方面的工作职责。健全后备人才体系，以二、三级学科（或研究领域和方向）为重点，培养造就一批具有发展潜力的中青年学术骨干；第二，重视青年人才培养。实施“青年教师成长项目”，对学科前沿研究项目、服务国家行业和地方经济社会重大需求的项目予以优先立项，重点培养在金融、经济、管理、经济法律、马克思主义经济学等领域的青年教师开展科学研究活动，促进青年教师尽快成长；第三，专项支持海外教师学术交流。专设国际学术交流经费，要求海外全职博士每年出国访问，鼓励在其他高校和学术机构学术兼职，开展合作研究，延伸国际触角，提升教师影响力。

2. 多途径完善人才培养方式

实施“请进来”“走出去”培养。自2007年起，学校每年暑假对承担管理类、经济类教学和科研任务的青年教师进行轮训，聘请国外知名学者开设课程和经典文献导读等，并就科研论文写作、科研项目申报等进行研究讨论，提高学术研究能力和追踪学术前沿能力。同时，学校与国外知名大学合作，以“中青年骨干教师出国研修项目”“高级访问学者项目”“西部项目”等为主要依托，积极派送教师进修外语，全力支持他们作为访问学者出国交流、攻读博士学位、参加国际学术会议等。

3. 全方位促进人才有序发展

第一，开展专业化教学训练。成立“教师教学发展中心”，通过系统化教师培训制度，以组织高水平课堂教学为重点，运用微格实验室等先进方法大规模训练教师，提高教师教学水平。第二，开展职业生涯发展规划。成立教职工心理健康与人力资源开发中心，全面开展职业生涯规划活动，鼓励并引导教职工根据学校发展战略和自身特点，积极主动设计自己的职业生涯路径，实现个人发展与学校发展的相互促进。第三，实施专任教师社会实践计划。鼓励和支持专任教师根据专业发展需要，到政府、企事业单位挂职锻炼或顶岗实践，加强教师对实务工作的了解，提高教师科研和教学水平。

（五）两级管理：以“人事权下放”释放院系活力

为适应建设特色鲜明的高水平大学需求，充分发挥学院（中心）一级在学校人事管理中的重要作用，西南财经大学于2005年开始实施校院两级管理体制改革。立足于增强学院自主财权、合理划分校院两级事权，学校内部管理改革将教师和员工的考核权限下放到学院和各部门，允许各单位制定相应教学、科研和管理工作的评定制度和办法；修订学校对学院、部门的考核办法，加强学院、处（部、中心）的管理职能，建立学院基金，并调整部分办学活动院校两级分配比例等，增大学院自主调控教师收入分配的力度等。主要举措如下。

1. 改革内部管理层次及权限结构，合理划分职责与权限

厘清学院职能、确定院长（系主任）职权与职责，实现“三个统一”：即事权与财权相统一，权利、责任与利益相统一，激励与约束相统一。

2. 优化办学资源配置方式

为逐步形成从被动适应学校行政计划安排向学院主动适应社会需求转变，学校根据各类办学资源特点，统筹规划，合理划分各种办学资源配置与管理的主体，充分发挥各项办学资源在人才培养、科学研究和社会服务方面的积极作用。

3. 建立考核评价体系，实行单位年度目标绩效考核

学校着力于抓重点、抓关键、抓难点、抓服务，科学合理地制定对校内各单位的考核评价机制和指标体系，工作重心由过程管理转向对单位的总体考核与日常监督相结合，逐步完善目标绩效管理。

三　学校人事改革中存在的困难与对策思考

随着人事改革的深入推进落实，高等教育事业实现了跨越式发展，在人才培养、科学研究和社会服务等方面实现了巨大提升。但受制于内外环境及各种历史和现实因素的影响，我校人事改革中仍存在不少困难和问题。

（一）改革中面临的主要问题

1. 人才竞争态势激烈，无序竞争现象日益突出

目前，国内外高校对经管类人才尤其金融学科类人才竞争“白热化”，特别是部分急需紧缺专业人才更是炙手可热。我校地处西部，高层次人才引进存在地缘劣势，人才薪酬与沿海经济发达地区高校竞争优势不明显。仅凭自身力量，很难持续引进和使用海外高层次人才，容易导致有限的海外高层次人才向发达地区高校或高薪行业转移。同时，国内高校在人才引进中无序竞争，竞相出价，甚至破坏公平和诚信原则，既扰乱了人才市场，又打乱了校内薪酬体系，还潜在滋长了人才的浮躁、虚夸、骄傲情绪，导致局部短时受益，而全局长远利益受损。

2. 科研体制不够健全，评价机制不够科学

当前，科研成果的等级和数量仍然是评价教师的主要指标，对于教学成果、智库成果等重视不足，没有体现其应有价值。这样的评价指标体系，既过于单一也不够科学，无法全面科学地对人才进行评价。因此，需要进一步对现行的科研体制和评价机制进行改革，建立健全与海外学术环境相似的科研体制、良好的学术体制和氛围，建立与不同科研领域特点相适应的科学人才评价标准和符合科研规律的人才评价体系。

3. 人才发展环境欠优，社会配套政策滞后

高校人才工作是社会大系统中的一个子系统，改革必须放在社会系统中统筹考虑。高校拥有办学自主权后，根据发展需要选择教师、聘任教师和辞退教师，有权决定教师的待遇，实现教师队伍的优化，这离不开宏观人才流动制度、医疗保险制度、社会福利制度、就业失业保障制度等完善的社会支撑系统。目前，社会公共服务制度建设尤其是对高层次人才的社会服务发展相对滞后，如高层次人才的税收保险、交通医疗、子女入学等问题，直接或间接影响高校人事代理制度转换和高层次人才聘任制等深层次人事制度改革。

（二）人事工作改革的有关建议

1. 完善人才发现与引进机制，增强高层次人才引进力度

提高人才引进科学化水平，更加注重引进人才的质量和影响力，更加注重人才紧缺学科的人才引进，更加注重学术领军人才和创新团队的引进。一方面，积极拓展人才引进途径，加强与驻外机构、国际人才中介机构合作，不断发掘发现海外高层次人才；另一方面，探索建立人才工作联系站和校院两级人才信息库，健全“以才荐才、以才引才”激励制度，引进更多优秀人才加盟。同时，以校内各项人才工程为抓手，遵循市场规律，按照国际人才市场定价机制，加大引进一批紧缺专业人才和外籍人才。

2. 优化人才管理与评价机制，构建制度留人长效机制

完善长期教职管理，加强长期教职准入的综合业绩和影响力评估。进一步优化年薪制，实行差异化薪酬制度，切实与专业水平、实际贡献相挂钩，使薪酬制度真正发挥激励作用。改进人才评价使用制度，健全人才质量外部评价机制，注重以创新质量和贡献为标准评价教师。探索建立教师分类管理和考核制度，做到“人适其事，事得其人，人尽其才，事尽其功”，让每一位人才在学校都能实现自我价值。

3. 加强人才发展环境建设，打造先进人才文化高地

在校园内部，营造和谐校园氛围，注重人文激励关怀，增强服务人才意识，积极解决优秀人才工作和生活中所遇到的实际困难，努力为其创造更好的工作生活环境和良好的学术生态。在校园外部，加强与政府联系沟通，多方筹措资源，加大人才发展投入，切实改善人才引进“软环境”。通过内外并举，提升教师职业忠诚度、增强教师凝聚力、激发教师创造活力，倾力打造先进人才文化高地。

总之，人才是第一生产力，是决定学校全局发展的战略制高点。西南财经大学围绕人才人事改革实施的教学、科研和社会服务等深化改革，充分激发了海外引进人才与本土教师、教师科研人员和管理干部、学校与学院等各个层面的活力和效率，在全校创造出“人人想干事、人人能干事、人人干成事”的制度环境，形成一种风清气正、赶超一流、和谐奋进的风貌，为学校更好更快建设特色鲜明的高水平财经大学提供了强大的精神动力和取之不尽的创造力。

B.5

四川高校人才发展现状、问题及对策研究

——基于12所高校的实地调研与分析

任旭林　晏凌*

摘　要：近年来，四川高校人才工作取得了积极进展，为四川地方经济社会发展提供了强有力的人才支撑和创新驱动。面对新时期人才发展新目标、新要求和新任务，四川高校人才发展还面临诸多挑战。本研究通过采用问卷调查方式，分析了四川12所高校人才发展的基本现状，结合调研分析高校人才发展存在的主要问题，并提出四川高校人才工作环节亟须加强建设的关键点。针对调研问题及建设的关键点，本研究分别从10个方面提出了加强人才发展和改进人才工作的建议，希望通过进一步完善和优化人才政策，不断提高四川高校，特别是省属高校人才发展与经济社会发展战略的匹配度。

关键词：省属高校　人才发展　人才工作　四川

为进一步贯彻落实中央《关于深化人才发展体制机制改革的意见》，四川出台《关于深化人才发展体制机制改革促进全面创新改革驱动转型发展

* 任旭林（1978～），四川南充人，西南财经大学教职工心理健康与人力资源开发中心研究员，博士，主要从事人力资源测评、绩效评估、薪酬管理等研究；晏凌（1980～），四川营山人，西南财经大学助理研究员，劳动经济学博士研究生，主要从事高等教育思想政治和人力资源管理研究。

的实施意见》，鲜明提出“实行更具竞争力的人才吸引制度”“改革创新人才评价激励机制”“不断健全人才顺畅流动机制”等新举措。人才发展新目标、新要求、新任务成为四川高校人才工作的重要指向。

高校是人才重要的集聚地，对经济社会发展产生直接的影响。近年来，四川高等教育事业蓬勃发展，在人才培养、科学研究、社会服务和文化传承创新方面都取得了显著成就，为经济社会可持续发展培养了一大批合格人才。与此同时，四川高校人才工作取得积极进展，人才工作体制机制逐步健全，人才资源配置逐步合理，人才改革创新迈向新的发展阶段。但与国内外发达地区相比，四川省高校人才融入地方经济社会发展力度还不够，作用未得到充分发挥。需要创造条件，完善相关政策，使人才资源转变为现实生产力，才能真正发挥促进多点多极支撑、创新驱动作用，提高高校人才发展战略与经济社会发展战略的匹配度。

一　四川高校人才发展基本现状

（一）基本情况

四川高校人才是全省人才发展中的重要力量，在人才培养、科学研究、社会服务和文化传承创新方面取得了显著成就。目前，全省高校近 12 万教职工中，两院院士 18 人，入选教育部“长江学者奖励计划”近 100 人，占西部 12 省 30% 左右；引进海外高层次人才约占全省 70%；省学术技术带头人 800 余人,占全省 50%；具有专业技术正高级职称 8000 余人，副高级职称近 3 万人,具有博士学位 1.5 万余人。在全省高校近 9 万专业技术人才队伍中，专业分布在战略新兴产业的有 1 万余人，在四川省七大优势产业的有 1.5 万人。

（二）基本现状

根据高校人才工作发展实际，编制人才工作调研问卷，随机抽取 12 所院校的教职员工进行问卷调查，获得 1221 份有效调查问卷。

1. **人才引进**

关于人才引进方面的问题，167 人认为是紧贴社会发展需要不够，占比 14.1%；173 人认为是平台不宽，占比 13.4%；129 人认为是政府与高校联动不够，占比 11.1%；82 人认为是缺少信息发布渠道，占比 6.5%；120 人认为是缺乏柔性引才机制，占比 9.3%；255 人认为是政策缺乏竞争力，占比 21.6%；127 人认为是经费投入不足，占比 11.0%；135 人认为是人才服务不到位，占比 10.8%；还有 33 人认为是其他方面，占比 2.2%。

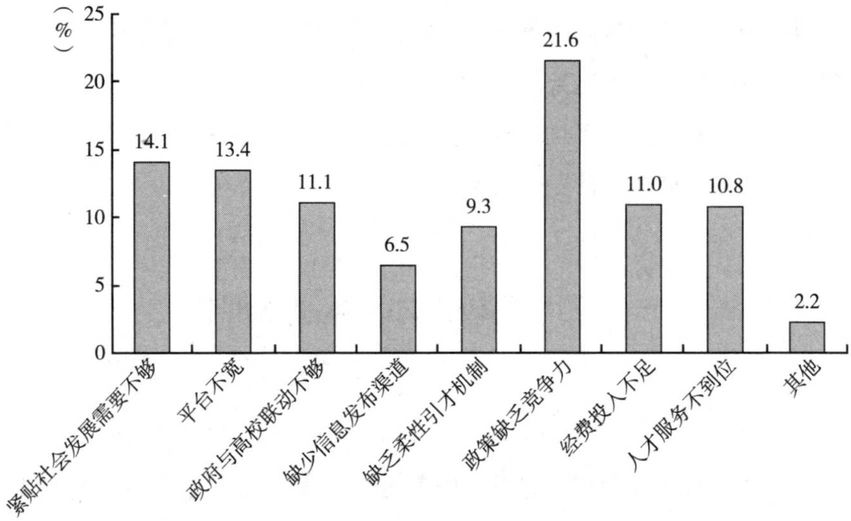

图 1　关于人才引进方面的问题调查结果统计

2. **人才培养**

关于人才培养方面的问题，280 人认为是培养项目偏少，占比 22.9%；333 人认为是经费不足，占比 27.3%；189 人认为是实践不够，占比 15.5%；127 人认为是培养与使用脱节，占比 10.4%；125 人认为是培训力度不够，占比 10.2%；148 人认为是缺乏持续培养，占比 12.1%；还有 19 人认为是其他问题，占比 1.6%。

3. **人才流动**

关于人才流动方面的问题调查，390 人认为是体制差别，占 31.9%；

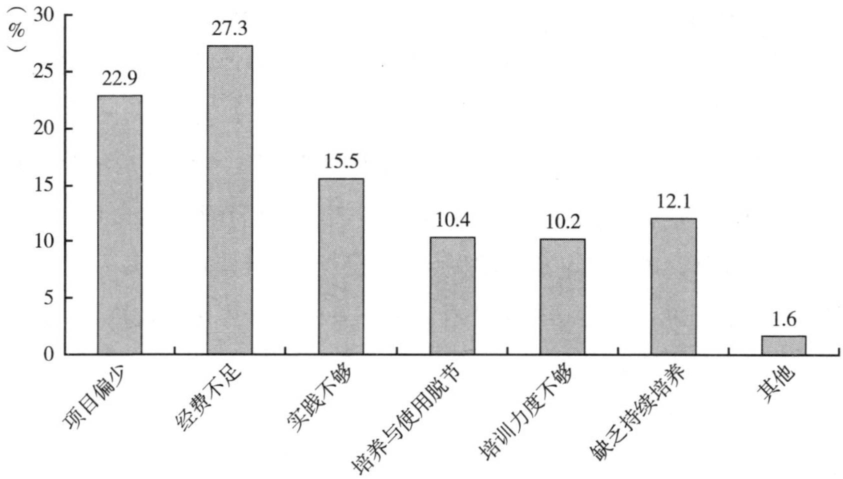

图 2　关于人才培养方面的问题调查结果统计

450 人认为是缺乏交流平台，占 36.9%；204 人认为是社保体系不健全，占 16.7%；136 人认为是缺乏退出机制，占 11.1%；还有 41 人认为是其他问题。由此可见，高校人才流动方面主要问题是缺乏交流平台，此外，体制差别、社保体系不健全也是其中存在的重要问题。

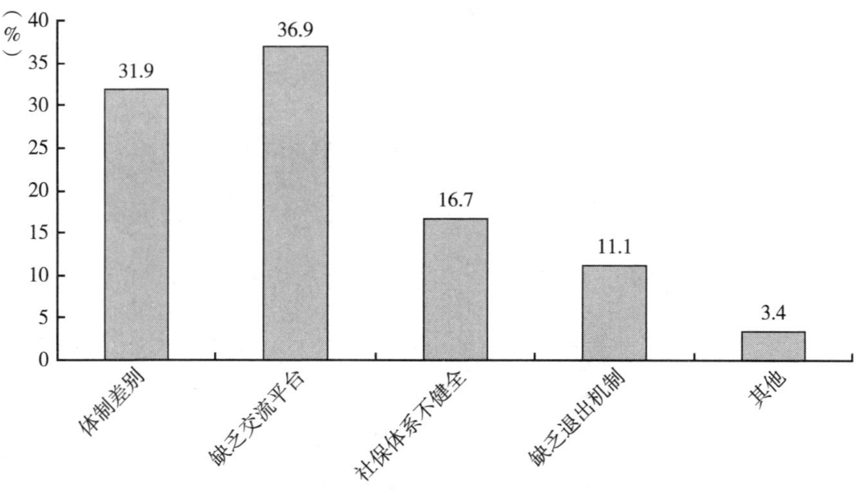

图 3　关于人才流动方面的问题调查结果统计

4. **人才评价**

人才职务评聘是人才评价的核心问题。关于职务评聘中存在问题的调查中，244 人认为是论资排辈，占 20.0%；147 人认为是人际关系，占 12.0%；392 人认为是重科研轻教学，占 32.1%；32 人认为是重业务轻政治，占 2.6%；95 人认为是重理论轻实践，占 7.8%；69 人认为是重评审轻聘任，占 5.7%；165 人认为是高级职务岗位少，占 13.5%；有 77 人认为是其他问题。由此可见，职务评聘中存在的主要问题是重科研轻教学、论资排辈、高级职务岗位少和人际关系。

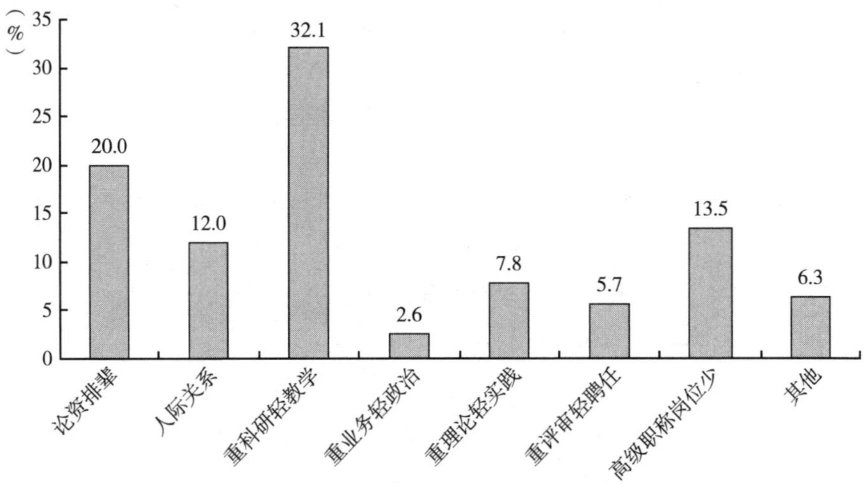

图 4　关于人才评价方面的问题调查结果统计

5. **人才流动**

关于影响人才流动因素，841 人认为是经济待遇，占 68.9%；96 人认为是住房条件，占 7.9%；101 人认为是工作条件，占 8.3%；51 人认为是职务晋升，占 4.2%；34 人认为是子女入学，占 2.8%；32 人认为是人际关系，占 2.6%；41 人认为是进修机会，占 3.4%；还有 25 人认为是其他因素，占 2.0%，由此可见，经济待遇是影响人才队伍流动和稳定的最关键因素。

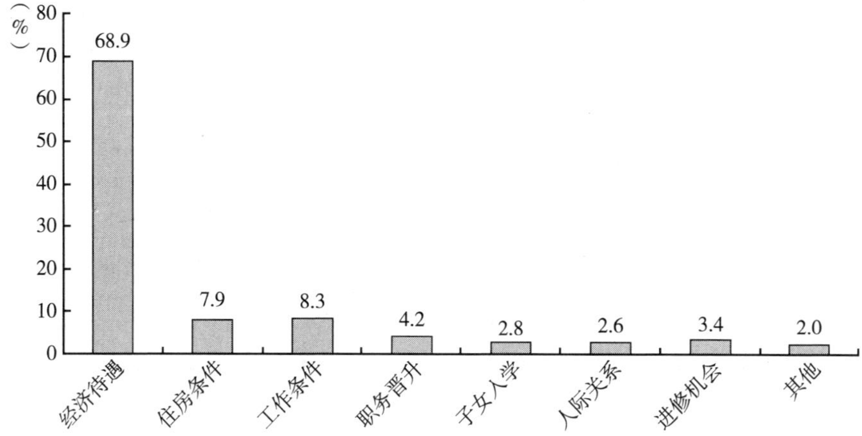

图 5　关于人才流动方面的问题调查结果统计

6. 人才改革

关于学校人才最需要的改革领域方面，认为是引进机制的有 103 人，占 8.4%；认为是培养机制的有 335 人，占 27.4%；认为是激励机制的有 388 人，占 31.8%；认为是职务晋升机制的有 115 人，占 9.4%；认为是流动机制的有 83 人，占 6.8%；认为是评价机制的有 98 人，占 8.0%；认为是保障机制的有 75 人，占 6.1%；还有 24 人认为是其他方面。由此可见，高校

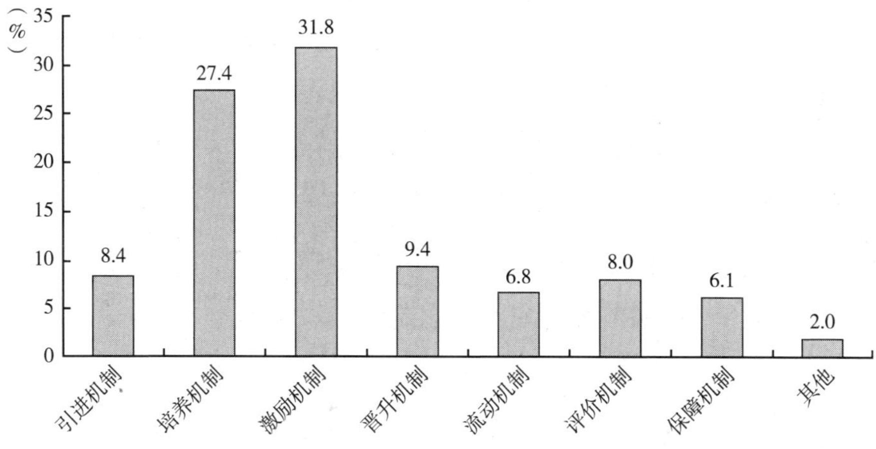

图 6　关于人才改革方面的问题调查结果统计

急需改革领域是培养机制和激励机制，对人才的激励和培养是高校人才工作中比较重要的内容。

二　四川高校人才工作的主要问题

高校人才发展的关键问题主要反映在人才工作实践过程中，通过调研，发现四川高校尤其省属高校人才工作的部分领域和工作环节存在一些突出问题，需要以改革创新精神着力解决，进一步理顺人才工作诸多环节，优化人才工作发展环境。

（一）岗位编制与岗位设置不合理

1. 岗位设置管理制度亟待改进

如专业技术岗位逐级晋升的规定阻碍优秀人才的使用激励，“一刀切”将工勤技能岗位不纳入设置管理，将直接影响首次岗位设置聘任实施工作的顺利进行等。

2. 岗位数量设置不足

教职工会因为岗位数限制而产生竞争，这种竞争一方面促进人才的发展，另一方面又影响了相互的信任与和谐。岗位设置由于工勤技能岗位不能同步进行岗位聘用，所以转岗竞聘就成为目前显现出来的突出问题。

3. 岗位设置结构不合理

老龄化和年轻化现象同时并存，而对于中青年骨干教师却十分的缺乏。对聘用符合高职学院办学要求的既有实际动手能力又懂教学理论的“双师型”教师也较为缺乏，成为高职高专类高校教师队伍建设的难点。

（二）人才引进制度尤其是公招制度相对僵化

1. 行政审批时间过长

高校从海内外引进的人才来校工作进入事业编制申报周期较长，不利于其来校工作的正常开展；全职回国工作的海外高层次人才对国内的职称评审的条件、认定、申报和审批等环节认识不足，提出“高评”的要求，与四川省现行的有关海外留学回国人员职称认定及专业技术职务评审的要求有一定出入。

2. 公招制度制约教师引进

四川省高校现行人才公招周期太长，通常需要1～1年半。许多新招教师在等待公招结果期间，宁愿选择去外省学校就职。同时，省属各高校每年公招耗费大量的人力物力，但计划招聘的岗位指标常因报考考生数没达到开考比例、公告宣传时间的限制、考生弃考等各种原因流失，造成人力物力的浪费。

3. 学科专业限制过多

公开考试招聘工作，常因专业名称的差别未能确聘，而拟聘人员的研究方向和所学课程实际上是符合学校设岗要求的。主管部门在公招公告审批、公招限定程序和公招后材料上报确认审批的专业要求上过于严格，使得具有学科交叉和课程交叉的优秀人才被专业要求限制而无法进入公招环节，造成人才流失。

4. 公招考试规则不够完善，人才公招机制僵化，急需紧缺专业招人难

现行政策要求只要2人及以上人选参加面试即为形成竞争，即使得分不及格也必须录用。导致在招录过程中，某些岗位符合要求或报考考生较少，选择余地非常小，但人数已形成竞争，用人单位也必须招录。但实际考查这些考生却不能胜任学校教学或科研等专业技术岗位工作，浪费了学校的编制，使学校招录的合格教研人员工作变得较为被动。

5. 人才引进渠道单一，引进视野狭窄

高校人才引进主要存在两种常用的形式：一种是编制内刚性引进，另一种是编制外柔性引进。尽管学校将刚性引进与柔性引进作为两条并重的路子来走，但在实际工作中，由于缺少主管部门的调令或批复，引进人员的户口、住房等一系列后续问题都无法及时解决，编制外引进方式往往无法落实到位，使得高校人才引进形式依然处于单一化的局面。

（三）培养培训机制不健全

1. 科研经费投入有限，项目经费严重偏少

科研是提升高校学术竞争力的重要手段。省属高校科研经费普遍不足，甚至有些学校连基本的实验室和实验设备都缺乏，直接影响教师对科研的积极性。

2. 教师培养培训经费投入不够

省属高校针对不同层次教师的专项培养培训经费严重不足，政府也缺乏相关政策和资金支持的情况，学校只能减少广大教师外出培训、学习和交流的机会。

3. 存在重引进轻培养倾向

省属高校往往在制定师资队伍发展规划时，在人才引进方面投入大量资金，而人才培养方面资金投入相对较少，使学校内部人员得到培训提高的机会减少，这种政策性的倾向，在某种程度上挫伤了内部人员的积极性，也是造成内部人才外流的主要原因。

4. 高职高专院校“双师型”教师培养力度缺乏

教师和企业之间的联系机制不健全，企业对高职高专院校教师培养缺乏相应的配套政策措施。

（四）人才使用机制不合理

1. 职称职务晋升制度不合理

岗位设置结构的制约，评聘未分开，职称职务晋升难度大，职称评审要求在单位有空岗的情况下才能进行，多数高校进人一直以博士研究生为主，造成岗位设置结构比例和聘用的不一致。评聘未分开，职称晋升难度日益加大。

2. 管理岗位人员晋升通道不畅

学校对管理岗位重视不够，管理岗位工作人员相对于专任教师而言，更加缺乏进修培训机会，不利于其业务水平提高；加之收入水平、工作环境、发展规划等诸多因素影响，造成管理岗位人员队伍不稳定。管理岗位人员除了晋升行政职务和专业技术职务外，缺乏其他的晋升通道。

3. 人才评价机制不合理

高校专业技术人才职称的评定与学历、工作年限、专业技术职务任职年限直接挂钩，只要学历要求达到要求，晋升上一级技术职称，就只是时间问题，从某种程度上说，职称的高低并未完全体现个人实际能力和业绩贡献的大小。

4. 专家效应体现不明显

对各级各类优秀人才和专家的管理中，重于选拔，而对评选结果示范效应的发挥和后续考核注意不够，这种重评轻管的做法削弱了其应有的作用。

5. 高职院校职称评定政策严重滞后

高职院校教师的职业教育能力应包含专业操作技能和专业理论素养两大块。而目前还没有专门针对高职教师职称评定政策，大多沿用普通高校教师职称评定的办法，以科研论文的数量和质量作为职称评定的标准。这种采用教师发表的论文、参与的课题、获得的文凭和取得的资格证书等外显指标来衡量教师整体水平的评审标准，导致高职院校教师轻教学、重科研，轻专业操作技能、重理论素养，影响了教师队伍职业教育能力的全面提高。

（五）人才流动及退出机制不健全

1. 校内转岗机制欠缺

高校内各部门之间的人才转岗和流动不够通畅。首先，由于教职员工自身的原因，如果大部分教职员工在入校后比较认可第一个岗位，工作时间久了便没有太多的机会和动力接触或接受新知识，很难在短时间内具备适应新岗位要求的知识和能力条件；其次，现有的培养机制主要是针对具体的岗位需求来选派培养对象、设计培养内容，不可能盲目地为更多的人培养其适宜多种岗位的能力条件，这些现状均制约了校内各部门之间的人才转岗和流动；第三，校内各部门之间人员流动的条件要求、考核标准、聘任流程还不够制度化。

2. 人才外部流动机制不健全

人才流动和退出受体制性障碍制约，亟待进一步完善现有人才转岗制度。这主要体现在办理辞退手续的程序较多，辞退依据的取证困难，周期较长，所以即使存在个别人员因为工作能力或工作态度不符合岗位要求，最终也很难辞退，从而造成人才资源配置不够合理，不能最大限度地发挥岗位人才资源的作用。

3. 教师校外兼职行为的规范管理

教师一方面保留在校内的职位，承担少量的教学科研工作，同时又投入不少的时间和精力在社会上从事其他的工作并获取收入，高校很难对其进行有效管理。

（六）人才激励制度不完善

1. 绩效工资制度缺乏弹性

现有事业单位编制人员绩效工资薪酬体系无法突破，制约了对高层次人才的引进和使用。主要表现为现有事业编制人员薪酬体系非常严密和稳定，每个人的薪酬标准都通过统一的指标固定下来，而且无法突破对整个单位的薪酬总量的规定。

2. 收入分配配套政策缺乏

分配模式需进一步优化，高层次人才收入分配优势不明显。激励政策缺乏一定的针对性，对不同的岗位职责要求应有不同的激励政策和分配方案，没有完全体现出多劳多得、按岗定酬这一特点。

3. 独立学院人才激励政策较弱

独立学院的教师与公办高校教师相比，在社会地位、福利待遇、科研条件、课题申报等方面都存在着较大的差距，这大大影响了高层次人才选择独立学院的热情。一些高校毕业的一流学生以及社会上的高层次专业技术人才也对到独立学院从事教学与管理心存疑虑。这些因素导致独立学院教师流动性较高、稳定性较差，引进和留住人才也都受到阻碍，客观上直接影响了学院的发展和学生的培养质量。

4. 养老保险购买过低

一些省属高校，尤其是一些地方院校购买的养老保险过低，不利于留住人才。

三　四川高校人才发展需进一步加强建设的关键点

（一）高校人才体制性障碍明显

高校特别是四川省属高校用人分配自主权未完全落实，政府部门对省属院校人事分配过程管理放权不够，计划色彩过浓，统得过多、管得过死。如高校的编制、岗位设置、人员公开招聘、专项经费管理等问题。相对的，教育部属高校用人自主权下放比较完全，这些年教育部属高校发展很快，很多体制机制障碍快速突破，改革创新力度很大，这主要得益于高校的用人自主权得到有效落实。

（二）四川高校投入严重不足

纵观世界高等教育发展历史，可以发现，当世界经济中心在欧洲时，欧洲的高等教育事业最为发达；现今世界经济中心转移到美国，美国高等教育全球领先。高等教育发展直接来源于经济的大规模投入，经济的发展直接促进了高校的快速发展。美国政府对高校的投入远远超过其他行业，高收入能够将最优秀的人才留在高校中，直接促进教育事业快速发展。又如，香港政府对高校投入大量资金，使得高校教师平均收入高于其他行业，香港高等教育在全球都享有盛誉。因此，要使四川经济社会可持续发展，加大高等教育事业的投入是重中之重。目前，四川省属相当部分高校的社会排名大幅下降，主要源于与其他省市相比，四川的高等教育投入差距明显，缺乏将最优秀人才留在高校的能力，必将影响四川高校的综合实力，直接影响到四川经济社会发展的可持续性。

（三）海外高层次人才严重缺乏

各国普遍把高层次人才作为国家发展的战略重点。从欧盟、日本、澳大利亚、加拿大等发达国家到印度、巴西等新兴发展中国家，都在千方百计猎取各类高层次人才。人才向发达国家流动加速，全世界所有受过高等教育的移民一半流向美国，美国大学中有37%的博士学位获得者并非美国公民。面对国际人才激烈竞争态势，迫切需要创造新的机会和条件，加快引进海外人才为我所用，力求在世界人才发展中掌握主动权。目前，四川省高层次海外教师队伍短缺已成为省高校发展和创建知名大学的重要制约因素，培养拔尖创新人才迫切需要高层次人才队伍，尤其是具有世界眼光和国际竞争力的高素质人才。

（四）高校领导国际化交流不足

吸引国际化人才来川工作，除了收入待遇和发展平台因素外，与高校领导国际化交流度不够也有密切联系。当前，四川省高校领导出国交流受政策约束、程序烦琐等客观因素制约了高校领导的出国交流，主要原因是对高校领导按照党政干部要求进行管理，忽视了高校自身的特点和高等教育发展规律。如，目前高校领导公务出国政策为2年1次，任期内不超过2次，相关手续也比较复杂且出国时间短。这些直接决定了高校校级干部队伍国际化程度相对较低，无法有效借鉴世界先进的教育理念、教育模式，也无法引进海外高水平师资，更谈不上与世界高校开展合作交流，这种“引不进来、送不出去”的管理模式将与世界高校发展态势严重脱节。

（五）产学研协同创新能力较弱

政府有关产学研协同创新发展的支持政策有限，资金支持力度较弱，一些优势学科正逐步丧失其传统影响力。如某高校汽车发动机专业曾经是行业的领先者，但是其专业排名近年来却直线下降。主要原因是产学研协同能力太差，专任教师出不去，企业进不来，科研与实际操作不能很好地结合，直接影响教学科研能力，导致学科水平大幅度下滑。如果能加大与国外高校合作，如与汽车专业全球领先的美国密歇根大学合作，并建立产业园区，将会在较短时间内提升学科影响力和综合实力。同时，可以吸引优秀的产业领域高端人才落户高校，让高端人才与企业对接，真正促进产学研协同发展，提高协同创新能力。

（六）潜在人才培养使用力度不够

有关研究发现，1/3 的教育部属高校毕业的本科生和 2/3 的研究生会留在本地。据推测，省属高校至少 50% 的本科生会留在本地，这些人才将是四川经济社会发展的重要支撑力量。四川要根据产业需求调整相关专业人才的培养，从人才培养来促进四川产业人才的长远发展，才能持续推进四川产业可持续发展。

四　优化四川高校人才发展的建议

高校是人才重要的集聚地，人才要充分发挥作用，需要积极参与地方经济社会建设和发展。四川省科教资源丰富，但只有转变为现实生产力，才能真正发挥其多点多极支撑、创新驱动作用。与国内外发达地区高校相比，四川省高校人才融入地方经济社会发展力度不够，作用未得到充分发挥，需要创造条件，完善相关政策，提高高校人才发展战略与经济社会发展战略的匹配度。

（一）推进经济社会发展战略引领人才培养战略，实现校地人才培养使用完整对接

四川高校尤其部分省属高校参与地方经济社会建设能力普遍较弱，科技研发与应用平台功能发挥不佳，一些高校传统的优势学科正逐步丧失。同时，四川高校在学科建设、专业设置、人才培养模式方面，未能有效匹配四川经济社会发展要求，人才的培养与使用环节存在一定程度的脱节。四川高

校必须解放思想，紧扣地方发展需求，突破传统办学理念，与时俱进加强学科建设。要根据经济社会发展战略引领高校变革，充分结合战略型新兴产业、优势产业以及现代服务业等产业发展战略，逐步引导高校专业结构和人才培养模式的产业导向变革，形成高校人才培养和地方人才使用的人才发展链。

（二）提高产学研协同创新能力，推进成果转化为现实生产力

当前，高校的评价体系主要以学术论文和发明专利为标准，学术成果、发明专利转化为现实生产力的能力较弱。需要通过政策引导，进一步加强产学研协同创新建设，加快科技成果转化、促进科技成果的产业化，更好地服务经济发展。一是搭建高水平产学研协同创新平台。紧紧围绕高端产业和产业高端发展需求，遴选一批具有发展潜力的高校和学科，支持与国内外领先学科的高校、研究中心合作，加强关键技术协同攻关，在较短时间内提升产学研整体水平，更好为产业发展提供技术成果；二是重点引进产业领域的高端人才。面向海内外重点引进高端产业和产业高端人才，让人才落户高校，主动承接产业人才培养；同时，政府提供平台，让高端人才与企业对接，建立学校和企业的研究中心，促进产学研协同发展；三是以产业发展带动校企合作。对校企合作成果突出的企业和学校，给予资金和税收政策支持，有效促进校企深度合作，共建技术研发实训基地，实现校企双赢。

（三）加强科研院所、高校和地方干部人才队伍交流培养，打通人才交流通道

发挥高校人才聚集优势，提高向地方输送高层次人才的能力。除了本科、硕士和博士输送外，加强高校专业教师和领导干部向地方输送的力度，形成定期双向交流培养制度，进一步完善高校教师和地方人才结构，优化班子和队伍知识能力结构，推进治理能力现代化，为全省经济社会发展提供坚强的人才支撑。

（四）加强大学生创新创业基地建设

高校和政府鼓励和支持共建一批大学生创新创业俱乐部和创新创业园，激励引导更多大学生在四川创新创业。高校要进一步加强实验室课题研究与企业需求对接，提高科研成果的转化水平。根据在校学生的创业需求，引导大学生开展创新创业。要逐步建立以就业率和创业率作为高校学生就业指标的评价体系。

（五）做好高校人才的前瞻性培养，加强后工业社会人才建设

后工业社会的关键要素是信息和知识，主要是服务性经济，专业和技术人员在后工业社会占主导地位。高校要瞄准后工业社会的人才发展要求，重点加强党政企事业单位人才的专业化培训，建立完善专业化培训的体制机制，发挥高校在服务地方后工业社会发展中的重要作用。

（六）高校人才发展体制性障碍明显，需要进一步下放高校办学自主权

高校特别是四川省属高校用人分配自主权未完全落实，政府部门对省属院校人事分配过程管理放权不够，计划色彩过浓，统得过多、管得过死。对此，一是下放编制管理权。由高校根据学校发展战略、学生规模、学校财力状况等因素，研究制定编制管理办法，自主开展编制管理，实施编制备案制。同时，学校根据实际情况，自主调整编制需求、完善编制管理程序、推进编制动态管理等工作。二是下放岗位设置权。由高校自主确定岗位总量，自主设置岗位结构比例，自主设置岗位标准，自主决定聘用人员。支持高校分类设岗，根据实际情况，可自行设立教学岗、科研岗、教学科研岗以及社会服务岗等专职岗位，可设立特聘岗位用于吸引优秀人才到高校任（兼）职。三是加强编制管理指导。尽快出台编制管理指导意见，对高校自主开展编制管理提出总体目标、基本原则、主要程序以及工作推进要求等，制定和实施编制备案制程序，处理好编制管理工作中宏观管理与高校自主管理之间

的关系。四是完善配套管理办法。加强人力资源社会保障相关部门的配套办法同步改进，提供与高校编制管理相适应的人力资源公共服务，如人才引进、聘用、解聘以及流动相关的事业单位人员入户、社保、医疗、子女入学以及外籍人员工作生活等服务。

（七）加大人才经费投入，完善绩效工资机制

纵观世界高等教育发展历史，可以发现，经济的发展直接促进了高校的快速发展。高收入能够将最优秀的人才留在高校中，直接促进教育事业快速发展。要使四川经济社会可持续发展，加大高等教育事业的投入是重中之重。

目前，四川省属相当部分高校的社会排名大幅下降，主要源于与其他省市相比，四川的高等教育投入差距明显，缺乏将最优秀人才留在高校的能力，必将影响四川高校的综合实力，直接影响到四川经济社会发展的可持续性。对此，一是大幅提高人才待遇，设置专项资金。人才引进工作的实践证明，良好的生活条件与工作环境依然是决定人才流动的主要因素，是吸引高层次人才的关键。随着社会信息透明度的不断提高，当学校的薪资水平与外部行业差距较大不具备竞争力时，将直接导致人才的流失。因此，平衡校内与校外人才待遇差距，普遍提高学校教职工的薪资水平，是事业单位工资改革的重中之重。为了真正留住人才，学校还应在实验设备、科研经费、办公条件、过渡安置房等方面有足够大的投入，给引进人员顺利开展工作提供必要的资金保障与物质基础。二是完善绩效工资机制，按学校收入的一定比例核算绩效工资总额。一方面能够增加绩效工资的拨款。另一方面，加强一些政策的扶持，多增加一些专项资金的拨款。建立绩效工资水平的正常增长机制，同时允许绩效工资水平在一定范围内的浮动。此外，现有的绩效工资总额与总编制人数挂钩，包含了教师工资、奖金乃至科研经费等项目，灵活性较差。高校有其特殊性，不能和其他事业单位一样实行统一的绩效工资管理。应调整为针对不同学校类别，按学校收入的一定比例核算绩效工资总额，并每年给绩效工资一个固定涨幅。三是确立财政投入法定增长机制。以法律法规形式确定政府对高校的财政经费投入规模以及社会经费筹集办法，

按照一定增长比例持续增加财政投入，为高校落实用人自主权、更好推进岗位管理提供可靠的财力保障。

（八）加大高校领导国际化交流水平，提高开放办学能力

加大高校领导海外培训力度，实施轮训机制，借鉴国际知名高校先进的办学理念和思路，创造更加有力吸引海外人才来校工作的理念，加强与国外知名高校合作，提高高校对外开放水平和能力。

（九）做好海外高层次人才引进，谋求四川人才开放新优势

各国普遍把高层次人才作为国家发展的战略重点。人才加速向发达国家流动。面对国际人才激烈竞争态势，迫切需要创造新的机会和条件，加快引进海外人才尤其是重点产业领域高层次人才，让人才带动产业发展。一是完善人才搜索机制，建立全球人才信息库。健全完善识别、联系和引进一体化平台建设，加强与各级人才工作和服务机构以及国际人才中介机构、驻外机构的联系与合作，广泛寻觅目标人才。建立国内外优秀人才定向引进机制，对于潜在优秀人才提前实施专项支持策略。探索实施在高层次人才集聚地区建立人才工作联系站，建立人才发现和联系共建平台。建立人才发现激励制度，鼓励人才特别是优秀人才在对外交流中搜寻杰出人才。二是完善海外人才的履历分析，加强对高校引进海外人才履历分析考察评价的指导和支持。人才评价及选用应更加强调人才的全面成长情况，如海外人才在思想政治、职业道德、业务水平和工作实绩的进步与发展情况，由于高校的资源、能力和人员配置有限，不能对拟引进人才进行全面完整的履历分析和考察。因此，高校引进海外高层次人才时，需要整合各方资源，能够对海外人才的思想政治、职业道德评价等方面提供足够的支持，为高校师德师风建设提供强有力的支持，极大减少人才引进和投入的风险。三是设置高校海外高层次人才引进专项资金，扶持高校人才特别是急需紧缺高层次海外人才引进。西部高校引才优势“先天”不足，急需紧缺学科人才引进难度加大。四川地处西部，高层次人才引进存在地缘劣势；人才薪酬与沿海经济发达地区高校竞

争优势不明显。另外，行业人才引进价格竞争加剧。如海外金融、经济与管理类人才薪酬处于市场领先水平，一般在 15 万 ~20 万美元，在这种情况下，如果得不到一定的经费支持，仅凭高校自身的力量，很难持续引进和使用海外高层次人才，容易导致有限海外高层次人才向高薪行业转移。因此，专项经费主要用于引进的海外高层次人才工资福利待遇、高层次人才特殊津贴、住房补贴、科研启动经费等。如每引进一位全职海外高层次人才或海外高校终身教授来川兼职，政府提供 10 万 ~20 万元专项补贴。四是建立高校海外引才定向联系机制。目前，四川高校对优秀人才识别和发现机制比较单一。随着全球人才流动加速，应进一步加强对各学科拟引进优秀人才的潜能识别，提高人才引进质量。同时，国际知名学者发现方式方法不健全，全球金融经济领域优秀人才信息搜集、发现和联系机制还很不完善。建议国家和教育部能够组织专门力量，加强与驻外相关部门联系，为西部高校提供更多的、广泛的海外高层次人才信息和渠道，并加强相关定向支持（如财经类高层次人才优先向我校提供定向支持）。五是实施特殊的海外引才制度。建立海外人才引进绿色通道，按照国际惯例，让引才政策与国际接轨，在人才聘用、薪酬待遇和职业发展以及约束机制方面建立新的引进使用机制。相关部门在办理海外人才学历认证、落户、职称认定及转入编制批复等方面开通绿色通道，优化人才引进流程。设置海外人才工作站，建立全球产业人才信息库，发现并推荐海外杰出人才来川工作。

（十）着力妥善处理好人才工作中的几大关系

一是处理好“引才”与“稳才”的关系。“引才”和“稳才”是人才队伍建设的两个方面，不可偏废。既要不断加强人才引进的力度，输入高校急需的短缺人才，又要用好现有人才，发挥他们的价值，同时要处理好两者之间的关系，不能顾此失彼，过分拉大引进人才与现有人才的待遇差别，以防止引进人才的同时现有人才大量流失。只有这样，人才引进才会收到预期的效果，人才队伍的整体素质才会逐步提高。二是处理好人才引进与人才使用的关系。需要重点解决好近几年来高校人才工作中片面强调人才引进和总量，忽视的人才使用、配套制度相对缺失的问题。要落实“以用为本”的条件，“以用为本”的核心在于人才效能的充分施展和开发，实现人才能力、业绩和贡献的有机统一。落实“以用为本”的关键主要有五个条件：一要提供平台，真心实意地为人才提供施展才华的舞台、成功的机会、适宜的工作条件和良好的资源支持。二要强化开发，让人才能够持续获得发展与提升。三要激发活力，让人才能够主动进行创新与创造。四要激励认可，实现人才价值，让人才能够合理实现增值与回报。五要柔性流动，不求所有，但求所用，突破人才的单位所有制壁垒和身份依赖局限，逐步建立完善跨高校、跨区域、跨国际的人才整合与利用机制，在各类人才的有机协同与合作中促进高校学科创新与发展。三是处理好人才引进与人才培养的关系。人才引进与培养，两者都很重要。但近几年来高校在人才引进方面比较重视，人才培养力度相对较弱。作为高校发展的主体力量，人才主要还得靠培养。高校必须建立以人才培养为主的“内生导向”的人才战略，核心技术人才较难引进，还需要依靠自身培养。当然，人才培养也要开放，要与引进海外高层次人才相结合。四是处理好人才服务与人才引导的关系。服务好是需要的，但是也要引导好，现在只讲服务、不讲引导是不对的。如：现在高校“千人计划”中，引进的大部分海外高层次人才都很好，但有些人对待遇考虑太重，这与解放初期一批科学家、技术专家冒着生命危险回国、回高校工作做贡献形成鲜明对比。因此，怎样提高引进人才的理想信念，怎么凝聚人才发展共识，这需要把人才服务提高到更高的工作水平。

B.6 高校辅导员胜任力差异性评价研究

——基于四川X高校三类人群的实证调查

邹涛　艾鸿　陈翔*

摘　要：就辅导员胜任力的构成因素，调查了普通高校的学生、辅导员、管理者三类人群，发现上述三类人群对辅导员胜任力的评价存在差异。得出以下结论：一是辅导员胜任力因素呈现个人特征、岗位特征、组织特征、环节特征的多层次发展趋势，且胜任力因素的重要性存在差异性分层现象；二是辅导员职能存在管理者功能被强化，教育者角色被弱化的趋势；三是辅导员的服务主体存在理论和现实偏离的倾向。

关键词：高校　辅导员　胜任力　差异性

一　问题提出

一流师资是建设一流大学的重要条件，一流师资建设不仅包含专业教师队伍，也应包含以辅导员队伍为代表在非学术领域为学生成长发展提供专业教育和指导的教师队伍，他们在完善学生人格塑造、综合能力提升以促进一

---

* 邹涛（1980～），四川乐山人，西南财经大学学生工作部副教授，西南财经大学中国教育需求研究中心博士研究生，从事高校学生事务管理、高等教育质量评估研究；艾鸿，西南财经大学学生工作部部长，高级政工师，从事高校学生事务管理与研究；陈翔，西南财经大学统计学院博士研究生，从事数理统计研究。

流人才培养等方面发挥着重要作用。辅导员胜任力的研究是促进辅导员队伍专业化、职业化发展的重要途径，也是高校学生事务管理领域（非学术领域）的重要研究内容。

在实际工作中，我们发现这样一个有趣的现象：学生、辅导员、管理者对同一位辅导员的工作评价会存在差异。比如：一位注重精细化管理的辅导员，往往能得到上级管理者的好评，但并不一定受到学生的欢迎；而一些富有创意管理方式相对粗放的辅导员，虽然并不一定受到管理者的青睐，却往往能受到学生的欢迎。这些现象的产生，在一定程度上源于学生、辅导员、管理者对辅导员胜任力的评价标准存在差异。那么，学生、辅导员、管理者对辅导员胜任力的评价差异主要体现于在哪些方面？为什么会产生评价的差异性？差异性评价对探索辅导员胜任力因素有哪些启示？这些疑问是本研究着力要回答的问题。

McClelland 在其具有标志性意义的文章《测量胜任力而不是智力》提出胜任力概念，并在人力资源领域引起人们的广泛关注。McClelland 批判性地指出传统智力测验和能力倾向测验与实际的工作绩效相关度甚微，在其研究的基础上提出要以胜任力测评来替代传统的人格测评，并认为胜任力组成要素是那些与工作或工作绩效直接相关的知识、技能、能力、特征或者动机等，能够比较好地预测实际工作绩效①。至此，胜任力的研究被广泛运用于人力资源领域，并作为建立职业标准、判断个人职业发展的重要方法，被广泛运用于人力资源选拔、人力培训、绩效考核等诸多领域。②③④ 在胜任力的研究中，客户评价、同行评价、管理者评价是筛选胜任力因素的重要途径⑤。辅

① McClelland. Testing for Competence Rather than for Intelligence ［J］. *American Psychologist.* 1973（28）：1－14.

② Kerr Jermier. Substitutes for Leadership：Their Meaning and Measurement ［J］. *Organization Behavior and Human Performance.* 1987（22）：375－403.

③ Mark Brundertt. The Question of Competence：the Origins，Strengths and Inadequacies of a Leadership Training Paradigm ［J］. *School Leadership & Management. 2000.* （4）.

④ Losey M. R. Mastering the Competencies of HR Management ［J］. *Human Resource Management.* 1999. （2）.

⑤ 彭剑锋：《人力资源管理概论》，复旦大学出版社，2011，第 201～268 页。

导员胜任力的要求也需要考虑客户（学生）、同行（辅导员）、管理者（负责学生工作的副书记）的三方评价，从而提升辅导员胜任力模型构建的全面性。

近年来，国内学者对高校辅导员胜任力的研究趋于增多。从已有文献看，研究者们分别从问卷编制①、胜任力模型设计②、胜任力构成因素③、胜任力要素在辅导员选聘④、培训⑤、绩效考核⑥中的应用等不同方面进行了探讨。现有研究存在的主要问题是：抽样代表性不足，一是被抽样高校样本框选择与全国高校真实结构之间存在偏差，二是被调查者辅导员居多，学生、管理者受访较少，样本代表性不足；实证研究方法相对不足，研究方法主观性较强，缺乏数理分析为基础的验证，结论缺乏实证基础；胜任力因素相对单一，系统性相对不足，难以对当下辅导员工作能力做出全面阐释，研究结论滞后于当下高校学生工作的实际需要。

本研究在吸收借鉴上述研究成果基础上，通过实证研究的方法，实证了高校学生、辅导员、管理者对高校辅导员胜任力评价存在的差异，希望研究能为促进辅导员队伍的专业化、职业化、科学化发展提供依据和参考。

二　研究设计

（一）研究思路

本文的目的是探索辅导员胜任力的构成因素，研究思路是通过外部评价，

---

① 顾倩：《大学辅导员胜任力问卷的编制及初步应用》，山西大学硕士学位论文，2004 年。

② 陈岩松：《高校辅导员胜任力模型构建：一项实证研究》，《高等教育研究》2010 年第 4 期，第 85 ~ 89 页。

③ 毛霞：《高校辅导员胜任力特征构成及培养对策研究》，《思想教育研究》2014 年第 1 期，第 102 ~ 104 页。

④ 罗涤、李华胜：《胜任力理论及高校辅导员选聘机制的优化》，《重庆大学学报（社会科学版）》2007 年第 4 期，第 136 ~ 140 页。

⑤ 范晓云、许佳跃：《高校辅导员胜任力培训体系研究》，《思想教育研究》2015 年第 1 期，第 86 ~ 89 页。

⑥ 陈岩松：《基于胜任力研究的高校辅导员考核理论新探》，《中国高教研究》2008 年第 12 期，第 43 ~ 45 页。

即通过收集整理学生、辅导员、管理者对辅导员胜任力因素评分，首先从均值和标准差上对各样本的评分结果进行分析，统计比对学生、辅导员、管理者对胜任力因素评分的共性和差异，初步探索辅导员胜任力因素可能的特征；之后，通过R型因子分析，得出影响学生、辅导员、管理者评分的主要因子，并对学生、辅导员、管理者的因子得分进行比对，进而得出辅导员胜任力的构成因素。

（二）问卷设计及数据收集

本研究选取四川省7所高校的学生、辅导员、管理者，共计33人进行了访谈[①]。通过事件访谈法，首次提取关键词1120个，通过反复编码，最终提取关键词203个，作为问卷编写203道题目的依据。203道题从不同的角度定义了辅导员胜任力特征。问卷选项采用里克特5级量表法（不太重要、一般、比较重要、重要、非常重要），填写者根据自己的判断，选择相应答案。通过克隆巴赫系数的同质性信度系数检验问卷信度，信度系数0.987，表明调查问卷信度良好。

调研样本随机选取四川一所高校为个案，以X命名，调研群体包括学生、辅导员、管理者三类群体，共收集问卷423份，剔除有缺失项的样本后，得到386份可用样本。

（三）研究方法

1. 均值和标准差

在本研究中用均值衡量评价的重要程度，均值越高说明评价越重要；用标准差衡量评价的稳定程度，标准差波动越大说明评价越不稳定。研究不仅统计了样本总体评价的均值和标准差，还分别统计学生、辅导员、管理者各自评价的均值和标准差，借以呈现三类群体对胜任力因素重要性评价、评价稳定性的总体趋势。

---

① 7所高校为四川大学、西南交通大学、西南财经大学、四川农业大学、成都中医药大学、西南民族大学、四川音乐学院。

2．R 型因子分析

本文采用 R 型因子分析，研究变量之间的相关关系，并找出控制所有变量的主要因子，借以呈现出学生、辅导员、管理者三类群体对不同因子重要性的评价特点。具体计算过程由 R 语言完成①。

三　实证结果分析

（一）总体评分分析

总体评分分析，旨在计算总体样本在每一题上的均值和标准差，借以反映学生、辅导员、管理者总体在每一题上的大致评分状况和意见统一度。结果如图 1 所示。

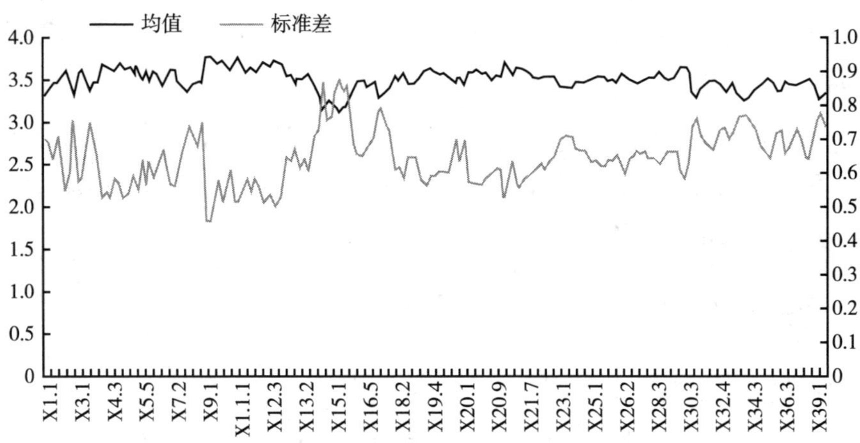

图 1　所有样本对每题的评分均值、标准差*

* 图 1 横轴表示题目编号，纵轴表示对应题目的评分分值（以下同）。

由图 1 可知：（1）由均值线总体趋势可以看出：学生、辅导员、管理者在各题上的评价均值都较高，在 3.5 左右（总分为 4 分）。其中，题目

① 所有详细的计算公式和推导可以参见《应用多元统计分析》（高惠璇编著，北京大学出版社）或者其他资料。

X18. 4 到 X31. 2，评分均值基本稳定在 3. 5；从 X3. 2 到 X13. 1，评分大都高于 3. 5，从 X31. 2 到 X38. 1，评分均低于 3. 5。说明从总体看，题目 X3. 2 到 X13. 1 的重要性更大，题目 X31. 2 到 X38. 1 的重要性较低。（2）由标准差线总体趋势可以看出：总体评分波动性较小（标准差在 0. 6 左右），但个别题目偏离均值较多，波动性较大，说明评价不统一。

（二）统计比对分析

统计比对分析，旨在分别统计每一题上学生、辅导员、管理者的评分均值和标准差，借以反映每类群体的评价与总体评价之间的关系，以及各自的特点。统计比对结果如图 2 和图 3 所示。

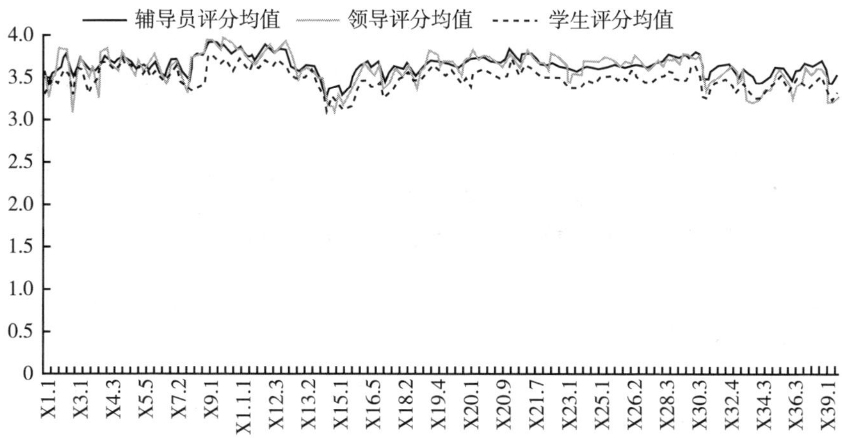

图 2　学生、辅导员、管理者对每题的评分均值比较

由图 2 和图 3 可知：（1）观察图 2 评分均值线趋势发现：学生、辅导员、管理者各自评分均值分布情况基本一致，但辅导员和管理者的评分均值分布更为接近，学生的评分均值总体上低于前两者。特别是题目 X7. 5 到 X13. 1，这种情况更加明显。说明，学生对各个因素的重要性认识相对于辅导员和管理者而言偏低。学生、辅导员、管理者认为题目 X7. 5 到 X13. 1、X20. 2 到 X31. 1 是构成辅导员胜任力的重要因素，其重要性超过了其他题目，而题目 X14.2 到 X16.2、X31.2 到 X38.1 的重要性认可度较低。（2）观察图3评分标准差分配曲线发现：学生、辅导员、管理者各自评分标准差分布基本一致，但辅导员和管理者的评分标准差更为接近，学生的评分标准差总体上高于前两者。特别是题目 X7.5 到 X13.1、X18.5 到 X24.2、X9.1 到 X32.4，这种情况更加明显。说明，学生对这些因素重要性的评价存在不稳定性，但辅导员和管理者对这些因素重要性的认识相对稳定一致。

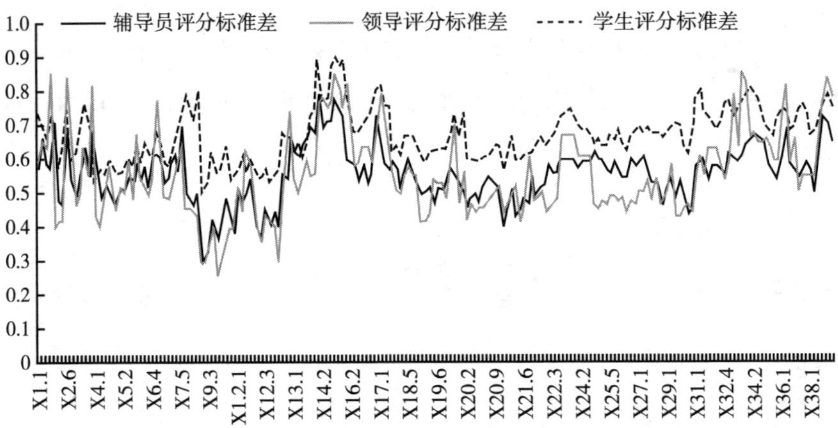

图3　学生、辅导员、管理者对每题的评分标准差比较

（三）因子分析

1. 因子分析适用性检验

本研究的因子分析，旨在总体分析、统计对比分析基础上，从 203 道题目中提炼较少因子，借以呈现辅导员胜任力因素的核心特征。本研究运用 R 语言统计包，对因子进行 KMO 检验，检验结果为 0.942，说明各个题目间是存在相关性的，适合因子分析，检验结果如下表。

表1　KMO、Bartlett 检验结果

Kaiser – Meyer – Olkin 检验		.942
Bartlett 的球形度验	近似卡方	128949.536
	Sig.	.000

2. 因子提取

本研究采用主成分因子分析方法，得到12个影响因子，其累计方差贡献率60%。这些因子反映了学生、辅导员、管理者对辅导员胜任力主要因素的评价。因子分析的累计方差结果如表2所示。

表2　累计方差贡献率

	因子	总特征值	方差贡献率	累计方差贡献率
factor1	国家意识传导及家庭关系维系能力	25.050759	12.780999	12.78100
factor2	基础理论及思想政治教育学科知识	17.171200	8.760816	21.54182
factor3	政治道德素养	13.233276	6.751672	28.29349
factor4	爱岗敬业以生为本	12.452516	6.353325	34.64681
factor5	兴趣及动机	12.296340	6.273643	40.92045
factor6	组织价值认同	9.704342	4.951195	45.87165
factor7	组织规划认知	7.647603	3.901838	49.77349
factor8	教育管理能力	7.597682	3.876369	53.64986
factor9	自我实现	4.156350	2.120587	55.77044
factor10	学生工作事务知识	3.036332	1.549149	57.31959
factor11	团队建设能力	2.647223	1.350624	58.67022
factor12	社会趋势辨识能力	2.431147	1.240381	59.91060

对上述12个因子对问卷中不同题目进行概括，研究发现，个别因子所涵盖的题目具有相似意义，经过进一步概括提炼，在12个因子基础上进一步归纳出8个一级因子，每个一级因子在研究中的大致含义，解释如表3所示。

表3　因子归类解释汇总表

一级因子	二级因子		含义
社会觉察力	国家意识传导及家庭关系维系能力	factor1	在学生、辅导员、管理者看来，社会觉察能力（国家意识传导能力、社会趋势辨析能力、家庭关系维系能力）对辅导员胜任力的重要程度。
	社会趋势辨识能力	factor12	

续表

一级因子	二级因子		含义
岗位知识	基础理论及思想政治教育学科知识	factor2	在学生、辅导员、管理者看来，岗位知识素养（哲学、教育学、管理学基础理论知识、思政专业学科知识、学生事务管理服务实务知识）对辅导员胜任力的重要程度。
	学生工作事务知识	factor10	
政治道德素养	政治道德素养	factor3	在学生、辅导员、管理者看来，政治道德素养（政治意识、道德意识、作风意识）对辅导员胜任力的重要程度
职业精神	爱岗敬业以生为本	factor4	在学生、辅导员、管理者看来，职业精神素养（爱岗敬业、以生为本、职业认同）对辅导员胜任力的重要程度
性格特征	性格特征	factor5	在学生、辅导员、管理者看来，性格特征（态度特征、理智特征、情绪特征、意志特征）对辅导员胜任力的重要程度
组织适应能力	组织价值认同	factor6	在学生、辅导员、管理者看来，组织适应能力（战略认知能力、使命认知能力、组织融入能力）对辅导员胜任力的重要程度。
	组织战略认知	factor7	
岗位技能	教育管理能力	factor8	在学生、辅导员、管理者看来，岗位技能素养（教育引导能力、管理服务能力、团队建设能力）对辅导员胜任力的重要程度
	团队建设能力	factor11	
价值观特征	自我实现	factor9	在学生、辅导员、管理者看来，价值观（精神满足所带来的个人自我实现）对辅导员胜任力的重要程度

3. 因子得分比较

本文运用 R 软件计算每个样本的汤普森因子得分，分别计算出三类群体的因子得分均值，旨在对因子的重要程度进行研究。因子得分均值如表 4 所示。

表 4　学生、辅导员、管理者因子得分均值

序号	因子	学生因子得分均值	辅导员因子得分均值	管理者因子得分均值
factor 1	社会觉察能力	-0.02413	0.139171	-0.19833
factor 2	基础理论及思想政治教育学科知识	-0.03419	0.145095	-0.06414
factor 3	政治道德素养	-0.14887	0.447387	0.488404

续表

序号	因子	学生因子得分均值	辅导员因子得分均值	管理者因子得分均值
factor 4	爱岗敬业以生为本	-0.01295	0.045079	0.016897
factor 5	兴趣及动机	-0.00486	0.014746	0.015356
factor 6	组织价值认知	-0.00834	-0.0221	0.223754
factor 7	组织战略认知	-0.00855	0.003598	0.120094
factor 8	教育管理能力	-0.06154	0.137221	0.400594
factor 9	自我实现	-0.00425	0.046874	-0.12794
factor 10	学生工作实务知识	-0.02232	0.072966	0.048722
factor 11	团队建设能力	-0.07327	0.259046	0.078591
factor 12	社会趋势辨识能力	0.032465	-0.11994	-0.01337

根据表4的计算结果可以看出：学生、辅导员、管理者在同一因子得分均值上存在差异，说明对同一因子的重要性认识存在差异。这种差异通过图4可以更直观地体现。

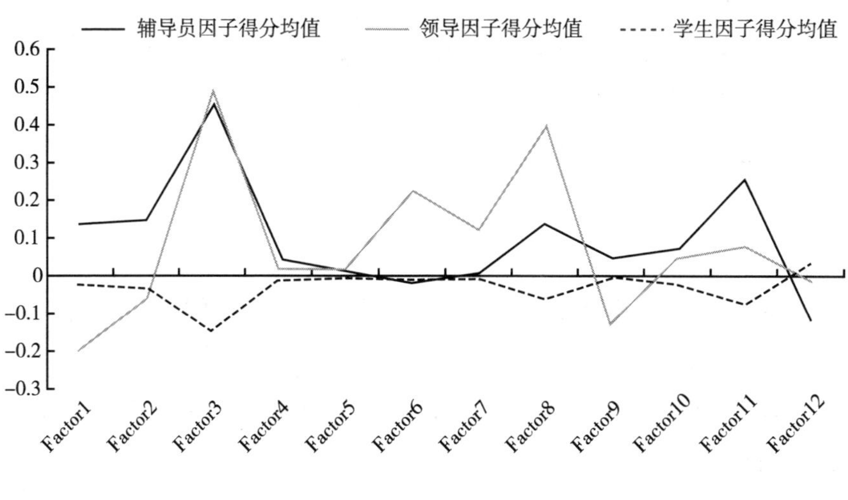

图4　学生、辅导员、管理者因子得分标均值

注：图5中，横坐标表示12个因子，纵坐标表示12个因子对应的得分均值，曲线反映了三个群体在每个因子上的得分均值。通过绝对值比较可直观反映出三类人群对不同因子重要性的认识。

由表4、图4可知：（1）观察3条因子得分均值线的总体趋势可以看出：学生的12个因子得分均值较低，辅导员和管理者的12个因子得分均值较高。说明管理者和辅导员对12个因子重要性的认识超过学生；（2）综合观察3条因子得分均值线发现：factor 3、factor 8 和 factor 11，即政治道德素养、岗位技能，是学生、辅导员、管理者评价辅导员胜任力的共同指标，外部性评价的认可度最高；factor 1、factor 2、factor 6、factor 7、factor 10，即社会觉察能力、岗位知识、组织适应能力，外部性评价的认可度次之；factor 4、factor 5、factor 9、factor 12，即职业精神、性格特征、价值观特征，外部评价性的认可度相对较弱；（3）观察不同群体因子得分均值线发现：对学生来说，factor 3、factor 8、factor 11 的绝对值较高，说明政治道德素养、岗位技能是学生认为的辅导员胜任力的重要因素；对辅导员来说，factor 1、factor 2、factor 3、factor 8、factor 11 绝对值较高，说明社会觉察能力、岗位知识、政治道德素养、岗位技能是辅导员认为的辅导员岗位胜任力最重要的因素；对管理者来说，factor 1、factor 3、factor 6、factor 7、factor 8、factor 10、factor 11 绝对值较高，说明社会觉察力、政治道德素养、组织适应能力、岗位技能、岗位知识是管理者认为的辅导员胜任力最重要的因素。

四 结论和启示

本研究通过对比学生、教师、辅导员对辅导员胜任力的评价差异性，得到以下结论。

1. 辅导员胜任力因素的重要性存在差异性分层现象，胜任力因素呈现立体化发展趋势

本文实证了这种由主观评价带来的重要性差异分层的存在，由被调查的三类人群数据显示，政治道德素养、岗位技能最重要，属于重要性的第一层次；社会觉察能力、岗位知识、组织适应能力属于重要性的第二层次；职业精神、性格特征、自我实现属于重要性的第三层次。社会觉察能力、组织适应能力要素的出现，说明辅导员胜任力的构成因素呈现更加立体化特征，已从单一的“人—职”匹配，拓展到“人—职—组织—环境”的匹配，这与社会对高校辅导员要求日益多元的现状相符。

2. 辅导员职能存在管理者功能被强化，教育者角色被弱化的趋势

辅导员具有高校教师和管理者双重身份。但研究发现，体现辅导员管理者功能的“政治道德素养”“社会觉察能力”“组织适应能力”是三个群体认可度较高的要素，而体现其教师特征的“职业精神素养”（包含“爱岗敬业”“以生为本”“职业价值感”等特征）的认可度相对较低。情感要素和人格要素，是教师应具备的两大基本特征。情感要素，即对教育事业和学生的热爱，是推动职业发展的内生动力；人格要素，即教师作为知识分子，体现的社会责任感、使命感、自我价值认同，表现为作为人师，身正为范，以德化人的影响力，是吸引力的重要前提①。但在研究中我们发现，作为教师应具备的上述两大要素，恰恰是三类人群相对忽视的辅导员胜任力要素。

3. 辅导员的服务主体存在理论和现实偏离的倾向

明确工作服务的主体是界定辅导员职业特征的根本。“辅导员应当努力成为学生的人生导师和健康成长的知心朋友”，其工作职责是为学生成长发展提供相应服务②。从国家对辅导员职业定位而言，学生应该是辅导员工作的主体。但从本研究结果看，辅导员工作的服务主体在一定程度上存在理论和现实的偏离，而这种偏离通过胜任力差异性认知表现明显。研究表明，学生对辅导员胜任力的认知相对单一，认可的胜任力要素仅有 2 项，管理者认知度相对全面，认可要素为 5 项，辅导员介于二者之间为 4 项。这在一定程度上反映出学生对辅导员育人功能认可度相对较低，辅导员在促进学生成长发展过程中的作用存在管理者预期与学生实际感受之间的差异。这与实际工作中，辅导员工作职责不清，行政事务性工作繁重，管理者意识介入较多，辅导员工作授权相对不足等客观现实相关。

① 史耕山、周燕：《老一代优秀英语教师素质调查》，《外语与外语教学》2009 年第 2 期，第 26～29 页。

② 中华人民共和国教育部：《普通高等学校辅导员队伍建设规定》，2006 年 7 月。

基于上述结论，本研究对加强辅导员队伍建设有如下启示。

1. 重视辅导员人力资源储备

高校学生事务管理专业化水平，是衡量一所大学教育管理质量的重要指标，也是建设一流大学、一流学科的重要支撑。辅导员作为高校学生事务管理的主要师资力量，在促进学生全面成长方面，具有育人时间长、育人空间广、育人维度多元的特点，并在适应国家培养目标要求、社会用人标准、家庭培养期望要求方面肩负着重要的责任。辅导员胜任力要素立体化趋势，印证了辅导员职业价值多元化的特征，本研究得出的每一项胜任力要素也从不同侧面反映了辅导员职业价值。辅导员应该作为高校重要人力资源储备，通过进一步完善“高进、精育、优晋”的管理体系，不断促进其专业化、职业化发展，高校对辅导员人才战略规划应该从“量”的储备向“质”的储备上转变。

2. 注重辅导员作为教育者主体性的发挥

情感要素、人格要素是决定辅导员职业发展的动力，在教育引导学生中发挥着举足轻重的作用。上述要素既与辅导员个人特质有关，也与外部管理环境有关。在辅导员选聘环节，需要通过建立更加切实有效的选聘标准和程序，提升对上述因素的考察辨识度，把好选聘入口关；在培育环节，要注重辅导员知识提升、能力提升、职业精神塑造的协调关系；在管理环节，给予辅导员更多工作自主权，建立与辅导员作为教师和管理者双重身份相适应的管理机制，提升其作为教育者身份认同感和职业价值感；在评价开发环节，建立心理关注、职业发展规划长效机制，为辅导员发展提供持续良性的外部支持。

3. 确保辅导员工作回归“以生为本”的本位

“以生为本”是一流大学凸显的办学理念①，高等教育发展史告诉我们，大学从诞生之日起，其发展始终与社会变革息息相关，国家责任一直都是影

① 邬大光：《世界一流大学解读——以美国密西根大学为例》，《高等教育研究》2010 年 12 月，第 82 ~93 页。

响近现代大学发展的重要力量[①]，这也是中国高等教育不可回避的现实问题。在中国高等教育中，辅导员是一个特殊的群体，既要服务于学生成长发展，同时也肩负着传导国家意识，维护高校安全稳定的重要职能。因此，辅导员的职业价值既体现于学生本位，也体现于国家本位，二者辩证地统一于培养社会主义合格建设者的人才培养目标上。但国家本位并不等同于管理者本位或行政本位，前者将辅导员的职业价值定位于传导国家民族的认可的社会价值标准，而后者则将辅导员职业价值定位于传导管理者或行政体制认可的价值标准，这将在一定程度上导致辅导员作为教育者的职业定位相对忽视的问题。因此，在辅导员队伍管理体制上，要通过进一步明确辅导员工作职责，减少行政工作压力，相对减少管理者意识干预，进一步尊重辅导员在育人过程中主体性的发挥，确保辅导员工作管理育人、服务育人作用的发挥。

五　进一步研究方向

（1）研究得出的辅导员胜任力的构成因素是通过学生、辅导员、管理者外部评价，需要进一步设计问卷从辅导员内部进行分析，通过外部研究和内部研究两方面进一步验证本研究结论的真实性。

（2）研究发现学生、辅导员、管理者对辅导员胜任力因素重要性的评价上存在主观差异性，需要对产生差异性评价的原因进行进一步解释。

（3）研究得出的辅导员胜任力因素之间还缺乏内在逻辑关系，需要进一步探索 12 个因素之间的内在关系，建立立体化的辅导员胜任力模型。

（4）在有条件的情况下，还可以进一步设立对照组和实验组，或者再次设计问卷，进一步分析哪些内在因素影响辅导员的胜任力构成。

---

① 约翰·S. 布鲁贝克：《高等教育哲学》，王承续等译，浙江教育出版社，2001，第 1 ~ 13 页。

B.7

“双一流”建设背景下四川高校海外人才引进机制探究

晏凌　陈涛　牟相*

摘　要：在“人才驱动引领创新驱动”的国家战略与建设“双一流”高校的时代浪潮下，海外人才引进工作越来越成为高校人才工作所关注的重点。本文着眼于四川高校，在充分回顾四川省高校海外人才引进工作的基础上，从“选才标准”“工作性质”“引进程序”“待遇条件”等四个方面对引进机制做了具体探究，发现“联动性不强”“战略性不明”“系统性不够”仍是该省高校海外人才引进工作的短板，并就此提出了重视学科建设、完善人才体系，因地制宜制定战略机制，协同创新打通联动机制等政策建议。

关键词：海外人才　引进机制　双一流　高校　四川

国家之间的竞争体现为综合国力的竞争，核心是人才的竞争，也是人才战略的竞争。在21世纪的知识经济和全球化浪潮下，高层次人才日益成为国际性的稀缺性资源，各国在此方面的竞争也不断加大。随着改革开放的持

* 晏凌（1980～），四川营山人，西南财经大学助理研究员，劳动经济学博士研究生，主要从事高等教育思想政治和人力资源管理研究；陈涛（1984～），甘肃兰州人，西南财经大学发展研究院助理研究员，教育学博士，管理科学与工程博士后研究人员，主要从事高等教育与人才发展研究；牟相（1994～），四川犍为人，西南财经大学经济学院本科生，主要从事人力资源管理研究。

续深化和综合国力的不断增强，我国对国际化的高层次人才的需求越来越大，高校作为培养和留住人才的重要阵地，在高层次人才争夺中发挥着重要作用。与此同时，国内建设“双一流”高校的浪潮也对高校的人才工作，尤其是海外人才引进工作提出了更高的要求。

一　四川高校海外人才引进工作新进展

党的十八大以来，以习近平总书记为核心的党中央将“人才驱动引领创新驱动”作为国家的重大战略，将人才发展及其工作提到前所未有的高度。在国家发展战略的指引下，地方政府也积极出台了一系列招才引智的具体措施和实施办法。高等院校作为高精尖缺人才的重要聚集地，也就成为人才新政“落地”的首要场所。就四川省而言，2016 年省委、省政府颁布了《关于深化人才发展体制机制改革、促进全面创新改革驱动转型发展的实施意见》，明确提出了三大人才引进政策：一是完善高层次人才引进特殊支持政策，全面推进与海内外名校名院名企的战略合作，定期开展组团赴国（境）外专项招才、高校人才活动周和“海科会”等招才引智活动，深入实施海内外高层次人才引进“千人计划”“天府高端引智计划”“留学人员回国服务四川计划”等重大引才工程；二是实施更加开放的外籍人才引进政策，充分发挥 R 字（人才）签证政策作用，完善外国人就业向永久居留转化的途径，对入选国家和省“千人计划”的外籍高层次人才，可直接申请办理 5 年有效的外国专家证，相应签发 5 年有效的工作类居留许可；三是改进企事业单位人才引进政策，创新事业单位编制管理方式，实行高等学校、科研院所等事业单位人才专项编制使用制度，对符合条件的公益二类事业单位逐步实行备案制管理。在四川省委、省政府的政策引导下，川内高校人才引进工作，特别是海外人才引进发生了巨大变化，各高校开始积极尝试海外人才引进新举措。

2016 年 9 月，中国西部海外高新科技人才洽谈会（简称“海科会”）如约相聚成都，作为四川招才引智的重要渠道之一。

从图 1 可看出 85% 的海外人才具有博士研究生学历，59% 的海外人才选择进入川内高校和科研院所工作，这是相当大比例的数字。[①] 可以说，从海科会招才引智的一个侧面反映出四川省高校海外人才引进工作已经取得了

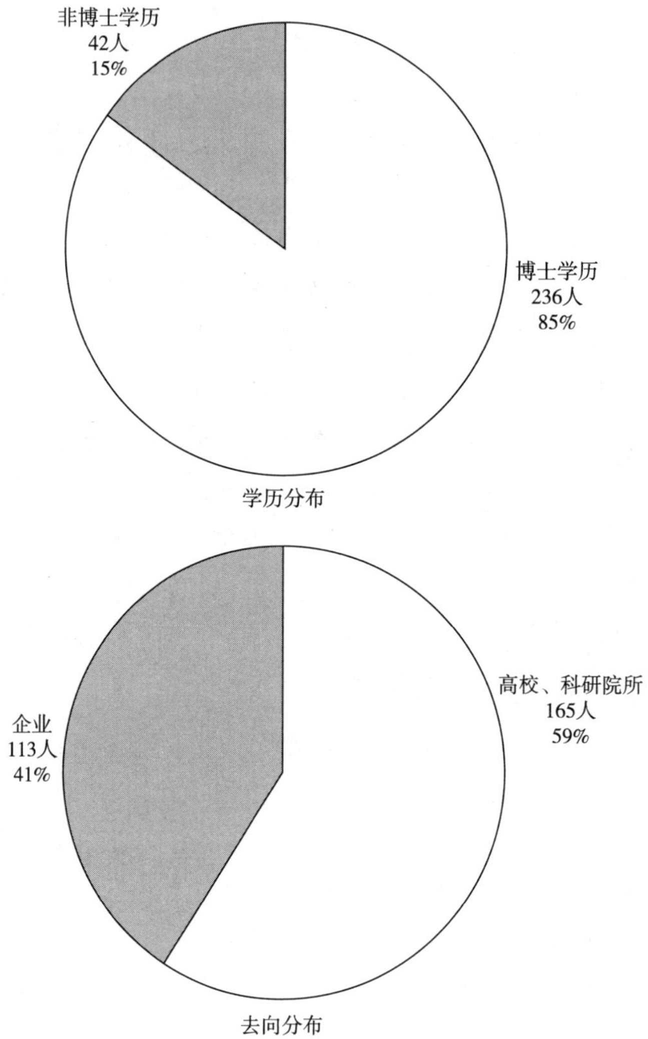

图1　海科会海外人才学历和去向分布

① 四川省人民政府：《2016 海科会海外人才引进暨项目合作签约仪式在蓉举行》，http：//www. sc. gov. cn/10462/10464/10797/2016/9/15/10395860. shtml，2016 年 10 月 25 日。

阶段性进展，随着国家和地方政策的因势利导，高校人才引进工作逐渐步入了新常态。目前，四川省两院院士 58 名，国家"万人计划"专家 81 名，国家"千人计划"专家 227 名，示范带动全省留学回国人员每年以 30% 增长速度递增。[①] 以上高层次人才中的绝大部分都在川内高校和科研院所从事教学和科研工作，他们几乎都有海外留学、工作和生活背景，无疑是一批具有国际视野的高层次人才队伍。此外，据 2014 年四川高校专任教师职称统计，拥有正高级教师 2240 人（占 6%），副高级教师 8862 人（占 23%），中级教师 16360 人（占 43%），如图 2 所示。

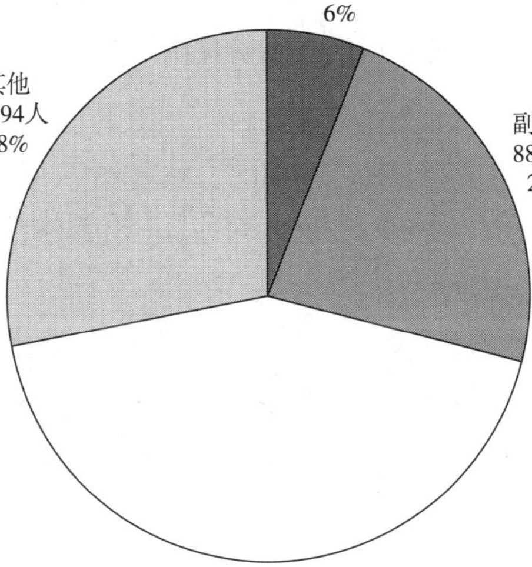

图 2　2014 年四川省普通高等学校专任教师职称分布

注：四川统计局：《四川统计年鉴 2015》［EB/OL］，http：//www. sc. stats. gov. cn/tjcbw/tjnj/2015/index. htm，2016 年 10 月 27 日。

资料来源：《四川统计年鉴 2015 年》。

① 四川省人民政府：《为创新发展插上腾飞翅膀——党的十八大以来全省人才工作综述》，http：//www. sc. gov. cn/10462/10464/10797/2016/10/8/10398023. shtml，2016 年 10 月 25 日。

就整个西部地区而言，四川高等教育综合资源位居第二，具有较为广阔、优越的科教发展平台。随着国家“双一流”建设工作的逐步推进，四川高校“双一流”建设初步方案也在加紧制定中，除了原有列为“985 工程”“211 工程”的高等院校，如：四川大学、电子科技大学、西南交通大学、西南财经大学和四川农业大学以外，一批非“211”高校，也在积极把握机遇，提升其一流学科的建设水平，如：西南石油大学的石油与天然气工程专业（工学），成都中医药大学的中药学、中西医结合和中医学专业（医学），成都理工大学的地质资源与地质工程专业（工学）、地质学专业（理学），成都信息工程大学的大气科学专业（理学）等。显然，四川省高校“双一流”建设要取得大发展，绝离不开海外高层次人才的智力和知识投入，加强和改进高校海外高层次人才引进机制，将是今后四川省招才引智工作的重要内容。

二　四川高校海外人才引进机制新探索

2016 年 6 月，教育部、国务院学位委员会和国家语委联合发文，宣布失效一批规范性文件，其中包括《关于继续实施“985 工程”建设项目的意见》、《“985 工程”建设管理办法》和《“211 工程”建设实施管理办法》3 个文件。这就意味着“985 工程”“211 工程”高校将不复存在，但省内 5 所“211 工程”高校在两大工程的推动下已发展 20 年，在全省高校的发展梯度上依然保持相当优势，其人才引进机制与省内其他梯度的高校势必有所区别。随着“双一流”建设大幕的拉开，高校教育资源配置模式也将会重新“洗牌”，非“211 工程”高校也将迎来新机遇和大发展。因此，本研究将选取省内 3 所原“211 工程”高校和 4 所非“211 工程”高校为案例，从其海外人才引进机制探索中寻找共性、差异和问题。

选取的 3 所原“211 工程”高校分别是四川大学、电子科技大学和西南交通大学，近年来 3 所高校在海外人才引进方面出台了诸多措施和办法，在长期实施国家“千人计划”“长江学者奖励计划”“（青年）海外高层次人才引进计划”“（青年）百人计划”等国家级和省级人才计划的基础上，3所高校分别又出台了校级层面的招才引智新策略。如：四川大学在2011年颁布了《外籍教师聘任管理办法（试行)》，提出建设中国一流、国际知名的研究型综合大学战略目标，加快具有国际视野、国际交流能力和国际竞争力的高水平师资队伍的建设步伐，逐步加大外籍专业专职教师在教师队伍中的比例；[①] 2012年颁布了《“海外名校博士选聘计划”实施办法（试行)》，提出为跻身国际一流水平，从长远发展战略布局的角度出发，引进并储备优秀青年人才。[②] 电子科技大学也启动了校级层面的“百人计划”和《名誉教授、客座讲授和协议教授暂行办法》等人才引进新举措，[③] 从而形成了各类人才计划上下衔接、多层次、全覆盖的“金字塔”式的人才计划体系。西南交通大学提出加快高层次人才的引进和培养，于2013年颁布了《关于实施“人才强校主战略”的若干意见》，[④] 明确了“人才强校主战略”在学校改革发展中的突出地位。还修订了《“首席教授”计划》《“特聘教授”计划》《师资补充工作实施办法》《人才引进工作实施办法》[⑤] 等关于人才引进与培养的系列文件，制定了《“人才强校主战略”实施工作考核和奖惩暂行办法》，同时在科研启动经费、薪酬待遇、住房与生活保障等方面为入校的引进人才提供配套政策。

选取的4所非“211工程”高校分别是成都中医药大学、西南科技大学、成都大学和四川理工学院，从以上4所高校人才引进政策和计划可

① 四川大学信息公开网：《四川大学外籍教师聘任管理办法（试行)》，http：//www. scu. edu. cn/xxgk2013/rs/rsgz/zyjs/webinfo/2013/10/1379982783459434. htm，2016年10月30日。

② 四川大学信息公开网：《四川大学“海外名校博士选聘计划”实施办法（试行)》，http：//www. scu. edu. cn/xxgk2013/rs/rsgz/zyjs/webinfo/2013/10/1379982783463362. htm，2016年10月30日。

③ 电子科技大学人力资源部：《教师外引人才计划介绍》，http：//www. hr. uestc. edu. cn/zd/20/337，2016年11月。

④ 西南交通大学人才信息网：《西南交通大学关于实施“人才强校主战略”的若干意见》，http：//talent. swjtu. edu. cn/home/info？id =122，2016年11月2日。

⑤ 西南交通大学人才信息网：《西南交通大学人才引进工作实施办法》，http：//talent. swjtu. edu. cn/home/info？id =59，2016年11月2日。

“窥一斑而知全貌”，基本把握全省非“211 工程”高校海外引才的基本现状。如：成都中医药大学提出诚聘海内外高层次人才，特别对海外人才引进做了明确要求;[①] 西南科技大学对部分引才开始要求海外留学背景;[②] 成都大学为切实加快建设具有国际视野、国际交流能力和国际竞争力的师资队伍，学校常年招聘高端外国专家;[③] 四川理工学院在“人才计划”中亦将海外人才列为重要的招聘内容。[④] 总体来说，非“211 工程”高校海外人才引进工作随着“双一流”建设的人才需求已经开始了一些有益的尝试，但是与原“211 工程”高校的海外人才引进工作仍有一定差距。

（一）选才标准

1. 四川大学：专项式的高水平海外引才

四川大学外籍教师聘任主要面向两类人群，第一类是诺贝尔奖获得者、发达国家科学院/工程院院士，以及国外知名大学、科研机构著名教授等高端外籍教师；第二类是在国外著名大学、科研机构取得博士学位，有高校教学和研究经历（博士后），能够独立使用英语教授至少 2 门专业课程，有较强的科学研究基础的普通外籍教师。“海外名校博士选聘计划”以国际排名前 100 位的高校或前 30 位的学科为基准，选聘国际著名大学、研究机构的人文社会科学、自然科学、生物医药、工程技术学科类的博士毕业生，并要求其专业能力出类拔萃，有成为该领域学术和技术带头人的发展潜力。选聘人员要求全职工作，年龄不超过 38 岁。

2. 电子科大：混合式的高层次招才引智

电子科技大学推行校级“百人计划”，引进能把握本学科的发展方向，

---

① 成都中医药大学人事处：《诚聘海内外高层次人才》，http：//210. 41. 222. 229/rsc/article. asp？ id =933，2016 年 11 月 5 日。

② 西南科技大学人事处：《2016 年度人才引进计划》，http：//www. rsc. swust. edu. cn/s/95/t/946/p/1/c/1740/list. htm，2016 年 11 月 5 日。

③ 成都大学人事处：《高端外国专家招聘启事》，http：//rsc. cdu. edu. cn/index. php？ m =news&a = show&news_ id =842，2016 年 11 月 6 日。

④ 四川理工学院人事处：《2016 年引进政策》，http：//61. 139. 105. 132/rsc/index. php？ s =/view/index/id/227. html，2016 年 11 月 6 日。

具有前瞻性、创新性学术构想及在学科领域内具有较高的学术影响力，学术成果得到广泛认可的具有博士学位的中青年学者，通过重点对100名左右高层次人才的支持，推进优势学科和特色学科群建设。该计划讲求引进与培养相结合，以入选“长江学者”奖励计划、获得“国家杰出青年科学基金”为目标，为高层次中青年人才引进和使用搭建良好的事业平台。另外，学校还设立了具有荣誉性称号的“名誉教授”和“客座教授”以及能承担教学科研工作的“协议教授”岗位。以上计划、称号和岗位均实行混合式引才，即国内国外同层次引进模式，譬如：“名誉教授”称号可授予学术造诣深的境外著名专家学者，也可授予国内两院院士等。

3. 西南交大：分类式的战略性吸引人才

西南交通大学将“人才强校”置于全校发展的主战略高度，提出实现4大目标，其中聚焦海外引才的有青年教师“双百计划”、海外专家“双二十计划”。“双百计划”是从海外知名高校、科研机构等全职引进100名左右优秀博士或博士后；选派100名左右优秀青年学术骨干赴海外知名高校或科研机构做访问学者、从事博士后研究等；“双二十计划”是从海外知名高校、科研机构聘用20名左右具有较高学术水平和影响力的专家学者作为海外院长，负责海外引才工作；引进“高端外国专家”20人左右，提升学术团队建设与国际化水平。《人才引进工作实施办法》对引才标准进行细化分类：第一类是高层次人才、学科领军人才，主要属于国家级和省级人才引进计划；第二类是学科带头人和优秀青年学术骨干，分为教授和副教授两个层次，引才标准均以海外知名大学或科研机构担任助理教授及以上职务、博士后、研究人员和优秀博士为优先考虑对象，突出海外分类引才。

4. 其他高校：多样化学科型人才引进

成都中医药大学对高层次人才引进有4类，分为两院院士、国医大师，杰出人才，领军人才和优秀人才。海外人才引进主要分布在后3类中，如杰出人才中以第一作者在 *Nature* 和 *Science* 等著名刊物发表本学科学术论文者及相当水平的海内外学科领军人才；杰出人才中有海外知名大学或研究机构的副高职称和学科带头人；优秀人才中在海外著名高校、科研院所担任相当于助理教授、副教授职务的专家学者，海外著名高校毕业，并且连续2年以上海外科研工作经历或国内博士毕业、并有3年及以上海外科研工作经历的优秀学者。西南科技大学的人才引进亦分为5个类别：杰出人才、领军人才、拔尖人才、学术骨干和优秀博士，其中海外引才主要集中在学术骨干和优秀博士两类。学术骨干A类要求是国（境）外高水平高校或科研院所正高级职称优秀人员，优秀博士A类要求是国（境）外高水平高校或科研院所博士学位人员；国（境）内外高水平高校或科研院所博士后工作经历人员；2年以上海外留学背景经历人员。成都大学则直接面向高端外国专家，要求在国外著名大学、科研机构取得博士学位或在国外高校被聘为助理教授、副教授或教授及相当职位的高端外国专业人士，且能够使用英语讲授专业课程，有较强的科学研究成果基础。四川理工学院在人才招聘中将在海外知名高校取得博士学位的人员列为博士A类，相当于国内副高级及以上人员。总体而言，4所高校海外引才类型多样，但其标准主要是基于学校重点学科要求。

（二）工作性质

1.四川大学：强调研究、兼顾教学

四川大学将选聘的海外名校博士纳入研究员序列，分为特聘研究员和特聘副研究员，根据学科需要和学术水平，确定其工作岗位。总体来说，选聘博士主要是以科研工作为主，申请和主持省部级及以上科研项目，参与国际国内学术交流，发表高水平论文，并兼顾课程教学，教授本学科的核心课程，如：本科生基础课、专业基础课等。外籍教师大致分为全职/非全职、教学型/研究型两大类型，全职外教每年在校工作时间9个月及以上，非全职外教不少于1个月来校工作，并讲授一门本科生课程或开设系列讲座；全职教学型外教每学期开设的本科课程不少于80学时，每年度总教学学时不低于256学时；其他岗位的外教每学期应独立讲授本科课程不少于16学时。除了人才培养以外，外籍教师还要开展合作科研，带领相关学科赶超国际学术前沿，还要指导所属学科的建设和发展。

2. 电子科大：高层次科研、基础性教学

电子科技大学校级层面“百人计划”入选者是以教师序列引入，既要求从事高层次科研工作，如主持国家级科研项目；又要求从事基础性教学工作，如开设本学科的核心课程。由此可以看出，电子科大将“百人计划”入选者作为全校教学和科研的骨干力量，因为高层次科研和基础性教学都是学校最为重要的工作内容。除了教学和科研工作外，入选人员还要肩负起发挥海外人才的优势和特长，加强本学科、学术的建设工作，瞄准学科前沿，提高本学科和学术水平的重任。

3. 西南交大：全方位引才、多领域用才

西南交大的海外人才主要承担以下 5 类工作：一是聘用“海外院长”，目前已有 20 多位学者受聘为学校海外院长，通过在北美、欧洲等地建立“海外高层次人才咨询组”，充分发挥学校海外院长和海外知名校友等在海外人才信息收集、学术水平鉴定和向学校推荐等方面的作用；二是成立美国研究中心、越南研究中心，面向海内外招聘首席科学家，主要从事科学研究工作；三是采用兼职教授、短期工作、合作科研等灵活形式，广泛吸纳海内外高层次人才来校工作或为学校提供智力支持；四是邀请国内外专家来校举办教育教学、教师发展系列讲座；五是大力吸纳国内外著名高校博士毕业生来学校工作或做博士后，储备和充实师资队伍力量。海外人才主要从事教学、科研、学科建设以及“以才引才”工作。

4. 其他高校：教学科研、学科建设

成都中医药大学和四川理工学院对引进人才的工作性质并没有明确说明，但基本也是以教学、科研和学科建设为主；西南科技大学对人才引进有明确的专业要求，各个学院列出了人才需求表，显然其工作是围绕本学科专业开展的教学和研究工作；成都大学对高端外国专家的工作提出了具体要求，将外籍专家分为全职（每年在我校工作时间为 9 个月及以上）和非全职（每年在我校工作时间为 1 ~ 3 个月），主要是开展合作科研，指导学校教师在国外学术期刊上发表科研论文；指导或协助学科建设；讲授相关学科专业课程，或举行系列学科前沿讲座等。

（三）引进程序

1. 四川大学：院级评价、专家评审、小组审批

四川大学外籍教师聘任过程主要分为学院推荐、校引进人才领导小组审核、校学术委员会审议和校领导审批四个步骤。四川大学“海外名校博士选聘计划”的程序主要分为三步，第一步由学院教授委员会评价，并提出推荐意见；或由3位校内外教授二级及以上岗位或与之相当的专家推荐；第二步由学校委员会相关专家对候选人的材料进行通讯评审；第三步是由学校引进人才领导小组讨论决定。

2. 电子科大：申请推荐、专家评议、小组审定

电子科技大学“百人计划”的遴选程序主要分为以下四个步骤：一是个人申请；二是单位推荐；三是学校组织专家评议；四是最终由学校人事人才工作领导小组审定。另外，“名誉教授”“客座教授”人选则由聘请单位申请，人事处审核，最终由校长办公会审定，以学校名义颁发聘书；而“协议教授”人选则由聘请单位申请，人事处审核，分管人事的校领导审批，最终签订工作协议实施聘任。

3. 西南交大：分类引进、专家评审、领导审批

西南交通大学就不同层次人才引进提出了相应程序。对“万人计划”杰出人才、院士等同层次领军人才的全职引进可面议；对“千人计划”入选者、长江学者、国家杰青基金获得者、“973”“863”科学家和专家等人才，可按照相应人才计划实施办法执行；对学术带头人、“万人计划”青年拔尖人才、“青年千人”或优秀青年学术骨干等层次人才可根据如下程序实施：①人事处及各学院（中心）通过多渠道在国内外发布招聘岗位和条件；②应聘者填写申请表，并提交相关证明材料；③学院（中心）对拟引进人才进行全面考核；④人事处组织专家对申请人材料进行评审；⑤上报主管校领导、校长审批；⑥签订劳动合同和相关协议。

4. 其他学校：资料审查、同行评议

成都中医药大学对拟引进人员进行同行专家评审，主要由校内外专家组成的评审委员会根据聘任程序和引才标准择优录用。成都大学要求应聘者提交相关证件，特别是对国际性论文和国际会议报告提出了明确的要求，对申请资料的审查是人才引进的重要环节。西南科技大学和四川理工学院就引才程序未对外公布。

（四）待遇条件

1. 四川大学：年薪聘任、绩效考核、分级实施

四川大学外籍教师分为年薪全职和月薪非全职两类，再根据人才等级具体划分，具体情况如下。

表1　四川大学外籍教师薪酬

单位：万元

人才等级	年薪全职	月薪非全职
诺奖获得者、海外院士	70～125/年	7～10/月
著名教授	40～100/年	3～8/月
教授	20～60/年	1.8～5.4/月
副教授	15～40/年	1.2～3/月
讲师（助理教授）	10～30/年	1～2.5/月
特聘研究员（海外博士）	15～40/年	
特聘副研究员（海外博士）	10～25/年	

其中，外教薪金分为75%的基本薪金（按月平均发放）和25%的奖励薪金（年度考核后发放）两部分组成，并享受国际旅费、保险、住房和科研启动经费等。外籍教师聘期一般为3～5年，期满考核合格者可续聘，年度考核不合格者停发奖励薪酬，并视情况低聘或解聘。海外博士在完成4年聘期后，学校不再以特聘研究员/副研究员的岗位续聘，聘期考核合格者可竞聘学校各级教师岗位。

2. 电子科大：岗位津贴、配套支持、绩效考核

电子科技大学"百人计划"入选者按教授职务聘任，可享受一系列额外津贴。

表2　电子科技大学“百人计划”入选教授津贴

单位：万元

津贴类别	工科	其他学科
重点岗位津贴	10	10
科研启动经费	30～50	10～30
安家费	15	15
购房补贴	25～35	25～35

入选人员聘期一般3年，聘期结束时，由学校统一组织考核。凡在聘期内入选“长江学者”奖励计划或获得“国家杰出青年科学基金”的，进入相应人才计划支持，待遇不重复享受；聘期内尚未入选相应人才计划，但业绩突出，的确需延长资助年限的，经学校人事人才工作领导小组审定，可适当延长1～2年。

3. 西南交大：总体规划、经费配置、内外有别

西南交通大学在“人才强校主战略”中提出3年内在人才引进、培养和建设的经费不低于5亿元。学校按学院的人才工作目标任务和进展情况，按年度为各学院配置相应的人才工作经费和奖励经费。对高层次人才，保障在校工作期间的办公用房和实验场地。除了高层次人才引进（“万人计划”杰出人才、院士、国家“千人计划”、长江学者、国家杰青基金获得者、“973”“863”科学家和专家等）以外，其他优秀学术骨干依据不同层次，给予相应待遇条件。

表3　西南交通大学学术骨干待遇

单位：万元

待遇类别	经费额度
科研经费（视学科特点而定）	5～10/15～30
安家费	5（其他人才）；10（正高级或归国人员）
住房津贴	10～30
其他	视配偶专长协助安排工作，解决子女入学入托

4. 其他学校：重金引才、待遇丰厚、分级配套

表 4　成都中医药大学人才引进待遇

单位：万元

待遇类别	杰出人才	领军人才	优秀人才
安家费	50~80	30~50	10~20
科研启动经费	500~1000	100~500	10~30
年薪(引进后五年)	50~100	30~50	30~50
购房补贴	0	100~150	10~20
免租房(一套)	$120m^2$	$120m^2$(3 年)	3 年免租住房
其他	杰出、领军人才均帮助落实配偶调动和工作，解决子女入学入托		

表 5　西南科技大学人才引进待遇

单位：万元

待遇类别	A 类学术骨干人才	A 类优秀博士人才
购房补贴	40~50	15~30
科研配套经费	自然科学:50~100 人文社科:10~20	自然科学:10~25 人文社科:4~8
其他	配偶随调	配偶享受岗位优先应聘

表 6　成都大学高端外专待遇

单位：万

待遇类别	全职	非全职
高端外专	20~50/年	2~5/月
其他	租住房和每年报销 1 次普通舱往返国际机票	

表 7　四川理工学院人才引进待遇

待遇类别	待遇额度	待遇类别	待遇额度
安家费	12 万~25 万元	人才津贴	800 元/月
科研启动经费	15(理工科);8(人文社科)	住房租金补贴	1000 元/月

三 四川高校海外人才引进问题新思考

基于以上7所案例高校的海外人才引进机制分析，不难发现两类高校（原“211工程”高校、非“211工程”高校）既存在共性问题，如引才机制的联动性不强；又存在一些差异性问题，如原“211工程”高校引才机制具备系统性，但缺乏战略性规划；非“211工程”高校引才机制仍处于建设初期，其系统性不够完整。总体来说，四川高校海外人才引进机制应着重从以下三个方面展开反思。

（一）四川省高校整体存在海外人才引进机制的联动性不强

从四川省以上7所不同类型和梯度高校的海外人才引进机制来看，普遍存在引才机制功能单一化的问题，即“引才”只为引才，与其他人才机制的联动性还不强，如人才培养和职业发展。事实上，这一问题基本是四川省高校海外引才机制的共性问题。由于思维定式和惯性，人们常常认为人才培养机制针对的是学生，而非教师或研究人员，与人才引进机制无关；或者认为即便有关，人才培养也属于人才引进的“后续机制”，与人才引进不产生联动关系。然而，对于高层次的海外人才，除了保障他们基本的生活需求（住房、科研绩效、配偶工作、子女入学等）外，个人发展和职业规划无疑是海外人才最为关心的事。这充分说明人才引进与人才培养紧密相连，如果没有健全的育才机制，引才机制的成效也将会大打折扣。因此，如何建立引才与育才联动的复合机制是当前海外引才的关键问题。

（二）原“211工程”高校海外人才引进机制的战略性不明

近20年来，四川省原“211工程”高校在海外人才引进方面取得了实质性的巨大进步，出台的相关措施、办法日臻成熟和完善。然而，当四川省5所原“211工程”高校只把海外引才作为目标时，海外人才引进机制就会被“异化”，甚至会出现院校之间的不良竞争。基于此，我们不得不思考海外引才作为院校发展的重要元素，究竟什么样的海外人才类型、人才结构、学科结构才能满足院校发展需求，推动院校的国际化发展？海外人才与本土人才之间的比例应该控制在何种区间？是否全面海外引才就是好策略？这些都是战略性引才问题。因此，针对此类高校，如何在“双一流”建设背景下，提升海外引才机制的效能和质量，就必须制定因校制宜的海外人才引进战略规划。以上3所高校案例中，唯有西南交大提出明确的“人才强校主战略”，这应是该类型高校海外引才机制亟须注意之处。

（三）非“211工程”高校海外人才引进机制的系统性不够

基于以上4所非“211工程”案例高校的海外引才机制的考察和分析，不难发现与原“211工程”高校还存在较大的差距，概言之就是海外人才引进机制的系统性和完整性还不够。譬如：选才标准与原“211工程”高校“同质化”（成都大学选才方向相对有特色），引才虽有分类，但不够细致；工作性质过于简单化，未能充分发挥海外人才资源优势；引进程序缺乏透明化和公开化，有意向的海外人才无法准确判断引才过程的公平性和公正性；待遇条件过多注重物质和生活待遇，缺乏人才发展、事业发展等方面的环境和激励待遇。总之，非“211工程”高校海外引才机制还未能充分结合本校的学科特色和资源优势系统开展，模仿原“211工程”高校海外引才机制的“痕迹”较重，因此整个引才机制体系中应着重完善海外引才机制的系统性工作建设，这也是此类高校招才引智的关键。

四　四川高校海外引才机制改进新趋向

当前，四川正积极统筹并推进“双一流”建设，如何在此背景下改进高校海外人才引进机制，将是未来高校人事工作改革的新趋向。针对以上归纳出来的3个问题，结合两类高校的发展实情，提出以下3条对应性的改进策略：一是以学科建设为目标应对引才机制系统性不够问题；二是以因校制宜为原则应对引才机制战略性不明问题；三是以协同创新为方法应对引才机制联动性不强问题。

（一）以学科建设为目标，完善海外引才系统性机制

2015 年 10 月，国务院印发《统筹推进世界一流大学和一流学科建设总体方案》，该方案首次突破以往“211 工程”“985 工程”以学校为基点的建设思路，将学科建设纳入“一流建设”之中，这将意味着有更多的高校以学科建设的“身份”参与“双一流”建设。因此，学科建设无疑将成为四川省高校“双一流”建设的抓手和突破口，而学科建设则有赖于相关学科专业的高层次人才，特别是海外高层次人才。在“双一流”建设的背景下，高校海外人才引进工作必须以学科建设为目标和方向，特别是非“211 工程”高校，必须建立一套完整的、与国际对接的引才机制，使选聘标准、岗位设置、引才程序和待遇条件适应于海外人才的求职习惯和发展需求。基于此，占全省高校总量 95% 的非“211 工程”高校都要将此项机制建设工作列为海外招才引智的关键，其中最为有效的途径是制定相关的海外引才办法和具体措施，以制度文本和规范条例体现海外引才机制的系统性。

（二）以因校制宜为原则，订制海外引才战略性机制

由于我国高校办学常常随政策而变革，院校治理机制往往“千校一面”，特别是在“211 工程”和“985 工程”框架治理下的重点高校，其趋同化程度更为严重。海外引才作为高校人事工作的重要事项，亦有明显的趋同色彩。因此，只有树立以因校制宜为原则的办学理念，从学校自身的学科结构和办学定位出发，制定具有阶段性发展特征的引才机制。如：以每 5 年为 1 个周期，分为若干周期阶段（前期基础阶段、中期攻坚阶段和后期完善阶段），制定每个周期阶段与学科建设和院校发展并行的人才需求目录，根据学校的学科优势和发展特色精准引进相应的海外高层次人才。根据我国高校治理实情，每隔 5 年将会撰写院校发展规划，这是一项非常务实有效的工作，但每次规划报告只涵盖未来 5 年的工作，规划常由于战略性不够而导

致连续性不强。为了完善此漏洞，应从现在起制定具有战略性、长远性和连续性的海外引才规划，如此才能保证人才发展的可持续性。

（三）以协同创新为方法，打通海外引才联动性机制

引才与育才并举已成为北上广深等一线城市高校海外人才引进机制的重要做法，即通过引进机制培养人才，通过培育机制吸引人才。一方面是在引才的同时，提前为拟引进海外人才的职业发展和生涯规划设计培养方案，提供人才发展的平台和途径；另一方面，引进的高端海外专家可以通过联动机制，以“合作导师”或“海外院长”等身份指导学校青年教师从事科研和教学，或通过海外人才人脉实施“以才引才”策略，充分发挥海外人才的学缘结构优势。总之，海外引才机制必须以协同创新为方法和途径，通过建立引才育才复合联动机制，打破高校人事工作“各自为政、互不联通”的现有格局，打通部门壁垒和机制障碍。事实上，引才育才励才一体化已成为人才引进机制的改进趋势，并将有利于建立健全高校人才发展内部支撑体系，提高海外人才的使用效能，激发海外人才的活力。

人才引进篇

Introduction on Foreign Talents

B.8 境外专家来四川工作情况分析及研究

陈 钢　王建红　杨佼佼　罗 成　李庆洪*

摘 要： 人才是实现伟大中国梦的根本支撑，当今世界聚才、用才，主要包括国际国内两方面的人才。实现中华民族伟大复兴不仅需要全体中华儿女努力为之奋斗，也需要广泛引进国外人才和智力，尤其是高层次创新型人才。在中国革命、建设和改革开放各个时期，境外专家和国际友人都做出了历史性贡献。他们在推动重点领域的跨越式发展、重大科学研究的关键性突破、中外科技文化交流、高层次人才培养等方面都发

* 陈钢（1977～），四川省外国专家局引智管理处副调研员，主要从事引进国外人才和智力项目管理研究；王建红（1970～），四川省外国专家局局长，主要从事引进国外人才和智力政策制定研究；杨佼佼（1974～），四川省外国专家局引智管理处副处长，主要从事引进国外人才和智力项目管理研究；罗成（1986～），四川省外国专家局引智管理处主任科员，主要从事引进国外人才和智力项目管理研究；李庆洪（1986～），四川省外国专家局引智管理处副主任科员，主要从事引进国外人才和智力项目管理研究。

挥了积极作用。“十二五”期间来川工作的外国专家呈逐年增长趋势，为新时期四川省经济转型发展做出了重要贡献。随着国家和四川省实施更加积极开放的国外人才和智力引进政策，还将面临新的机遇和挑战，新出现的问题值得我们去研究和解决。

关键词：引进国外人才和智力　天府高端引智计划　四川

引进国外人才和智力（以下简称“引智”）是由邓小平在1983年7月8日《利用国外智力和扩大对外开放》的重要谈话中第一次明确提出的，同时把利用国外智力的问题放在了我国对外开放和现代化建设全局的战略位置上，把利用国外智力作为对外开放的一项长期的基本政策确定下来，在之后的改革开放和现代化建设中发挥了不可替代的重要作用。[①] 党的十八大以来，习近平总书记先后两次组织外国专家座谈会，从治国理政的基本规律、时代发展的基本趋势、伟大中国梦的实现以及改革开放事业深入推进等高度，对引智工作进行了一系列重要论述，全面、系统、深刻阐述了引智的意义地位、方针原则和工作方向等重大理论和现实问题。

2015年5月22日，在与外国专家的座谈会上，习总书记指出：“我们在大力培养国内创新人才的同时，将更加积极、更加主动、更加开放地引进国外人才，特别是高层次创业创新的人才。为转变经济发展方式、实现创新驱动发展战略、保障改善民生提供强大的人才智力支撑。”尤其是面对消除贫困、保护环境、应对传统和非传统安全等世界性难题，只有世界各国和衷共济才能有效解决。中国只有同世界各国在经济、科技、文化、教育、安全等各个领域展开全方位的交流合作，分享和借鉴彼此有益经验，才能加快伟大中国梦的实现。

---

① 季允石：《智力引进》，中国劳动社会保障出版社，2012。

引进国外人才，加强国际人才交流合作，不仅带来了新的思想理念、技术和管理经验，而且对加强文明的交流互鉴、促进中华文明创造性发展发挥了重要作用。更为重要的是，这种交流合作有利于推动不同文明相互尊重，推动世界各国人民相互理解。随着改革开放的不断深化，四川逐渐成为世界各国优秀人才施展才华、创业发展的“热土”。当前四川正处于改革的深水区和攻坚期，比历史上任何时候都更需要“广开进贤之路，广纳天下英才”。按照中央部署安排，中国将实行更加开放的人才政策，不唯地域引进人才，不求所有开发人才，不拘一格用好人才，将积极营造尊重、关心、支持外国人才创新创业的良好氛围，充分信任、放手使用引进的外国人才，让各类人才各得其所，让各路高贤大展其长。四川愿意以更加开放包容的姿态，开阔眼界、开阔思路、开阔胸襟，加强同世界各国的互容、互鉴、互通。尤其是在今天这样一个经济全球化、信息社会化的时代，必须努力塑造开放的人格、开放的胸怀和开放的人才机制，真正让那些有志来四川发展的人才来得了、待得住、用得好、流得动。

“十二五”期间在国家外国专家局的大力支持和指导下，四川省外国专家局紧紧围绕四川省建设西部经济发展高地，以“三大发展战略”智力需求为抓手，聚焦创新驱动，坚持高端引领，服务发展大局，深入开展“抓管理、抓重点、抓成果”活动，为灾后恢复重建、保障和改善民生、促进对外开放和经济社会又好又快发展提供有力的境外人才和智力支持。

一 “十二五”时期四川省引进境外专家来川工作概况

（一）“十二五”时期四川省引进外国专家情况统计

“十二五”时期，来四川工作、交流的各类境外专家共 50885 人次，比“十一五”增长 78%；其中依托国家和省各类引进国外技术、管理人才专项，资助高校、科研院（所）、企事业单位引进急需紧缺境外高层次专家

8300余人次；建立国家级引智基地和示范单位6个、国家级学科创新引智基地13个，省级引智基地和示范单位24个。① 这些急需紧缺人才和高端智力的引进，成功引进并创新培育了一大批新技术、新品种和先进管理经验成果，产生了良好的经济社会效益，促进了全省经济社会又好又快发展。

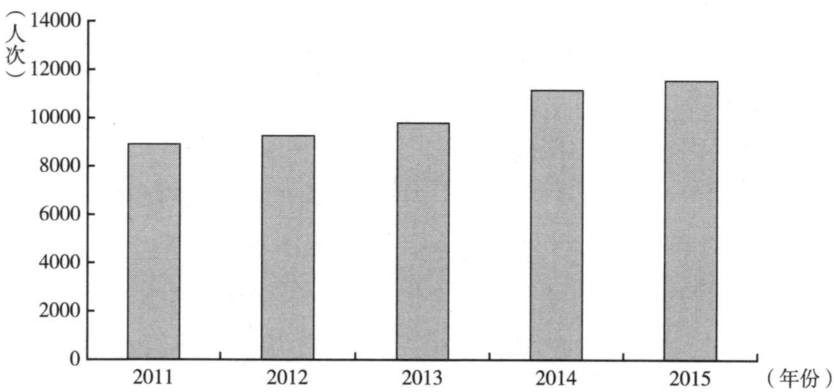

图1　2011～2015年境外来川专家情况

（二）建立完善外国人才管理体系

按照分级分类管理的原则，目前，在川外国专家、外国人、留学回国人员和外籍留学生分别由不同部门管理和服务。在川工作外国专家由省外国专家局管理，就业外国人由省人力资源和社会厅就业促进处管理，留学回国人员由省人力资源和社会保障厅专业技术人员处管理，外籍留学生由省教育厅管理。

为进一步深化行政审批制度改革，简政放权，按照省政府深化行政审批制度改革部署，四川省已于2014年将在川工作外国专家和外国人入境就业行政审批事项，全部下放至市（州）人社部门管理，省厅重点抓好规划、

① 国家统计局、国家外专局：《2010～2011境外来中国大陆工作专家统计调查资料汇编》，内部资料；国家统计局、国家外专局：《2012～2013境外来中国大陆工作专家统计调查资料汇编》，内部资料。

政策制定、宏观管理和业务指导。市（州）人社部门亦分别由外专和就业促进管理机构分别负责。留学回国人员中，大部分为中国籍，少数为外籍。凡持外籍护照的，全部纳入了外国专家系统管理和服务。为了做好行政审批下放后的外国专家管理服务工作，进一步优化引进国外智力环境，印发了《四川省人力资源和社会保障厅关于进一步加强来川长期工作外国专家管理服务工作的通知》（川人社发〔2014〕9 号），进一步明确了省市两级在外国专家管理服务中的职责。

四川省外国专家管理服务，目前主要依托国家外国专家局“外专千人计划”、高端外国专家项目、重点引智项目和四川省“天府高端引智计划”项目等平台开展外国高端人才引进工作。为更好地服务全省经济社会和重大产业发展，在四川省政府的大力支持下，于 2013 年启动实施了“天府高端引智计划”，每年省级财政安排专项资金用于实施“天府高端引智计划”。2016 年修订完善并印发了《“天府高端引智计划”实施办法》（川人社办发〔2016〕27 号）。“天府高端引智计划”围绕四川省建设西部经济发展高地，实施“三大发展战略”，推进经济结构战略调整和提高公共服务水平，大力引进能够突破关键技术、带动产业规模发展的外籍高层次专家或专家团队、急需紧缺的高技能人才。重点支持电子信息、高端装备、钒钛钢铁、汽车制造、油气化工、新能源、新材料、生物工程、节能环保等特色优势产业和战略性新兴产业以及现代农业、城镇规划、物流、金融、旅游、卫生、教育、科研等重点领域。截至 2015 年底，共实施“天府高端引智计划”83 项，引进高精尖缺外籍专家 470 人次。

（三）制定外国人才管理相关政策

1. 全面落实国家人才战略和中央制定的引进高层次人才各项优惠政策和措施

全面落实中央人才规划，对国家制定的“千人计划”、“外专千人计划”、高端外国专家项目、引智重点项目等引进高端人才的优惠措施，省级相关部门高度重视，帮助并指导用人单位落实引进人才的经费资助、住房、保险、医疗、税收等优惠政策，获得用人单位的好评。例如外籍人才子女入学问题，包含成都在内的所有市（州），由于高质量国际学校较少，许多外籍人才反映，子女在川入学较为不便，成本较高，需要政府在政策措施方面提供相应的配套，为外籍人才解决后顾之忧，使其更好地在工作中发挥作用。

2. 制定省级优惠政策，实行更加积极的引才政策

四川省委组织部、省人社厅牵头，制定了《四川省中长期人才发展规划纲要（2010～2020 年）》《四川省专业技术人才队伍建设中长期规划（2011～2020 年）》；根据中央"千人计划"，四川省人才工作领导小组制定了《实施海外高层次人才引进计划的意见》（川委办〔2009〕5 号），并会同有关单位制定了《四川省引进海外高层次人才"百人计划"实施办法》（川组通〔2009〕58 号，现已更名为省"千人计划"）、《四川省"百人计划"引进人才享受特定生活及工作待遇的若干政策规定》（川组通〔2009〕57 号）、《四川省"青年百人计划"及"百人计划短期项目"实施办法》以及《关于实施"顶尖团队支持计划"的意见》等一系列引进外国人才的专项政策规定。根据《四川省"百人计划"引进人才享受特定生活及工作待遇的若干政策规定》，对引进的外国人才，在出入境与居留、资助、任职、薪酬、创新创业、税收、医疗保险、住房、配偶安置、子女入学、评价激励等十一个方面给出特定优惠政策，努力营造有利于吸引人才、用好人才、留住人才的良好环境。

（四）健全外国专家管理工作机制

健全的工作机制是推进外国专家管理法制化和科学化的重要保证。四川省外国专家局认真落实国家外国专家局的要求，着重从以下三个方面加强了机制建设。

1. 健全外国专家权益保障机制

按照国家外专局《关于做好外国专家劳动人事争议仲裁工作的通知》和人社部办公厅《关于涉外劳动人事争议处理有关问题的函》文件精神的要求，研究制定了涉外劳动纠纷处理贯彻执行意见，建立起外国专家劳动人事争议调解仲裁工作机制。通过仲裁，既保障了聘用双方的合法权益，又维护了外国专家聘请工作的正常秩序，提高了外国专家管理的法制化水平。

2. 健全外国专家突发事件应急管理机制

四川省外国专家局制定了《外国专家在川工作突发事件应急预案》，将外事安全管理工作摆在十分突出的位置，高度重视，认真执行，不断提高涉外突发事件处置能力，做到了安全有保障，事发有预案，切实保障在川工作外国专家的生命、财产安全和切身利益，维护国家安全和公共利益。

3. 健全外国专家表彰激励机制

为表彰外国专家在促进四川省国际合作交流，提升对外开放形象，对四川经济和社会发展做出的突出贡献，省政府设立了“天府友谊奖”。对其中特别突出的外国专家，我们还积极推荐申报国家“友谊奖”。在成都“海科会”、绵阳“科博会”上，省领导为外国专家颁发了“天府友谊奖”，并与外国专家座谈听取他们的建议。

（五）初步形成了以市场需求为导向的引进外国人才制度

在外国人来川工作管理中，深入贯彻国家的引智政策，结合四川实际制定了一系列引智计划，为高层次人才提供特殊的工作和生活便利。四川省引进国外高层次人才始终坚持以用人单位为主体、以市场需求为导向，所有纳入政府资助的引智项目审核都以用人单位的申请为基础，重点资助引进高精尖缺人才。同时，注重引智工作和引智政策的宣传，增强用人单位对国际人才市场、国外高层次人才流动规律的认识，激发用人单位的主体作用。在外国人就业管理中，严把“外国人就业证”审批关，就业管理部门根据就业市场需求，严格依法审批外国人就业申请。

（六）创新举措，深化改革，营造引进国外高层次人才的良好环境和氛围

2015 年，国家将四川省列入系统推进全面创新改革试验区，实施更加开放的人才政策既是重要的改革内容、也是促进创新发展的重要举措。按照

全面创新改革的要求，四川省外国专家局聚焦创新、服务发展，大力实施更积极、更开放、更有效的引智政策。省委十届七次全会通过的《关于全面创新改革驱动转型发展的决定》明确提出，实行更积极、更开放、更有效的外籍人才和海外人才引进政策，创建成德绵创新驱动人才示范区，深入实施“千人计划”“天府高端引智计划”等重大引才工程，开展技术移民试点。四川省系统推进全面创新改革试验的总体方案、人才政策陆续出台。国家外国专家局与四川省签署了《国家外国专家局、四川省人民政府关于引进国外人才和智力促进四川“两个跨越”合作框架协议》。

中国科技城（绵阳）博览会期间举行了引进国外高层次人才项目洽谈会，国家外国专家局领导为中国国际人才市场科技城分市场授牌，组织外国专家主旨论坛交流等活动，国内主流媒体跟踪进行宣传报道，进一步加大四川省人才引进制度的宣传力度，扩大了社会影响。

二 “十二五”时期引智工作情况分析

“十二五”期间的引进国外智力工作与之前比较有了长足的进步，不仅引进专家和实施项目的数量有较大幅度的增长，而且引进质量也有明显提高，同时也形成了一批具有自主知识产权的创新型科技产业成果，实现了良好的经济、社会效益。

（一）提高了技术创新能力和新产品研发能力，对四川工业强省做出贡献

在装备制造、新能源、信息技术、新材料、冶金、化工等优势产业领域和战略性新兴产业领域，通过引进高端外国专家项目的实施，成功引进了一大批高端外国专家和团队，显著提升了企业创新能力，取得了良好的经济效益，促进了产业转型与可持续发展。2015 年，四川旭虹光电科技有限公司的《基于浮法工艺生产高强超薄铝硅酸盐触控屏玻璃成套技术及产业化》、四川龙蟒钛业股份有限公司的《“硫－磷－钛”联产法钛白粉清洁生产新工

艺》和四川省安全科学技术研究院的《矿山立体可视化及数字化安全防控技术研究及其应用》等三项引智创新成果荣获四川省科技进步一等奖。

东方电气集团东方电机有限公司在自主开发设计直驱风力发电机组过程中，引进了国外高端专家团队，在专家团队的支持下，企业成功开发出具有优秀功率曲线的2.5MW直驱风力发电机，已在福建九龙山风电场、山东龙口风电场、青海茫崖风电场等风场相继试运行，并取得了客户好评；目前正在积极研发具有世界先进水平的3.0MW直驱风力发电机和潮流能涡轮发电机研发项目。

绵阳新晨动力有限公司引进宝马公司管理专家，建立起了与宝马原则相同的项目管理架构和国际领先的生产控制体系，为四川省重大产业招商项目宝马N20发动机项目提供了有力的支撑、促进了自主品牌发动机品质提升和行业高素质人才培养；引进日本丰田、三菱专家团队，成功解决4A系列小排量涡轮增压关键工艺质量控制技术。目前，宝马N20发动机一期外装线项目圆满完成，已正式批量生产并搭载宝马X1、X3、3系、5系车型，同时得到德国宝马集团的高度认可，该生产线可年产20万台宝马N20发动机，预期实现产值50亿元，新增利税6亿元。2013年绵阳新晨动力有限公司发动机项目被评为“四川重大科技成果转化工程示范项目”。

四川长虹电器股份有限公司引进意大利高级创新设计专家担任公司首席设计师，主导公司数个型号产品设计工作，其中C2000系列产品上市8个月实现销售额18.03亿元；主持、指导设计的产品多次荣获国际知名设计奖项（德国红点设计奖三项、美国IDEA设计奖两项、德国PLUSX设计奖十余项），获得多项专利，同时提升了企业设计师团队的设计能力。支持欧联公司从韩国三星、LG等多家PDP企业引进10余名高中级专业技术人才组成拼接型等离子（MPDP）显示器件研发团队，以实现超大、超窄缝隙大屏幕的MPDP显示器件为目标，在等离子关键原材料、关键器件、关键装备等方面进行技术创新和突破，已与20多个厂家签订了战略合作协议，就占屏材料开展联合研发，覆盖了MPDP项目二期采用的几乎所有工艺设备品种。该项目2015年实现销售收入4.1亿元，净利润1.01亿元。

苯并噁嗪树脂基体材料及其高性能热固性树脂是用于油气田开采的关键材料，技术含量高，需求量大。四川上之登新材料有限公司引进澳大利亚籍高性能热固性树脂国际知名专家、英国皇家化学会会士、澳大利亚迪肯大学特聘首席教授郭其鹏先生，指导苯并噁嗪树脂的系统化生产，目前已建成2000吨/年苯并噁嗪树脂生产线一条，4000吨/年复合材料生产线一条。产品销往包括塔里木油田、长庆油田、江苏油田、华北油田、胜利油田等，并销往“一带一路”沿线国家。2014年实现销售收入7000余万元，净利润1900余万元。①

（二）优化农业产业结构，促进了新农村经济发展

四川作为农业大省，紧密围绕农业科技创新、农业产业化和产业结构优化升级引进高端农业人才，创新培育了一大批农、林、牧、渔业引智成果，并成功实现产业化。“引智扶贫”项目精准聚焦贫困地区，持续造血帮助贫困户脱贫致富，帮助群众增产增收。

四川省自然资源科学研究院连续开展猕猴桃引智工作20多年，集成引进新西兰、法国、意大利、韩国猕猴桃种质资源和选育种及产业化配套技术，产学研结合，建立“猕猴桃良种繁育→标准化种植→果品分选→包装→冷藏→精深加工→资源综合利用→现代物流与市场营销”等技术链。引智成果“猕猴桃新品种与产业化集成技术”成功实现产业化。2008年、2013年被国家外专局先后认定为“国家引智成果示范推广基地”。依托该基地，组建了“中国新西兰猕猴桃联合实验室”“四川省猕猴桃育种及利用重点实验室”“四川省猕猴桃工程技术中心”。2014年11月21日，国家主席习近平在对新西兰进行国事访问期间与新西兰总理约翰·基共同为“中国-新西兰猕猴桃联合实验室”揭牌。该引智成果已在全省推广20多万亩，年产量达10万余吨，年产值10亿元以上，年出口10000余吨，创汇

① 四川省人力资源和社会科学研究院：《四川省产业结构调整与人力资源结构优化研究》，《民生与人才》2016年第2期。

5000 万美元以上，猕猴桃种植户人均增收 3500 ~ 4800 元，已经成为产区农民增收的主要来源之一，带动了农民增收致富。[①]

四川省农科院聘请国际顶尖小麦育种专家及团队来川指导并派遣技术人员赴外培训，引进国际先进的穿梭育种技术和分子育种技术，成功培育了高抗条锈病优质小麦川麦 30、32、36、42、45 系列新品种，每年推广面积约 600 万亩，小麦亩产平均增幅达 12%，每年新增粮食 1.6 亿公斤，农民增加收入 1 亿元以上。

四川华欧油橄榄开发有限公司在意大利、以色列、希腊、西班牙等国知名油橄榄专家团队的指导下，引进国外优良品种、油橄榄产业化配套技术和橄榄油生产设备，培训了公司专业技术人员，使公司油橄榄种植技术、橄榄油生产水平和产品品质达到国际先进水平。目前绵阳、广元、凉山、达州等市共发展油橄榄种植基地约 30 万亩，农民亩均收入 6000 元以上，初具产业规模。

四川省雅安茶厂有限公司从美国、韩国、新加坡引进外国专家指导有机茶及藏茶浓缩液产业化生产，产品继 2012 年获得美国 FDA 认证后，2013 年再次通过美国 FDA 复审认证，这是中国目前唯一获得 FDA 认证的茶叶企业。“4・20” 地震后，专家深入庐山、宝兴地震灾区的茶叶基地指导有机茶种植技术和有机茶采摘、初加工工作，减少了损失，加快灾区茶农和企业恢复生产，取得了显著的经济效益和社会效益。

（三）引进先进技术和管理经验，助推社会公共事业惠及民生

卫生事业领域引进的专家具有丰富的临床经验，带来了国际先进医疗技术，在临床实际操作中帮助公共卫生部门建立了先进的医疗学科体系，并在实践中救死扶伤，特别是在地震灾后重建过程中极大地提升了四川的公共卫生医疗水平。德阳市人民医院聘请以色列专家团队，包括担任以色列希勒雅

① 四川省人力资源和社会科学研究院：《四川省产业结构调整与人力资源结构优化研究》，《民生与人才》2016 年第 2 期。

法医学整形外科主任、国际医学整形美容质量保证委员会和设备安全委员会总秘书长（IQUAM）、国际乳房假体注册委员会主席、以色列多所大学博士生导师的 Moris Topaz 博士，以色列国家康复委员会主席伊扎克·西内尔博士等，以炸弹战创、化学（电）烧伤、车祸（地震）辗压伤、巨型肿瘤切除等大型创伤为教学案例，配合手术视频、图片、实物器材详细讲解了封闭式负压在难愈创面的应用及进展、烧伤康复管理及新进展、软组织创伤后理疗作业、皮肤牵张器在创面修复中的应用、面部年轻化手术、远程康复等专题应用。其中“封闭式负压治疗技术在难愈创面治疗中的应用”作为四川省引智成果示范推广项目，已逐渐发展成为省医学重点学科，在难愈创伤修复医疗方面惠及大众。

教育领域每年引进的高层次外籍专家占全省新引进外籍人才总量的一半以上，特别是文教类高端项目和重点项目的实施有力提升了四川省高校的国际化水平，对提高教育科研水平、加强学科建设和推进教育改革发挥了重要作用。成都信息工程大学引进的“大数据环境下 ATP 预测方法研究”和“面向气象数据的 IDV 同化处理与图形引擎集成研究”等 2 个项目，分别在大数据网络安全和气象信息处理技术上取得了创新发展。电子科技大学“III 族氮化物量子阱研究”和“可持续光子学研究”，四川大学“中英联合材料研究所”有机光、电、磁新材料研发及实验室建设和有机单分子磁体材料研发及实验室建设等基础性学科项目通过引进外国专家和技术，达到世界先进水平。

旅游方面注重引进旅游规划、生物多样性保护、旅游信息化和生态保护顶级专家，提升了四川旅游业服务水平。省外专局资助黄龙管理局聘请的德国专家帕奈博士，为藏区自然保护、可持续利用以及生态旅游开发做出突出贡献，获得四川省政府颁发的“四川金顶奖”和国务院颁发的“国家友谊奖”。

虽然四川省引进境外专家取得了一定成绩，有力促进了经济社会发展，获得了巨大效益，但是在实际实施过程中也还存在一些不足，制约了境外人才和智力的发挥。

1. 引进外国高端人才的数量和结构还不能有效满足全省经济社会发展的需求

来川工作外国专家的总量、层次、结构和工作领域等与沿海发达地区相比，还有较大差距，引智的领域不够广泛，高端引智渠道尚需拓宽。从行业分布来看，按照国民经济行业 19 个门类，四川省“十二五”期间引进境外专家服务领域基本全覆盖，主要集中在制造业、农业、医疗和教育业，而信息安全、第三产业中部分门类聘请专家人次较少；重大产业、新兴战略发展产业高精尖缺人才引进还比较少。从地理分布来看，仍有个别市（州）对引进国外智力缺少办法和渠道，存在“等靠”的思想，找不到适合本地发展的结合点，多年没有立项。从专家来源分布看，虽然境外专家来源遍布各大洲，但渠道还不够通畅。部分用人单位反映，没有可供遴选的境外高层次人才和专业技能人才数据库公共服务平台，可选择的余地较小。

2. 引智成果的转化机制不够健全，成果推广存在薄弱环节

引智的最终目标是成果的转化应用，促进产业发展。部分单位注重新技术、新品种和新的管理经验引进，但成果的转化应用不够好；高校和科研院所成果产、研结合不够紧密的问题还比较突出。需要有针对性地建立引智成果的示范推广激励机制和成果二次引进激励机制，打通与资本对接创新转化的通道。

3. 引智法规不够完善，服务保障体系不健全

立法滞后与政策碎片化并存，“强政府”与“弱市场”的不协调，行政审批、许可事项还需要进一步整合和完善，这些都制约了整体效能的发挥。部分来川工作的境外专家反映，在办理来华永久居留、签证、就医、家属就业、子女入学等方面存在的问题仍然比较难解决。

三　对四川省引智工作的建议

四川省市场空间广阔，发展潜力巨大，对国外人才的吸引力逐渐增强。党中央、国务院高度重视引智工作，地方党委政府和社会各界对引智认识逐步提高，为四川在国内、国际竞争中抢占制高点，赢得主动权创造了有利条件。

当前，四川经济已经步入“转型换挡”时期，经济增速已经从高速增长转为较快增长阶段。但是四川省“人口多、底子薄、欠发达、不平衡”的基本省情仍未转变，在今后较长时期内，四川经济发展还面临着提质增效的艰巨任务。四川省委十届七次全会提出要立足省情实际和发展阶段，实施“三大发展战略”，推进“两个跨越”，落实“四个全面”战略布局；要着力激发创新者动力活力，实施创新人才战略，深入实施高层次人才引进“外专千人计划”“天府高端引智计划”等重大引才工程。这反映出四川省转型发展中对各类高层次人才的需求更加迫切，也对四川省引智工作提出了更高要求。为解决引智工作中存在的问题、开创引智工作新局面，提出如下粗浅建议。

（一）充分认识引进境外专家对经济建设的重要性，贯彻落实更加积极开放的引智政策

“十三五”期间必须牢固树立创新、协调、绿色、开放、共享的发展理念，加快四川省从人口大省向人才强省转变，将“人口红利”引导向“人才红利”释放。按照国家和省委“十三五”规划，引智工作要服务于全川战略发展的调整，深入实施人才优先战略，推进人才发展体制改革和政策创新，形成有利于创新发展的市场环境、产权制度、投融资体制、分配制度、人才培养引进使用机制，形成具有国际竞争力的人才制度优势。积极推动人才结构战略性调整，突出高精尖缺导向，实施重大人才工程，按照国家的整体布局规划和四川发展实际，不断引进战略科学家、科技领军人才、企业家人才、高技能人才，还要实施更加开放的创新人才引进政策，更大力度引进急需紧缺人才，聚天下英才而用之，发挥政府投入引导作用，鼓励企业、高校、科研院所、社会组织、个人等有序参与人才资源开发和人才引进。紧紧围绕跟踪科技前沿、解决技术创新和产业升级中的关键问题，引进急需紧缺高端外国人才和智力，加大引进国外高端专家和领军人才力度，着力提升区域创新能力。

境外专家来川工作，将所学专长迅速融入四川经济社会发展中，将产生

“引进一个人才，聚集一个团队，发展一个学科，兴起一个产业”的聚变效应，对四川省发展成为西部创业创新高地和新的增长极发挥助推作用。特别是一批引进人才针对四川省产业发展规划，携带项目、资金、核心技术等来川创办、领办高新技术企业，将有力地推动战略性新兴产业的发展。依托引进的专家和技术资源，健全引智成果的汇集与共享机制，建立覆盖面广，实用便捷的成果库、引智基地和示范单位推广平台，进一步做好示范推广和普惠共享。探索将引智基地纳入“一带一路”战略相关项目支持范围，让基地在“走出去”中发挥更大的作用。加大对高校开展引智基地和示范单位建设的指导与支持力度，更好发挥“国家引进国外智力示范区”的示范带动作用。

（二）鼓励“走出去，引进来”，拓展引智渠道

国家外国专家局与外国政府加强合作，大力开辟高层次合作渠道，目前与60多个国家和地区的300多个组织建立了合作关系。四川省与国家外国专家局签署战略合作框架协议，绵阳建成中国国际人才市场科技城（绵阳）分市场，成都市专门在海外设置办事机构、赴海外拓展引智渠道，与美国硅谷等高新技术产业孵化基地达成战略合作协议。这都为四川进一步加大开放力度，发展构建西部招才引智中心，实施更加积极开放的引智机制打下了良好的基础。

深化国际人才和智力交流合作。以开放引领、创新驱动为主线，发挥各方优势，整合政府、社会和民间各类资源，利用多种方式，拓宽引智渠道。充分利用中央和地方政府与外国政府、国际组织在政治经济、科技教育、文化卫生等各个领域交流的渠道，建立政府间交流合作机制。充分发挥我驻外领馆的桥梁和纽带作用，开辟人才引进渠道。加强各级国际人才交流协会的工作，依托中国国际人才交流协会驻外机构，发挥其在渠道开辟方面的独特优势和作用，组织好中国政府“友谊奖”申报、四川省“天府友谊奖”评审颁奖等重大引智活动，搭建高层次国际交流与政策对话平台。

遵循国际人才集聚规律，选择重大创新领域和地区对各项重点改革措施先行先试，加强国外人才和智力资源信息平台建设，在全国率先进行外国人来华工作许可试点，实现两证合一（外国人入境就业证、外国专家来华工作许可证），引领示范和深入推进人才对外开放，着力打造若干具有全球影响力的西部优秀人才集聚高地。积极探索灵活多样、便捷高效的引智方式，充分利用现代网络技术开展引智工作，进一步拓宽国际人才和智力资源交流与合作的途径和方式。发挥市场在人才和资源配置中的决定性作用和政府引导作用，保障和落实用人单位主体自主权，健全市场发现、市场认可、市场评价的引智机制，更好发挥政府宏观管理、政策指导、公共服务和营造环境等作用。

（三）结合省情规划设计人才引进政策，加快引智体系建设

按照国家引智工作的整体部署和安排，结合四川省在西部开发建设的定位，努力创造良好的引智发展法治环境。加快推进新时期引智综合性指导文件制定，围绕国家即将制定出台的外国人来华工作管理条例，推进探索实行技术移民制度，推动建立透明的、可预期的制度环境。借鉴发达国家立法经验，逐步试点建立灵活便利的人才签证政策，认真落实保障海外人才合法权益的政策措施，推动形成具有国际竞争力的人才制度优势。实施更加开放的人才政策，完善外国人才引进体制机制。推动建立权责统一、运转高效、法治保障的外国专家工作管理体制，加强宏观管理和统筹协调，明确各管理部门的职责，强化部门间的协调。更好地发挥企业、高校、科研院所的作用，为外国专家和人才干事创业、施展才华、实现梦想创造更大舞台。将保护知识产权与表彰奖励结合起来，激发外国专家创造活力。建立国外人才和在华工作专家信息网和数据库，完善国外人才和智力资源供给、发现评价、使用激励、绩效评估和人才分配激励机制。

加快政府部门职能转变，充分发挥外国专家主管部门的作用。充分发挥市场配置人才资源的决定性作用，健全国际人才市场体系，激发用人单位、中介组织、外国人才等各类市场主体的活力，实现人才资源的高效配置。加

快行政审批制度改革，更好发挥外国专家主管部门在规划制定、政策引导、示范推广、监督检查等宏观管理方面的作用，规范审批事项，优化审批流程，创新管理方式，强化服务保障，为国外各类优秀人才创造更好的工作生活条件。建立健全与国际接轨的在华外国人社会基本保障体系，完善医疗、教育、就业等政策。

B.9 四川省外籍人才的引进、管理与发展研究

陆毅茜*

摘　要： 我国不仅是移民输出大国，也正在成为非常具有吸引力的移民输入国。近年来，为了进一步开发“移民人才红利”，四川省制定相关政策，推出相关服务，开展各项活动，促进对外籍人才的引进、管理和发展。报告先概述了四川省内及其主要城市中的外籍人员的组成，并着重介绍了2011年以来四川省和主要城市对外籍专家的引进和对引智项目的实施。报告详细说明了四川省采取的吸引高层次外籍人才的重要政策和措施，并以成都市为代表介绍了其为推动引智项目而推出的政策和开展的相关活动。阐述了在中央和四川省省委、省政府指导下，各部门实施的外籍人员管理政策和提供的服务。最后报告对外籍人士在川的生活和融入情况以及他们提出的一些看法建议进行了归纳总结。

关键词： 外籍人才　人才发展　人才引进　人才管理　四川省

随着知识经济的飞速发展，各个国家尤其是西方发达国家对知识性人才的需求不断增大。为了在知识经济发展竞争中取得领先地位，很多国家出台

* 陆毅茜（1982~），天津人，西南财经大学发展研究院讲师，社会学博士，博士后，主要从事国际移民、知识和技术移民、发展与全球化、移民与健康以及华人华侨研究。

了各种移民政策以吸引来自其他国家的知识型人才。在这种背景下，由于西方国家自身经济和社会条件的优势，他们成为主要的移民输入国。长期以来，中国在全球移民潮流中扮演着移民输出国的角色。根据国际移民组织2014年的数据，全世界大约有六千万的海外华人华侨。他们及其祖辈走出国门到北美、欧洲、大洋洲以及东南亚等地区寻找工作机会、开始新生活甚至定居。中国与全球化智库的《中国国际移民报告（2016)》中指出，到2015年为止，中国依然是西方主要移民国家（如美国，加拿大，英国等）中永久居民的最大来源国之一，中国也是与日本人员流动最多的国家。

与此同时，随着中国经济实力进一步增强，国际地位逐步提升，中国也开始成为有吸引力的移民目的国。根据中国公安部出入境管理局数据，在2007年时，中国有2611万外籍人士入境。其中，因工作原因来华的外籍人士占了大约11%，在中国居住了6个月以上的外籍人士有53.89万人次。到了2010年，中国进行第六次人口普查时，第一次将在中国大陆居住的外籍人士和港澳台同胞的人数计算在内，其中外籍人口为59.38万，男性数量略多于女性，约为1.3比1。[①] 另据国际移民组织根据中国官方数据提供的资料，在2014年，外籍人士的入境人数比2007年增加了1倍，约5267万人次，至2014年底为止，在中国持有超过六个月居留许可证的外籍人士为66.35万人次，比2007年增长了23%。[②] 总体来说，近年来，无论是外籍人士的入境人数，还是长期居留人数都有着显著增长。

由此可见，中国不仅是移民输出大国，也正在成为非常具有吸引力的移民输入国。19世纪60年代之后，以美国为首的发达国家大规模地引进移民，这一举措对他们在科技和经济领域的飞速发展起到了至关重要的作用。《中国国际移民报告》也指出，在中国，外国高层次人才在科

① Shen, Haimei, "*Inflow of International Immigrants Challenges China'sMigration Policy*", Brookings Institution, 2011, https://www.brookings.edu/opinions/inflow-of-international-immigrants-challenges-chinas-migration-policy.

② International Organization of Migration, *Asia/China: Overview: Migration Activities*, 2015, https://www.iom.int/countries/china.

研、教育、产业创新等各个领域，都在推动“中国创造”，并且在促进国际交流与合作等方面都发挥了积极作用。因此，我国应进一步开发“移民人才红利”。本研究将结合全国外籍人才引进的总体特征，根据四川省的普遍性与特殊性，对四川省引进外籍人才的政策和状况进行一个综合性梳理和报告。

一 四川省外籍人才引进和交流概况

四川省外籍就业人员、引进的外籍高级人才以及前来交流的外国专家都在逐年增加，来川的外籍人员主要集中在成都、绵阳、雅安等大中城市。

根据统计数据，2011～2015 年，四川省引进国外人才方面，围绕重点，聚焦创新，依托国家和省引进国外技术、管理人才专项，资助高校、科研院（所）、企事业单位共实施引智专项项目 706 项，引进急需紧缺国外高层次专家人才 2400 人次。“十二五”以来，来四川工作、交流的各类外国专家共 50885 人次，比“十一五”增长 78%，并且建立了国家级引智基地和示范单位 6 个、国家级学科创新引智基地 13 个，省级引智基地和示范单位 24 个。根据国家外专局 2016 年 1 月公布的数字，[①] 2011 年启动实施的国家“千人计划”外专项目以来，已有 313 位专家入选，其中，中长期项目 290 人，短期项目 23 人（四川省 6 人）。在 2015 年，四川省外专局组织实施的引智项目 551 项，资助用人单位引进外国专家 2100 余人次，有 2 名外国专家新入选国家“千人计划”外专项目，获国家外专局批准的高端和重点引智项目 36 项，引进高端专家 69 人，新增创新引智基地 3 个。以“天府高端引智计划”为重点的省级引智项目也实现快速增长，全年实施以“天府高端引智计划”为龙头的省级引智项目 112 项，资助聘请高端外籍专家 183 人来川工作。

① 四川在线：《第四届科博会人才交流与成果展示　外国专家组织引智项目洽谈活动举行》，http：//sichuan. scol. com. cn/myxw/201609/55654478. html。

根据相关部门统计，[①] 截至2014年初，成都市常住外籍人员累计达到31056人，来自125个国家或地区。其中，位居榜首的是美国籍人士，9316人，约占在蓉常住外籍人士的30%；其次为韩国籍人士5042人，加拿大籍人士2720人，日本籍人士2581人。此外，在蓉外籍人士较多的国家或地区还有新加坡、法国、英国、越南、马来西亚、澳大利亚、巴基斯坦、印度等。有50个国家的6170人（占19.87%），属于在蓉三资企业从业人员，其余主要为文教人员、外企驻华机构工作人员和学生。从调查的情况看，80%以上的外籍人士都是因工作而来蓉居住。从2014～2015年4月，在市公安局出入境管理局登记备案的涉外企业有1976家、外籍就业人员2862名。而2015年一季度新增备案的涉外企业就有107家、外籍就业人员有666名。[②]

除了成都这座对外籍人士最具吸引力的省会城市之外，四川省其他城市也吸引了相当数量的外籍专家。绵阳、眉山分别与外国专家组织签订了合作协议。2015年，绵阳市获得了经费资助210万元，经费用于实施引智项目21项（国家级引智项目9项、省级引智项目12项），比去年增加6项。该批项目获得批准聘请外国专家75人次，比去年增加14人次。[③] 获批项目中包括国家级软件与集成电路引智专项项目1项，国家级引进国外技术、管理人才常规项目8项；省级“天府高端引智计划”项目5项，省级重点项目1项，省级引进外国技术、管理人才常规项目5项，省级引智成果示范推广项目1项。自2013年以来，绵阳市共获国家、省外国专家局批准引智项目44项，获得资助经费521万元，共聘请外国专家来绵工作178人次。眉山市外专局将需求计划表与外国专家组织对接，全程推动合作项目的申报审批和落地建设。2010年以来，全市引进国外智力项目60个，其中国家重点项目5

---

① 四川新闻网：《成都首届国际文化交流节　仁恒邀您与世界分享中国年》，http：//schouse. newssc. org/system/20150205/001585189. htm。

② 国际在线：《成都一季度新增涉外企业107家　外籍人员666名》，http：//sc. cri. cn/549/2015/04/29/162s28511. htm。

③ 新华网四川频道综合：《绵阳获批实施21项引智项目》，http：//www. sc. xinhuanet. com/my/2015－08/03/c_ 1116124820. htm。

个、省重点项目10个；全市引进外国专家115人，其中经济类专家103人。2014年，眉山市获批引智项目12项，国家项目2项，省级项目9项，其中获国家“引进国外技术、管理人才重点项目”1项，省重点引智项目“天府高端引智计划”4项，[①] 引进外国专家19人，获得中央、省财政资助经费101万元。雅安市与以色列驻成都总领事馆达成引进专家意向，将在农业、医疗等领域深入进行合作。边远艰苦地区巴中市、凉山州分别引进了德国和以色列医疗专家，对医疗骨干进行培训，为患者提供治疗服务。另外，在德阳、攀枝花等市也有相当数量的外籍人士居住，他们大多为三资企业工作人员和文教人员，也有一些从事个体经商。

二　四川省引进高端外籍人才的政策和举措

（一）四川省结合实际多措并举吸引高层次的外籍人才

在执行国家引智政策的基础上，四川省还制定了符合省情的外籍人才引进政策。自2015年起，四川省委、省政府把“天府高端引智计划”列入四川省重大引智工程。[②] 2016年5月3日，四川省公布了《“天府高端引智计划”实施办法》的详细内容。这一计划以解决问题为导向，资助各类企业、科研院所、高校等用人单位引进高精尖缺的外籍高层次专家和创新团队。此次制定的《实施办法》明确，引进的外籍专家原则上年龄不超过70岁，特别优秀的可适当放宽，引进后项目专家当年在川工作时间原则上不少于2周，若为专家团队，首席专家当年在川工作时间不少于1周，团队累计工作时间不少于3周。除此之外，《实施办法》还明确规定外国专家在川工作，可资助其期间的部分食宿生活费、国际国内旅费及60%以内工薪。单个引

① 眉山市人力资源和社会保障局：《引国际人才，促眉山发展》，http：//www. scms. hrss. gov. cn/ArticleShow. asp? rid =201400189。

② 《四川“天府高端引智计划”实施　单个引智项目资助额可达80万》，环球网，http：//china. huanqiu. com/hot/2016 -05/8851189. html。

智项目资助总额不超过 80 万元，其中资助工薪总额不超过 60 万元。同时，引进专家或高技能人才应符合下列条件之一：引领国际科学发展趋势的战略科学家，或从事科学前沿探索和交叉研究、具有创新潜质的优秀科学家，或开展重大产业技术应用基础研究的科学家；在国外高校、科研院所担任相当教授职务且具有引进领域世界先进水平成果的专家学者；具有国外同行业企业工作经验，具有推动重大技术革新能力的科技领军人才，或担任高级职务的专业技术人才、经营管理人才，具备解决引进项目问题的能力；拥有自主知识产权或掌握核心技术的创新、创业人才；急需紧缺的高技能人才或其他高端外国专家。

2016 年 9 月，四川省外国专家局在第四届中国（绵阳）科技城国际科技博览会上，主办了外国专家组织引智项目洽谈活动。① 来自法国、意大利、以色列、白俄罗斯和德国 5 个国家的 6 个专家组织的负责人参加了本次洽谈活动。这 6 个专家组织包括法国志愿专家协会（AGIRabcd）、法国专家义务咨询协会（ECTI）、意大利高级专家服务组织（ISES）、以色列高级专家组织（MATAT）、白俄罗斯国立技术大学科技园（POLYTECHNIC）、德国高级专家组织（SES）。活动期间，各组织的负责人对各自专家组织情况进行了详细介绍，四川省内各相关项目单位也结合各自申报的涉及农业、工业、医疗等领域引智需求项目与 6 个高级专家组织进行了项目对接。洽谈活动共达成专家引智项目派遣意向 42 项，外国专家组织将在来年为这些引智项目推荐并派遣外国专家来华进行技术指导。

（二）四川省主要城市的引智政策成效显著

近年来，成都市深入实施人才优先发展战略，不断创新人才发展体制机制，大力集聚海内外高层次创新创业人才。② 截至目前，成都人才总量达到

---

① 四川在线：《第四届科博会人才交流与成果展示外国专家组织引智项目洽谈活动举行》，http：//sichuan. scol. com. cn/myxw/201609/55654478. html。

② 四川经济网：《成都已汇聚海内外人才 389 万》，http：//www. scjjrb. com/html/xwpd/jjlw/75313. html。

389万，其中“两院”院士34人，国家“千人计划”专家169人，省“千人计划”专家503人，均居全国同类城市前列。成都市还开发运用“高端人才全球搜索系统”建设高端人才数据库，精准扫描定位人才供求情况，为用人主体提供精准服务，变“被动等才”到“主动引才”。目前入库人才已超过20万人，预计年底将达100万人。据统计，通过“以才引才”等方式，“十二五”期间，成都累计引进“海归”创业人员近2000名、各类中高端人才6万余名。2016年5月14日，以“创享天府智汇成都”为主题的“创业天府行动计划——深圳行”活动，拉开了成都每季度一次赴外招才引智活动的序幕，吸引近1000名中高端人才参加，现场签约20位高端人才和5个项目。

2016年9月，成都高新区进一步推出了新的吸引人才的举措，颁布了《成都高新区关于实施“菁蓉·高新人才计划”加快高层次人才聚集的若干政策》。[①] 根据此项政策，在未来5年，成都高新区将设立50亿人才专项资金，建立“创智项目”“创客项目”“金融人才项目”“商务服务项目”“技能大师项目”“人文名家项目”六大人才引进项目，设立天使投资基金和海外人才离岸创新创业投资基金，创新海外人才引进柔性模式，打造市场化的人力资源服务体系，建立人才认定资助模式。从2016年到2020年，成都高新区将加大招才引智力度，面向全球招揽顶端人才，累计引进不低于1万名高层次创新创业人才。截至2016年1月31日，成都高新区已聚集国家“千人计划”人才85人，占四川省的38%；四川省“千人计划”人才219人、团队21个，分别占四川省的37%和40%；“成都人才计划”人才213人、团队18个，分别占成都市的61%和64%。

同时，为了进一步推动和鼓励企事业单位对引智项目的积极参与，成都市人社局从2011年起开展了一年一度的评选“引智成果示范基地（单位）”活动。2016年9月，市人社局对评选的11户“2016年度引进国外智力成果

① 四川新闻网：《成都11户企事业单位获引进国外智力成果示范基地命名》，http：//scnews.newssc.org/system/20160913/000706792.htm。

示范基地（单位）”进行授牌，有效期为5年。① 这批获得命名的引智示范基地（单位），将连续两年获得10万元的资金支持。此外，这些基地（单位）申报的引智项目将予以优先安排，重点扶持。截至目前，市人社局已批准命名了共计47户引智成果示范基地（单位）。这些企事业单位将充分发挥引进国外智力成果在转化、应用和推广过程中的引导示范作用，积极推进成都建设国家中心城市和国际化大都市。

（三）省内企事业单位自主建立引智平台和渠道

除了中央和省政府主导的针对外籍高端人才的引智项目外，四川省内的企事业单位也通过其他多种平台和渠道聘请外籍专家。例如，中国西部海外高新科技人才洽谈会，简称“海科会”，自1995年创办以来，已成功举办14届，成为中国西部最具影响力的科技与人才交流盛会。② 经过20年精心打造，“海科会”的国际影响力不断提升，大会成果日益丰硕，已发展成为中国最为重要的引才引智平台之一。截至目前，“海科会”吸引了全球5000多名海外华侨华人来四川考察洽谈，引进海外高层次人才900余名，合作科技项目上千个，签约金额逾千亿元。四川省的很多高校也积极通过海外招聘等方式引进海外人才。例如，西南财经大学通过参加美国经济学年会在海外进行现场招聘。

三　对在川外籍人员的管理与服务

（一）四川省加强对外籍人员的管理和相关政策创新

随着在四川就业的外国人逐年增多，为了进一步提高政务服务效率和方

① 《高新区出台〈“菁蓉·高新人才计划”政策〉》，《成都日报》，http://www.chengdu.gov.cn/info/00020101/2016/10/20/060c0dd7fe4d4cc990a9ded0b801a8b9info.shtml。

② 四川省人民政府：《2016海科会海外人才引进暨项目合作签约仪式在蓉举行》，http://www.sc.gov.cn/10462/10464/10797/2016/9/15/10395860.shtml。

便服务对象，加强外国人在川就业管理，2012年1月，四川省政府决定授权四川省内14个城市的人力资源和社会保障局负责办理外国人在所属行政区域内就业的行政许可事宜，并加强对所属行政区域内外国人就业的管理。

自2004年8月起，我国虽然建立了外国人永久居留管理制度，但自该制度实行以来至2011年底，仅有4752位外国人获得了这个永久居留资格，约为在华常住外籍人口的0.8%。在成都，虽然获得在华永久居留资格（也就是中国“绿卡”）的外国人的数量在逐年增加，2014年3人，2015年7人，2016年上半年13人，但自2004~2016年上半年，成都也仅有63位外国专家获得中国“绿卡”。2016年7月，成都市公安局出入境管理局在市委、市政府“创业天府”行动计划中推出开设“外籍人才停居留绿色通道”政策，设立外籍人才申请永久居留绿色窗口，并主动走访相关涉外单位，积极延伸为外籍人才服务平台，宣传政策，解惑答疑。2016年8月30日，成都市人才发展促进会出入境服务站正式启用，该站不仅是成都唯一一个建立在社会组织中的出入境服务站，同时也是当地唯一一个可以申请在华永久居留资格的服务站。也就是说，在四川的外籍高层次人才可以通过该服务站申请中国“绿卡”了。

自2014年起，成都市公安局出入境管理局在全市建成8个出入境服务站。出入境服务站的功能是为本辖区内的境外人员和涉外单位提供住宿登记、签证证件业务咨询、签证证件到期提醒、涉外法律法规咨询、涉外矛盾纠纷调解等服务。服务站的建立取得了良好的社会效应，于是市委、市政府将新建6个出入境服务站作为便民利民的重要举措纳入2015年市政府“十大民生实事工程”项目。2015年，成都市有了6个新的出入境服务站。加上2016年建立的可以提供在华永久居留资格申请服务的服务站，成都市的出入境服务站已增至15所，基本实现主城区全覆盖。

2016年10月，四川省作为全国十个试点省份之一，对外籍人员的管理政策又有了新的进展。据四川省人社厅外国专家处相关负责人介绍，根据国务院审改办决定，“外国人入境就业许可”和“外国专家来华工作许可”整合为“外国人来华工作许可”（以下简称“两证合一”）。四川省作为全国十个试点省份之一，2016 年 10 月 ~2017 年 3 月在全国率先开展“两证整合”试点工作。11 月 1 日起正式启用《外国人工作许可通知》和《外国人工作许可证》，即原《外国专家来华工作许可证》和《外国人就业许可证书》统一为《外国人工作许可通知》，实行电子化在线打印。两证合一目前在试点，一些配套政策正在制定中，预计到年底前会公布。试点完成后，2017 年起，全国将正式实施外国人来华工作许可。

“两证合一”这一举措将使外国人来华工作许可审批流程更加简化优化，分类标准更为科学合理，有利于管理部门实行统一的人才管理。同时，这一政策还遵循“鼓励高端、控制一般、限制低端”的基本思路：对高精尖缺特殊人才，实施“绿色通道”便利化服务措施，打造更加开放包容的引才用才环境和服务体系；对中端人才，立足国内就业总体情况，在总量控制的基础上提供相应便利；对于低端外国人就业，加以限制。

（二）重视对在川外籍人员的服务和成就认可

近年来，四川省引进大批外国专家，这些外国专家也对省经济建设和社会发展给予了有力支持，四川省政府决定对有突出贡献者给予奖励。2014 年，省政府决定将原来的“四川金顶奖”更名为“天府友谊奖”。这是由省委书记、省长或授权副省长等省领导授予的四川省政府奖项。该奖项经省引智专家咨询委员会推荐评审，省政府决定，每年评审一次，每次一般评审出 5 名外国专家授予“天府友谊奖”，以感谢他们为促进四川对外交流和友好合作做出的重要贡献。目前，已有 15 名外国专家获得此项荣誉。

作为四川省内外籍人口最为集中的城市，成都市公安局出入境管理局也开始积极主动地为在川外籍人员提供法律普及服务。尤其是在外籍人员较为集中的区域，如成都高新区天府软件园，他们开展了“法律宣传进园区”活动，为涉外企业和外籍就业人员讲解相关法律法规，面对面互动答疑。同时，作为成都市国际化城市建设的重要举措，外籍人士“家在成都”工程于 2016 年开始实施，从教育、医疗、住房等方面为外籍人士创造更加便捷舒心的工作生活环境，增进他们对成都的融入感和归属感。

2016 年 5 月 4 日，成都市公安局出入境管理局携手共青团成都市委志工部和西南交通大学国际合作与交流处组建了西南地区首支外国人志愿者服务队。服务队共 10 人，来自法国、捷克、巴基斯坦、越南等国家，这不仅仅是一个公益团队，更是外国人与当地社会沟通交流的重要桥梁，能帮助他们深入了解中国国情和人文历史，让他们在成都的学习和生活更加顺畅。今后，这批志愿者将利用自己的语言优势和专业特长，在成都市对外开放、文化交流、涉外法律法规宣传、社会公益等领域积极开展志愿活动。同时，这支志愿者服务队还会不断吸纳更多热心社会公益事业的外籍人士加入其中。

除了政府举措，一些城市社区和单位也在尽力建立与外籍人士交流互动的平台，以了解他们的需求，促进他们的融入。比如在成都，一些外籍人士居住比较集中，成都桐梓林社区的工作人员考虑到外国人不同的文化背景和生活习惯，专门邀请外国朋友参与社区管理，针对他们的需求和建议提供个性化服务。在绵阳，绵阳电视台与西南科技大学外国语学院合作，在全省城市电视台中开通了唯一一档本土英语新闻 *MIANYANG NEWS*，还开通了市委、市政府门户网站英文版，帮助外籍人士了解和认识绵阳。

四　外籍人士在川的生活与融入情况

近年来，随着四川的对外开放和国际化程度的提升，越来越多的外籍人士来四川工作、学习。以成都为例，作为西部最重要的国际化城市，2015 在成都工作常住的外籍人士数量已超过 3 万人。2013 年，在“魅力中国——外籍人才眼中最具吸引力的中国城市”评选中，成都成为工作环境最受关注的城市。而在 2015 年的“魅力中国”评选中，成都又在“中国西部城市引才引智分榜单”中名列首位。由此可见，积极的工作环境和不断改进创新的引智政策是吸引外籍人才来到四川尤其是成都的重要因素。

除此之外，很多在川的外籍人士也对他们留在四川的原因以及融入四川生活的情况提供各种不同的看法，这些看法大致可以归纳为以下几个方面。

第一，定居在四川的很多外籍人士都对四川的气候环境和人文有着积极的评价。气候温和，城市绿化，山水美景与人文历史相得益彰，四川本地的多元化美食，包容的文化，闲适的生活节奏，热情和善的本地人都使天府之国的魅力跨越了国界，让越来越多的外籍人士流连。

第二，外籍人士很重视国际化社区的形成与建设。刚到四川的外籍人士最先面临就是租房或者买房问题。他们非常需要具备为外籍人士提供英语服务甚至了解他们需求的房地产经纪公司。同时，他们在选择居住社区时，会比较看重社区安全，社区的清洁和园林绿化，周围是否有满足他们健身以及购物休闲的设施和场所也被十分看重。对很多有子女的外籍人士家庭来说，国际化的社区很关键的一点就是国际化教育配套，他们更希望子女能在国际化学校就读。另外，能否在出现健康问题时尽快就医也是很多外籍人士关注的问题。有些外籍人士提到成都有一些外国人自己开的诊所，可以为外籍人士提供医疗服务，同时很多大医院也有专门为外国人提供服务的部门。

第三，网上社区以及与本地人的交往促进了外籍人士的融入。这些网上社区大多为外籍人士自主建立。社区板块中涉及了他们生活中的方方面面：不仅有翻译过的四川当地的英语新闻，也有国际新闻热点；不但有关于学习中文的课程和消息，还有关于签证居留的问题讨论；除了专门针对外籍人士的招聘信息，也有他们自己的毛遂自荐；同时还包括了关于医疗教育、美食购物、休闲娱乐、旅行、租房、体育健身等方面的信息和互动讨论。其中访问量较高的网上社区包括 Chengdu Expat，GoChengdu，Echinacities 等。除了与其他外籍人士进行网上交流之外，他们中的很多人也致力于和四川本地人交往，共同工作娱乐的同时，也大大提升了他们的中文水平。一些外籍人士甚至以能够说一口“四川普通话”为荣。

第四，在积极评价他们在四川的经历和生活之余，一些外籍人士也提出一些建议。例如，在成都国际化建设方面，一些外籍人士提到除了地铁系统的建设打造，城市如果能有更多的自行车绿道和公园则会更适宜居住。在德阳进行个体经商的外籍人士则发现，虽然他们所经营的店铺在当地比较稀有也很有市场，却因其外籍人员的身份，需要面对颇为复杂的工商登记、注册、外国人从业资格等行政审批手续，同时也发现，在招聘合格的员工方面，他们也面临较大困难。因此，他们认为，相比城市规模等硬件，培养专业服务人才等“软件”才是中小城市吸引和留住外籍创业人士的关键。

关于国际化社区的建设，在2013年，仲量联行曾发布了《宜居价值聚焦成都——成都城东宜居价值白皮书》。该白皮书根据国际经验并结合成都本地市场，总结了国际化社区的特点，认为国际化社区应该有以下特点：①邻近位于非传统中央商务区，依托产业发展或政府规划的新区；②交通便利，区域内大多有地铁线路通过；③生活配套完善，有专门为外籍居民而设的国际学校及医院等；④商务配套完善，区域内有甲级办公楼、优质零售物业等。虽然这样的特点并非绝对化，但从这些方面进行改进应对进一步吸引和留住外籍人才产生积极影响。

五　结语

近年来，随着四川的对外开放和国际化程度的不断提升，越来越多的外籍人员来四川工作、学习甚至长期居住。四川省的外国专家引智工程也取得了丰厚的成果，越来越多的外籍专家为四川的企事业单位带来了国外先进的技术成果和管理经验，也为四川省经济的发展以及企业和公共管理的进一步完善做出重要贡献。在文教领域，一些四川高校也积极引进海归和外籍人才到四川执教，从而提升他们在国内乃至国际的影响力和竞争力。与此同时，在川外籍人口的增长进一步带动了省内对国际化商品和服务的需求与消费，由此来四川进行投资创业的外籍人才也在逐渐增加。在这种外籍人才不断流入并长期居住的趋势下，四川省配合中央政府，不断地改进对外籍人员的管理和服务，并得到了他们的积极评价。如今，很多外籍人士已逐渐融入四川本地生活，将四川当成了自己的“家”，并为这个“家”如何进一步提升国际化程度、吸引更多的外籍人才建言献策。四川省政府也在不断通过推动政府工程，从教育、医疗、住房等方面为外籍人士创造更加便捷舒心的工作生活环境，增进他们的融入感和归属感。提升国际化程度以及对外籍高端人才的吸引力和竞争力需要多方的协同努力，报告体现出不仅四川省政府和各地市政府在为实现这一目标不断努力改进，在川的外籍人员以及当地群众也为此做出了诸多贡献。

（感谢四川省外国专家局在本文撰写过程中提供的指导和建议）

人才创新篇

Innovation of Regional Talents

B.10
成都天府新区培育创新型人才聚集力的策略

卿涛　刘爽*

摘　要：产业聚集的过程也是人才聚集的过程，天府新区这一新晋“国家级新区”，是我国西部新的增长极，现代化的产业集群。然而在其快速发展的过程中，也陷入了人力资本薄弱、创新人才匮乏的困境，尽管四川省各级政府出台了一系列吸引人才的政策，但仍难以满足产业发展对人才数量、质量和结构的需求，尚未形成真正的创新力。本报告依据产业集群理论，认为要走出人才困境，为天府新区产业集群的持续发展注入人才驱动力，政府除了提供资金、资源等

* 卿涛（1957～　），四川成都人，西南财经大学工商管理学院教授，博士生导师，主要从事人力资源管理与组织行为研究；刘爽（1980～　），河北承德人，西南财经大学工商管理学院博士研究生，河北农业大学副教授，主要从事人力资源管理与组织行为研究。

硬件条件外，更应着眼于人才软环境基础的建设，即通过营造创新型人才聚集的专业环境、学习交流环境和宽松的文化氛围，增强创新型人才的聚集力。报告还针对技术创新人才、金融业创新人才和服务业人才，分别提出构建产学研体系，建立人才对流机制，坚持市场导向的建议，以供决策参考。

关键词： 人才聚集力 创新型人才培育 成都 天府新区

一 天府新区概况

2014 年 10 月 2 日，国务院批复同意建立天府新区，这意味着天府新区正式升级为“国家级新区”，成为我国西部新的增长极，现代化的产业集群。天府新区的定位为：以现代制造业为主、高端服务业集聚、宜业宜商宜居的国际化现代新城区。

天府新区以成都高新技术开发区南区、成都经济技术开发区、双流经济开发区、彭山经济开发区、仁寿视高经济开发区以及龙泉湖、三岔湖和龙泉山脉为主体。主要包括成都市高新区南区、双流县、龙泉驿区、新津县，资阳市的简阳市，眉山市的彭山区、仁寿县，共涉及 3 市 7 县（市、区）37 个乡镇和街道办事处，总面积 1578 平方千米。天府新区的主要设计思路可以概括为：“一带两翼、一城六区”。一带是指居中的高端服务功能集聚带。天府新区中轴线向南延续，并向东延伸至龙泉山边，沿线主要布局金融商务、科技研发、行政文化等高端服务功能集聚带。两翼是指东西两翼产业功能带。以成（都）眉（山）乐（山）产业走廊为基础，打造成（都）眉（山）高技术和战略性新兴产业集聚带；以成都经济技术开发区为基础，打造现代制造产业功能带。一城是指天府新城。集聚发展中央商务、总部办公、文化行政等高端服务功能，建设区域生产组织和生活服务主中心，为专业功能区提供完善的生产生活配套服务。六区是指成（都）眉（山）战略性新兴产业功能区、空港高技术产业功能区、龙泉现代制造产业功能区、创新研发产业功能区、南部现代农业科技功能区、两湖一山国际旅游文化功能区等六个功能区。

二 天府新区优势分析

（一）地理区位优势

成都是中国西部最发达的特大中心城市，我国西南地区的政治、经济、文化中心。天府新区成都片区正是依托这一地理优势、拥有超过2.5亿人口的内陆市场腹地，坐拥国内航空第四城、国内领馆第三城等完备的公共服务和基础设施。在成都周边地区，已经先后建立了川南经济区、成都经济区、川渝经济区。而刚获批的国家级新区天府经济区则在地理位置上处于三个经济区所围成的三角形之中，是这些经济区的中心，因而具有成为区域经济中心的潜质。依托成都的西南中心城市优势，天府新区的交通水平优势明显。航空方面，拥有面对欧亚腹地的国际航空枢纽，天府新区距离成都双流国际机场和规划的天府国际机场均只有半小时车程。成都拥有北上广以外中国真正的第四个航空枢纽。丝绸之路经济带和长江经济带仅在四川有交汇，而天府新区正有如此之优势，必将有机会搭建成为长江经济带与丝绸之路经济带新的对接融合平台。

（二）政策支持优势

天府新区的成都区拥有多个改革试验区，包括统筹城乡综合配套改革试验区、成渝经济区、国家级新区等，因而有多种优惠政策。天府新区批准为国家级新区后，该地区的发展定位、发展目标等统一由国务院进行规划及审批，涉及的优惠政策等直接由国务院批复。省委、省政府继出台涉及财税、金融、工商等十条支持天府新区的优惠政策后，即将出台加快推进四川天府新区建设的指导意见，还将制定更具竞争力的产业发展和吸引投资等重点政策支持。

（三）产业聚集优势

天府新区拥有坚实的产业基础，就产业结构而言，天府新区聚集了高端产业。仅成都地区就拥有成都经济开发区、成都高新区两大国家级开发区以及成都高新综合保税区、成都空港保税物流中心以及国家高技术产业基地等5个国家级产业基地。汽车产业、电子工程、生物科技、新能源、新材料等高新技术产业发展迅速，聚集了英特尔、富士康、大众等一大批世界500强企业；其中的电子信息、汽车产业产值早已突破千亿人民币。①

三　天府新区面临的人才困境

现代产业集群理论认为，产业的集聚发展离不开资源禀赋、政府政策扶持、人才战略优势等因素的支持，尤其是产业聚集一旦形成，它的发展更是离不开人才战略作为软基础，否则，缺少人才引进、培养和保留机制的集群将面临其内部企业缺乏创新的问题，最终导致该产业集群的衰亡。

（一）天府新区内部人才资源匮乏

目前，天府新区呈现出人才资源匮乏、人力资本薄弱的状况，区域内仅有两所高等院校（四川大学江安校区和锦江学院），相关培训机构也处于起步阶段。尽管四川省政府出台了一系列吸引人才政策，如创业补助、住房补助、租金优惠、免费办公地点等优惠政策，但随着天府新区投资规模的不断扩大，产业聚集度不断升级，其在人才数量、结构、质量及教育资源等方面的不匹配已经日益暴露并开始制约新区的发展。如何快速地聚

① 卿涛、刘爽、肖金岑：《以大学为主导的成都市产学研协同创新模式构建——基于三重螺旋理论》，《西部经济管理论坛》2016年第4期。

集技术创新人才、金融创新人才和服务型人才是天府新区发展面临的首要任务。

（二）成都市内人才流动性不足

根据教育部公布的数据，成都市现有42所普通高校、133所中等职业学院，每年的大学毕业生达到15万余名，此外每年还可供给超过10余万人的专业技术工人；就用人成本而言，人均薪酬比沿海城市低约30%。[①] 另外，《Kelly Services全球雇员指数调研》显示，排在上海与北京之后，成都是人才最不愿流出的城市。除此之外，成都作为西南地区的中心城市，每年都会吸引周边地区大量的高校毕业生到此就业发展。尽管成都老城区内教育基础雄厚，人才资源丰富，但尚未与天府新区形成良好的人才流动机制；成都老城区成熟的基础设施，良好的居住环境和就业环境也对人才形成了强大的吸引力，造成了成都老城区与天府新区间的人才争夺，使得天府新区难以得到急需的人才。同时，成都市的人才总量已经发展较快，高层次人才也为数不少，但是，在知识结构、专业结构、层次结构等方面，不尽合理。一般性的人才多，专业性的高层次人才少，尤其是与天府新区创新产业的高速发展相适应的中高级人才缺口很大。

（三）创新产业凝聚力尚未形成

天府新区正处于产业聚集的初期，尚未形成对人才的聚集效能，新区内企业对各类人才的吸纳和凝聚力不强，在人才竞争中处于劣势地位，另外创业企业对人才的招聘和使用缺乏长远规划，诸多企业急功近利思想严重，人才引进后，期望投入马上就有所回报，对承诺的待遇不积极创造条件落实到位，造成人才引进来，留不住。此外，一些传统的就业观念仍然根深蒂固，一些优秀的人才创业热情和创新积极性尚未被开发和调动，留恋于行政事业单位的稳定工作，导致人才结构在成都区域内部分布不平

① 卿涛、刘爽：《成都市产学研协同创新体系分析》，《科技经济市场》2016年第11期。

衡，有些人才即使加入创新性企业，也是暂时性的，是为下一个目标的过渡做准备。

四　提升天府新区创新型人才聚集力的对策建议

（一）运用产业集群营造创新氛围，增强人才聚集力

创新型人才具有高素质、对科研事业热爱、性格突出和流动性强的特性。在天府新区发展过程中，仅靠资金、资源的吸引是远远不够的，创新型人才的聚集更多地需要依靠创新环境和氛围的吸引，形成人才聚集效应。因此，天府新区的人才战略应走出一条运用产业集群营造创新氛围，增强人才聚集力的道路。

1. 利用产业集群的柔性专业化特性，营造创新型人才聚集环境

产业集群是一般以某几个产业为主，其他相关产业为这些核心产业服务，所以具有专业化的性质。正是产业集群的专业化特征，才使产业集群内的企业之间、企业与支撑机构之间产生紧密的联系，为大量专业化创新人才搭建了相互沟通、相互合作的桥梁。专业相同或相近的人才聚集极易形成认同，便于进行知识的交流、经验的分享，从而形成良好的创新氛围，同时也对外部人才形成强大的吸引力。

2. 利用产业集群的学习性特性，营造创新型人才学习环境

产业集群是一个学习性的区域。这里的学习主要指非正式研究与开发活动，产业集群内的创新网络和根植性为集群内企业相互学习创造了条件。[①]产业集群内激烈的竞争和地理上的相互临近，使各专业人才具备学习的动力和压力，时刻利用非正式的交流进行学习，从而使技术、信息在集群内快速流动，使集群具备快速应对外部变化的能力。

---

① 卿涛、刘爽：《成都市产学研协同创新体系的构建》［J］，《中国商论》2016 年第 29 期。

3. 利用产业集群的根植性特性，为创新型人才营造良好的文化氛围

根植性是指经济行为深深嵌入于社会关系之中。产业集群中的人员不仅仅在地理上接近，更重要的是他们之间具有很强的本地联系，这种联系不仅是经济上的，还包括社会的、文化的、政治的等各方面。产业集群人员之间频繁的互动、频繁的联系会产生充足的社会资本，即建立在相互信赖基础上特有的产业文化。这一产业文化将影响到人员间的认知模式、交流方式、行为习惯等方面，从而为人才的创新提供一个大家认同、舒适的文化氛围和环境。

（二）构建产学研创新体系，培育技术型创新人才聚集力

天府新区的产业定位主要以电子信息和汽车研发制造为重点，以新能源、新材料、生物医药、工程机械、航空航天、节能环保设备为主导。因此，政府在积极引进电子信息、汽车研发、新能源等各类产业创新人才的同时，更应大力发展产学研互动合作机制，建立完善的产学研协同创新平台，吸纳周边乃至国内外的创新型产业人才。

尽管天府新区内高等院校和培训机构匮乏，但成都市辖区拥有30余所高等院校及众多科研院所，其中不乏四川大学、电子科技大学、西南财经大学、西南交通大学等全国知名院校，科研实力雄厚，分布于天府新区周边，交通便利。天府新区应在区域内开展一系列的活动来促进企业与大学、科研院所的交流。鼓励学生、大学老师和科研人员来园区创业，创建产学研信息交流平台；开展企业进校园活动，加强企业和大学、科研机构的联系，定期与大学、研究机构相互走访，彼此获取相关的市场和技术信息；鼓励研究人员进入企业学习等。通过一系列的互动，公司可以及时了解研究机构内的科研动向，高校等科研机构也会根据企业所提供的市场信息不断地进行技术改造和研发创新，使新技术更符合市场要求。在这样的交流和互动下，企业和研究机构可以共同发展不断创新，提升整个区域产业的创新力和产业聚集力，为产业创新人才的聚集营造良好的创新环境，培养具有天府新区特色的产业人才聚集力。此外，政府要增加对教育的投入，以提高新区内人力资源素质和人才资源存量。

（三）建立人才对流机制，培育金融创新人才聚集力

产业的发展必须要有强有力的金融支撑，天府新区产业集群的发展也必将带来金融业的聚集。金融产业集群的集聚本来就包括了劳动资源的集聚，特别是对优秀专业人才的集聚，即使在伦敦、纽约等成熟的金融中心，其金融人才也并非完全是由本地培养的。由于天府新区的金融集群尚处于起步阶段，有必要通过引进周边、国内以及国际金融人才，吸收国内外先进的金融产业经营管理理念、经验和专业技术，在较短时间内缩短与成熟的国际金融中心在人才智力方面的差距。成都是西部地区的金融中心，拥有雄厚的金融人才储备，天府新区应在降低进入门槛、规范行业标准、简化审批等方面出台优惠政策并建立相应的机制，吸引、带动成都市及国内外大批金融机构在天府新区设立区域总部，通过总部效应聚集金融创新人才，实现天府新区与成都市区金融人才的对流。

（四）发展服务业集群，培育服务业人才的聚集力

产业集群的发展需要与之相适应的配套服务体系。产业聚集区内服务业的发展应紧密围绕“为核心产业服务”的理念，坚持以市场为导向，发展与天府新区电子信息、汽车、新能源等十大产业紧密相关的服务业，形成服务业的聚集效应，从而推动服务型人才的聚集。同时，应积极建立一个完善的服务体系，包括各种规范的咨询机构和中介服务机构，如各种行业协会、教育培训中心、律师事务所、市场调查机构等，为天府新区内产业集群的成长提供组织、协调和保障作用。

综上所述，产业集群是一个有机整体，因此，技术创新人才、金融创新人才和服务型人才的聚集也是相互融合、彼此促进的过程。天府新区人才聚集力的形成是一个以此三种人才为核心的多层次人才体系构建的过程，伴随着各产业的聚集而产生，必将为新区内各产业聚集的发展注入强大的人才驱动力。

B.11
四川应急管理创新人才培养实践探索与发展建议

孙 斌*

摘 要： 应急人才要能够适应瞬息万变、错综复杂的公共安全形势，并不拘一格、打破常规有效应对复杂环境和形势；及时调整和确定应急人才素质、人才培养、人才管理、人才战略等方面的人才培养目标和规划，适应转型，创新应急培养模式，培养具有应急创新能力的人才。充分发挥应急培训机制，积极创新应急方法，不断实现理论、技术和指挥创新。应急管理实践表明，世界各国和地区应对突发公共事件的组织方式、体系等有差异，但对应急管理教育、应急管理教育制度设计和开展程度认识都非常深刻，因此开展有实效的应急管理教育是应急管理创新中至关重要的环节。借鉴国外经验，并结合我国实际情况，提出并阐释了由科普型、培训型、研究型和三种应急教育组成的应急教育创新体系，并针对各类型教育给出了相关的政策建议。只有具备创新能力，才可以解决意外出现或棘手的突发公共事件。综合运用各种应急能力，全面考虑各种危险因素，善于透过表象，认清复杂的本质并预见未来趋势，将损失降到最低可接受水平。

* 孙斌（1972～ ），博士，浙江警官学院安全防范系副教授，浙江绍兴人；浙江省新世纪151人才，国家安全生产应急专家推荐人选，浙江省危险化学品安全生产专家，浙江省高校安全保卫专业带头人，浙江省安全工程学会理事，杭州经济技术开发区安防技术学会顾问，浙江大学非传统安全与和平发展研究中心研究人员；主要从事应急管理方面的教学及科研工作。

关键词：　应急管理　应急人才　应急教育　应急培训

近几年来伴随我国经济建设快速发展，改革开放不断深化，各种不确定因素也不断增加，各类突发事件时有发生。在我国经济转型、社会转型的背景下，突发公共事件呈现许多新的特点：涉及领域多元化；高频次、大规模；组织性、暴力性、危害性加强；国际化程度加大等。2003 年 SARS 事件，2008 年南方雪灾、汶川地震以及上海外滩踩踏事件等典型突发公共事件。突发公共事件产生的原因很多，但其中突发公共事件应急管理教育的缺失和不完善是重要的原因之一，值得我们认真深刻反思。突发公共事件管理的实践表明，不同国家和地区应对突发公共事件的方式、组织形式等千差万别，但其中对突发公共事件管理教育作用的认识、对突发公共事件管理教育制度的设计和开展程度，决定了重大突发公共事件应对的成效。应急教育不仅能够提高公众的突发公共事件意识，预防突发公共事件的爆发，而且能够通过应急人才培养培训，为突发公共事件爆发后应急处置提供必要的人力资源保障，确保最大限度地降低突发公共事件造成的损失。应急教育作为应急管理基础工作，先行于应急管理，整合政府、企业、非政府组织等各方资源，构建适合国情的应急教育体系，对有效开展应急管理非常重要。

以公共安全理论和公共安全素质为内涵，加快培养胜任应急事件需要的“创新型、复合型、协作型、国际型”人才培养模式成为当务之急。应及时调整和确定新的应急人才素质、人才培养、人才管理、人才战略等方面的人才培养目标和规格，适应转型，创新应急培养模式，培养具有应急视野和创新意识新型人才。

一　应急管理人才培养现状

1979 年美国联邦应急计划署（FEMA）的成立，标志着现代应急管理诞生。美国联邦应急计划署（FEMA）有效集成了各个方面资源，将所有应对突发灾难性事件的职能集于一个部门，提高了政府应对突发公共事件时的处理效率。成立初期的 FEMA 只负责一般性自然灾难事件，忽视了社会公共安全事件如恐怖袭击，并且对于突发性的重大自然灾害防范不足。但总的来说，FEMA 开始了现代应急管理，为现代应急管理发展奠定了坚实基础。①

国务院应急管理专家组组长闪淳昌教授提出了应对突发事件与公共安全的相关建议。他指出，要树立新时期公共安全的新理念，加强风险防控与治理；要编织全方位、立体化的公共安全网，依靠群众和社会力量；关注与跟踪国际热点与趋势，依靠科技进步，提高公共安全装备水平；贯彻和完善相关法律法规；勇于负责，敢于担当，提高对危机和风险的应变能力。

我国对应急管理研究是从“非典”事件后开始的，相关的研究机构也多是在 2003 年后成立，如中国（双法）应急管理专业委员会（2005 年）、清华大学应急管理研究基地（2005 年）等等。暨南大学公共管理学院、河南理工大学应急管理学院较早开始突发公共事件应急管理教育；国家行政学院及省级行政学院是应急培训和应急研究的主力军，中国人民公安大学为首的警察类院校主要培养应急警务人才；应急管理的研究型人才十分缺乏，突发事件出现，研究兴起一阵，突发事件过去，偃旗息鼓。由此可见，无论是民众应急知识水平，还是专业应急人才储备都相对落后，这也从侧面反映出应急教育水平相对滞后。②

（一）应急教育意识

由于突发公共事件有着明显的突发性特征，在突发公共事件发生的过程中民众的自救和互救知识与技能相对缺乏，再加之对应急教育重视不够，当突发事件来临时，无论是突发公共事件应急管理者还是广大群众在应对突发公共事件时，很多时候表现为茫然不知所措，慌乱不堪，不够冷静，认识和处理能力上都处在一个较低的水平。然而由于历史的因素，政府在突发公共

---

① 薛澜等：《危机管理——转型期中国面临的挑战》，清华大学出版社，2003。

② 北京市突发公共事件管理委员会：《首都市民防灾应急手册》，北京出版社，2006。

事件产生时处于绝对主导地位，而群众也形成了对政府的过度依赖，缺少必要的应急教育；应急教育作为一种基础素质教育，不但能够提高受教育者的突发公共事件意识和临危不乱的心理素质，而且能培养他们在面对突发公共事件时自救和互救的技能技巧，尤其是我国，每年自然灾害较多，有必要提升应急教育理论和实践人才的培养。

（二）应急教育法制化

中国是一个自然灾害多发的国家，从大禹治水一直到2016年，每年都与自然灾害做着搏斗，从实践中积累了大量应对灾害的经验。但在中国将应急管理作为一个学科进行研究还是从2003年在中国爆发并迅速席卷全球的SARS疫情。在SARS之前我国尚未建立完善的应急管理体系，只有政府各级应急管理办公室，负责处理一些本地的突发事件。我国现阶段正处于全面建设小康社会、构建社会主义和谐社会的历史进程中，不可避免地会遇到各种各样的突发公共事件。基于抗击SARS公共卫生事件的经验和教训，逐步建立和完善了我国的应急管理体系。2006年10月，党的十六届六中全会通过的《中共中央关于构建社会主义和谐社会若干重大问题的决定》中要求“完善应急管理体制机制，有效应对各种风险”，并进一步明确了建立应急管理体制的总体原则以及指导性框架。除此之外，国家也加大了应急管理法律体系的建立。2007年国务院下发《关于加强基层应急管理工作的意见》，并组织编写了一系列专项应急预案，同年8月，全国人大常委会通过了《突发事件应对法》。与此同时，各省、自治区、直辖市都成立了省级应急管理领导机构，并建立了一整套事故应急预案体系。至此我国的应急管理体系初步建立。我国的应急管理体系经受住了随后发生的南方低温雨雪冰冻灾害、汶川特大地震、北京奥运会和H1N1甲型流感疫情等重大事件的考验，初步显示出了成效。①

① 曹杰、杨晓光、汪寿阳：《突发公共事件应急管理研究中的重要科学问题》，《公共管理学报》2007年第2期。

但是，我国突发公共事件教育方面的法律法规仍然处于多元分散的状态，还需要进行突发公共事件教育的专项立法工作，使突发公共事件教育逐步走上规范化、制度化、法制化轨道。在缺少明确的法律规定的前提下，基层组织如社区居委会、学校和各企事业单位都不能明确各自的责任和义务，难以积极主动地在应急教育中发挥各自的优势和作用，这种松散的、缺乏督促和考核的应急教育自然无法达到提高民众对突发公共事件的认识能力、理解能力以及突发公共事件管理参与能力这一应急教育的最终目标。

（三）应急教育体系

目前我国应急教育在军队、消防武警和警察等部门开展较多，主要是维稳、处突为主的训练，公务员培训方面侧重于应急管理，企业安全生产以安全生产应急预案为主，而社区和学校的应急教育还处于起步阶段，没有形成一个完善的应急教育体系。从政府、军队、企业、民间机构、社区志愿者五个方面加强应急管理人才的组织建设；从平时的普及宣传教育、专门培训、集中的演练和重大事件之后的反思提高四个方面加强应急管理能力建设；从突发公共事件意识、应急知识、救援技能三个方面加强应急管理人才的思想建设；从专业人员、弱势群体两个方面加强应急管理培训，尤其重视对儿童的教育，从娃娃抓起。

二　国外应急管理现状和对中国的启示

人类进入 21 世纪以后，虽然和平与发展依然是当今世界的主题，但就某些国家和局部区域而言，仍面临着十分严峻的和平与安全的挑战。SARS、禽流感的袭击、恐怖活动、印度洋海啸和飓风等灾难，给人类和平与安全造成了严重威胁。联合国与世界各国一道，为全球安全减灾和应对各类紧急突发公共事件付出了不懈的努力，“国际减灾十年（1990～2000）”大规模行动取得了明显的成效，全球已有 140 多个国家成立了国家减灾委员会，继续推进“国际减灾战略”行动，以减轻自然、人为和技术灾害。目前，世界各国政府都在迅速采取行动，预防和应对突发公共事件，美国、加拿大、意大利等国已经建立了比较完备的紧急事件响应模式，值得我们借鉴和学习。美国、加拿大等国都建立了比较完备的应急法制、体制、机制，西方国家应急管理模式在国际社会都处于领先地位，许多方面值得我们学习和借鉴。他们的应急管理机制建设对中国有许多重要启示：建立协调一致、有序高效的指挥系统，是有效应对突发公共事件的重要基础；快速救援的机制建设，是有效应对突发公共事件的关键环节；促使全社会高度关注、共同参与，是有效应对突发公共事件的根本保证。

突发公共事件涉及全社会的各个方面，政府、军队甚至国际社会的力量再强也是有限的，施救措施响应的速度再快也存在时滞，所以突发公共事件管理要靠全社会的力量，其中最重要的是要培养公众自身的突发公共事件意识和自救能力，充分利用学校、已有的救灾管理机构开展行之有效的宣传教育、培训，普及公共安全知识、防灾救灾和自救知识，特别要重视城乡基层单位的应急管理工作，提高基层应对突发公共事件的处置能力。此外，还可以建立灾害信息员培训制度，鼓励公民自愿、积极地参与信息搜集和发布，既可以培养公民意识，避免不正当信息发布带来的社会恐慌，同时也有助于建立规范化的信息发布网络。①

三　应急人才定位

应急人才是“处突、维稳”的生力军，战胜突发事件的关键力量。具有“强体、实时、精准、创新、转化”的时代特征。针对政府等公共部门的应急管理人才培养问题，张学栋认为，根据应急管理的不同层次可以把所需人才分为五类，五类人才良性互动、角色不同形成链条，处在不同层次、发挥不同作用，其核心能力各有不同。

决策型人才：应急管理中最高层次的人才，广义地说决策型人才应具备

① 程美东：《透视当代中国重大突发事件（1949～2005）》，中共党史出版社，2008。

五种核心能力。一、对宏观事态的全面把握能力；二、对事态发展趋势有超常的预测能力；三、临危不惧、处乱不惊的心理素质；四、熟悉事件的产生、发展、影响以及化解方法，对事态有整体、科学、深刻、系统和动态把握并能在事态发展的不同阶段迅速而准确地做出相应对策；五、对事业、国家和人民具有高度的责任感和很强的事业心。

监督型人才：应急管理中，需要有人专门对整个事件的处理过程进行记录和跟踪报告，加强处理的透明度并对事件起因、处理、损失和善后进行评估。这类监督型人才要求具备很强的专业背景、动态跟踪能力、整体评估能力和政策把握能力，其中整体评估能力是关键。

信息型人才：公共部门的“千里眼”“顺风耳”，应急管理人才结构中的基础型人才，担负着应急管理的预警工作，其任务是及时、准确、全面搜集信息而且要不停地更新和反馈信息。信息型人才的核心素质是灵敏性、选择性和责任心。

执行型人才：应急管理指挥人员，具备领悟力、贯彻力、协同能力，专业背景强、准确把握、果断决策。既能领悟决策层的精神又能将其很好地贯彻下去，同时具备很强的专业背景，能从整体上准确把握事态进展，并根据事态发展迅速而果断地制定出具有可操作性的行动计划。

操作型人才：公共部门中现场处理危机和突发事件的专业技术人才，如消防员、警察、医护人员等。合格的操作型人才除了要具备专业化的知识、职业化的技巧之外，还要有快速反应能力，很强的协同性和整合现场各种资源的能力。

四　应急管理人才队伍

应急教育体系纵向可分为科普型、培训型、研究型三种应急教育，各有特殊教育培养目标。科普型教育旨在使公众掌握应对突发公共事件的基本素质（比如心理素质、基本的突发公共事件处理能力等）。培训型教育旨在提高应急管理中政策执行人员的素质，主要指对公务员和相关专业技术人才

（比如消防员、警察、医护人员、专业的紧急救助员等）的培训。研究型教育旨在培养应急管理专家，充分发挥其专业特长和技术优势，参与应急管理决策，必要时也可参加突发公共事件处置，他们是决策型人才，为应急管理决策充当智库。①

（一）发展科普型应急教育

科普型应急教育主要是指对社会公众的应急宣传教育。当前我国政府也开始采取措施加快应急管理宣传教育建设。《国务院办公厅关于加强基层应急管理工作的意见》中，关于加强应急管理宣传教育和培训有如下规定：社区和乡村要充分利用活动室、文化站、文化广场以及宣传栏等场所，通过多种形式广泛开展应急知识普及教育，提高群众公共安全意识和自救互救能力。生产经营企业要依法开展员工应急培训，使生产岗位上的员工能够严格执行安全生产规章制度和安全操作规程，熟练掌握有关防范和应对措施；高危行业企业要重点加强对外来务工人员的安全宣传和培训。有关部门要进一步采取有效措施，认真贯彻落实《中小学公共安全教育指导纲要》，推进应急知识进学校、进教材、进课堂，把公共安全教育贯穿于学校教育的各个环节。

对民众的应急素质进行调查，评估科普型应急教育的现状。各级政府的应急管理主管部门协同教育部门、民政部门等在全国范围内，进行应急宣传教育的调查分析，掌握可靠的现状资料。只有明确了科普型应急教育的现状和存在的问题，才能对症下药，采取合理有效的措施手段。

形成一个学校、社区、家庭和个人互动的应急宣传教育网络。应急宣传教育应该具备一个完整的体系，而不能仅仅被局限地理解成学校教育，它应当至少涵盖学校教育、社区教育、家庭教育和自我教育四个方面。

借鉴日本的经验，设立灾害宣传周，并在全国范围内建立应急技能的实践场所。在灾害宣传周期间，政府、宣传媒体和社会组织等通过举办各种活

① 安志放：《论公共危机管理中的公共危机教育》，《贵州教育学院学报》（社会科学）2008年第2期。

动，如展览、研讨会、灾害管理宣传海报设计比赛等，引起公众的注意，进行集中的应急宣传教育。

美国科普教育十分发达，公民接受和参与科普教育培训的机会和场所很多，十分有利于提高全民的科技意识和水平。如明尼苏达科学（博物）馆除了专职员工外，还有半职员工和兼职员工，兼职员工中有大学教授、科研人员、大学生、离退休人员、中学教师、青少年等，这些人员在作为馆内培训员或讲解员的同时，也是被培训人员，科普教育的对象与场馆之间形成了一种良好的互动关系。消防安全部门还会带领你参观介绍消防设施及紧急情况下逃生通道，并给你做示范，直到明白为止。

我国科普教育相对比较滞后，特别是消防知识在科普教育中所占的分量可以说微乎其微，专门的消防博物馆数量极少，全民接受消防安全科普教育与培训的机会和场所很少。近些年，我国在这方面做了不少工作，不少地方也进行了有益探索，但还很不够，消防安全教育还没有正式纳入中小学教育大纲，没有把消防安全素质教育纳入全民素质教育体系，对重点工种、重点人员的消防安全教育和培训还没有形成制度化和规范化。只有全民的消防意识提高了，社会的消防安全水平才能得到根本提高。

（二）发展研究型应急教育

1993 年成立于美国华盛顿的非政府组织——国际应急管理协会（The International Emergency Management Society，缩写为 TIEMS），是目前最权威的应急管理机构，有专门研究应急管理的专家和专门培养突发公共事件管理人才的专业。目前该组织有世界各地会员约五千人，主要是各地政府应急管理官员、专业应急管理机构中（如消防、警察、医疗、生化等）的危机管理负责人、企业尤其是跨国公司的危机管理经理、大学及研究机构中的危机管理研究者、危机管理产业供应商以及学习危机管理专业的学生。[①]

① 韩智勇、翁文国、张维：《重大研究计划“非常规突发事件应急管理研究”的科学背景、目标与组织管理》，《中国科学基金》2009 年第 4 期。

美国、英国、日本等发达国家的突发公共事件管理实践及教育经验值得我们学习，应急管理研究机构应该主动积极地与拥有先进的应急管理研究经验的国外研究机构和学术团体开展交流和合作。通过交流与合作，努力改进我们的应急管理研究，不断采用高科技和新技术，促进我国应急管理研究的快速提升，为我国应急管理培养更多的后备研究型人才，为应急管理提供智力支持。

我国应急管理研究教育还刚开始起步，为加快我国应急管理高层次人才队伍建设，在培养研究型人才方面应该加大力度。应急管理研究型人才是复合的、高层次的专门人才，需要公共管理学、政治学、社会学、心理学、经济学、管理学、新闻学等专业背景，各高校和研究机构可以直接跨越本科生培养阶段，直接从研究生开始，高起点培养应急管理研究型人才。

在目标上，应急管理研究型人才教育旨在培养出一定数量的各类应急管理专家队伍。《国家总体应急预案》将突发公共事件主要分为以下四类：（1）自然灾害；（2）事故灾难；（3）突发公共卫生事件；（4）社会安全事件。培养应急管理研究型人才，在突发公共事件爆发后可以提供应急管理服务，为应急管理决策提供咨询帮助。

在政策上，政府应该加强与高校以及研究机构合作，充分利用后者智力优势组成一支高水平、跨学科的研究队伍。高校以及研究机构在知识与人才储备上有其独特的优势，政府可在综合高校相关人才的基础上，组建应急管理研究机构，在进行应急管理研究的同时培养应急管理研究型人才。国外多数发达国家都建立有专门的培养应急管理人才的基地，并依托高校，出版专业教材和聚集师资，走政府、市场和第三部门相结合的多渠道培养应急管理人才道路，这一点值得我们借鉴。

在财政上，各级政府、行业协会、企业等，将应急管理研究所需经费进行单列，纳入年度预算，保证应急管理研究型教育的财政投入。2007 年 8 月 30 日，第十届全国人民代表大会常务委员会第二十九次会议通过的《中华人民共和国突发事件应对法》（自 2007 年 11 月 1 日起施行）第二章第三十六条规定："国家鼓励、扶持具备相应条件的教学科研机构培养应急管理专门人才，鼓励、扶持教学科研机构和有关企业研究开发用于突发事件预防、监测、预警、应急处置与救援的新技术、新设备和新工具。"

五　应急人才培养存在的问题

（一）应急人才培养缺乏整体规划

应急人才培养缺乏整体发展战略、系统规划和对应急人才培养的有效整合，应急人才培养共享程度低。由于没有统一规划、成体系开展建设，各自为政、自主建设，导致应急人才培养重复建设、共享困难，浪费了人力、物力和财力。受传统理念和条块分割体制的影响，认为应急人才培养能力建设是主管部门的责任，自身建设就可以了，主动作为的思想意识缺乏。应急人才培养机制仍未充分发挥其本应具有的作用，自我发展的约束机制没有建立，未感受到信息时代带来的压力、动力和活力。

（二）应急人才培养认识不统一

应急人才培养是适应社会发展进步必须采取的措施，也是一个长期、艰苦的工作，效益显现慢，职能部门和人员对应急人才培养工作的认识需要经过观望、参与、支持到迫切需要的提高过程。对于应急人才培养工作认识还不足，没有真正认识到应急人才培养工作的重要意义，没有完全从微观管理的范畴中挣脱出来；拥有的应急人才培养管理权力仍然过于集中，自然也就难以充分彰显其积极性和主动性，难于创新应急培养模式。

（三）培训经费不足

由于应急人才培养经费不足，投入培训方面的经费增加不多或没有增加，严重影响了实践培训环节的质量。应急学员培训的操作性实验改为演示性实验。教师中不少人具有硕士甚至博士学位，但在培训方法及培训艺术、培训经验方面比较欠缺，其培训质量不太尽如人意，达不到学员的期望值。不合理的师生比例给教师带来过重的课时负担，过重的课时负担影响了教师的培训水平，导致了培训质量的滑坡。

（四）应急培训工作开展不够充分

应急管理工作应该是两条腿走路，一方面是应急预案体系的建立，另一方面就是应急管理培训工作的开展。目前，国务院各涉灾部门的应急预案编制工作已基本完成，全国31个省、自治区、直辖市以及灾害多发市县都制定了预案。全国应急预案框架体系初步建立，突发公共事件应急预案编制工作目前已基本完成，是否有效运行就成了应急管理成败的重点。执行应急预案处理突发公共事件的主力军是普通职工，职工安全意识、安全操作水平成了应急管理的基石。而现在职工培训针对性不强，培训质量有待进一步提高。当前，应急管理培训多以课堂教学、理论灌输为主，缺少必要的案例剖析和互动。一些地方和单位培训走过场，为了培训而培训，对开展培训缺乏充分的前期调研，没有真正按照企业需求、学员需要和特点优化培训方案，培训缺乏针对性。

（五）应急人才培养保障能力有待提高

应急训练始终不能摆脱专业的束缚，缺乏与其他项目开展相应训练的有效举措，获取应急训练的渠道不够成熟。应急保障效率不尽如人意；基于应急体系的网络训练和实战化对抗训练没有展开，应急训练器材和模拟仿真训练设备还比较缺乏，缺乏应急挖掘能力，深层次的应急需要得不到充分保障，决策支持能力、智能化、个性化应急能力有待提高；应急环境建设滞后，网络训练手段集成化程度低，功能相对单一，不具备开展基于应急体系下联合处置演练的功能。应急人才能力的形成受到制约，以知识为主导的知识服务模式尚未建立，在充分挖掘应急需求、帮助获取知识、提高解决问题能力、帮助决策或直接解决问题方面有待增强。

六　应急人才培养对策

（一）应急人才培养教育

应把加快应急人才培养工作作为“十三五规划”的重要组成部分，把应急人才培养工作纳入重大科技发展规划之中，在高等院校开设应急管理专业，按照大类招生培养理论及实务专业人才，在全国范围布局专业点，统筹安排、协调发展。

（二）创新应急培训模式

以应急任务为导向，以应急训练质量为主线，以应急人才素养为宗旨，提高应急人才能力，创新应急培训模式；提升应急实战能力，创新应急培训的组织形式，最大限度地提高培训的水平。加大应急人才职业资格准入制度，提升应急人才职业资格证书含金量。

（三）借鉴先进经验

应急人才培养要学习借鉴发达国家应急理论特别是应急技术的成功经验，加快应急创新技术开发，尽快使应急创新技术赶上或接近世界先进水平。基于应急产业建设和发展，为社会提供合格的应急装备，培养优秀的应急人才。

（四）加大教师培训力度

制定教师建设规划，加大教师队伍建设投资，明确各类岗位员工素质标准，健全培养体系，加大培养力度，提高培养质量，采取有效措施，造就高水平的教师队伍，全面提高应急能力。只有高质量的教师才会有高质量的培训，才能培养高质量的学员，所以师资培养应成为提高培训质量的核心内容，优化师资团队年龄结构，形成梯队；教师队伍建设是促进应急的重要保证，培养一支精通业务、适应应急需要的高素质创新型和复合型教师队伍，是应急管理的基础。

（五）大力培养创新型应急人才

科学论证应急人才建设需求，准确界定人才的知识结构和能力素质标准，按照培训任务分工，明确各类人才的培养目标，尤其是信息素质标准。继续发挥好在应急人才培养中的主渠道作用。要从教育创新入手，增强学员的创新意识和创新能力，突出当代学员创新精神的培养。创新意识的培养，也就是培养学员追求创新、以创新为荣的观念和意识。只有在强烈的创新意识的推动下，个人才有可能产生强烈执着的创新动机，才有可能充分发挥自己潜在的创新能力和聪明才智。同时，运用培训资源，通过与其他相关机构之间交叉培训、相互代训等形式，提高应急人才的信息素质和联合指挥能力。抓好应急人才培养使用、考核评价和奖惩激励机制建设，创造良好的人才成长环境。激励广大学员努力学习、争当应急人才的热情。①

七　对四川省应急人才培养和提高防灾减灾救灾能力的建议

（一）概况

四川省培养应急人才主要有四川大学、电子科技大学、西南交通大学、中国民航飞行学院、四川警察学院等高校；四川大学主要培养政府公共管理人才，四川大学医学院主要培养公共卫生人才，电子科技大学主要培养网络安全人才，西南交通大学主要从交通安全角度培养工程安全技术人才，中国民航飞行学院主要从民航飞行安全角度培养工程安全技术管理人才，四川警

① 薛澜、钟开斌：《突发公共事件分类、分级与分期：应急体制的管理基础》，《中国行政管理》2005 年第 2 期。

察学院主要培养公共安全管理实务人才；当前，四川大学、西安电子科技大学、北京邮电大学、上海交通大学、解放军信息工程大学正在建设国家网络安全人才培养基地。四川大学网络安全研究院常务副院长陈兴蜀提出培养网络安全人才的特殊性："网络空间安全是一级学科，去年刚刚成立。这个学科很大特点就是对人的要求有特殊性。举个例子，比如做系统安全的，以前只要把系统说清楚，整个系统该如何构建。但是现在需要做系统安全的人，必须理解系统的构架，还要知道安全问题在哪里，如何解决。所以对网络安全的人才有技术特殊性和悟性要求，这个资金进来，我们希望直接吸引年轻人、学生和老师。这个基金刚刚成立，下一步如何使用会通过相应协议，我们学校也会成立相应机构来管理这笔基金。"

2015 年，教育部已将"网络空间安全"设为一级学科，并制订了学位基本要求和教学质量国家标准。目前，网络安全、信息对抗、保密管理三个专业在各高校布点共 121 个，电子信息类、计算机类等与网络人才培养相关专业布点 4800 余个。而此次网络安全专项基金的成立将进一步鼓励高校在培养网络安全人才的思路理念、培养模式、同企业的合作三个方面探索出新路径。

（二）提高防灾减灾救灾能力建议

1. 增强灾害预警能力

建立自然灾害易发区调查评价、群测群防、监测预警体系，加强地质、洪涝等灾害隐患排查，完善自然灾害灾情快速评估、上报和发布制度，加强防灾减灾信息互通共享，全面提高自然灾害综合预警能力。建立健全水文气象观测技术支撑系统，增强水文气象灾害预测预警能力。开展地震活动断层普查，建设地震烈度速报和预警系统，形成地震烈度速报和预警能力。开展综合地球物理观测，建立诱发地震监测台网，完善地震监测系统。

2. 加强重大灾害防治

加强地质、气象、旱洪、地震等灾害防治，推进综合减灾示范工程建设，提高自然灾害综合防治能力和水平。深入开展重大地质灾害隐患点工程治理，科学安排危险区域生产生活设施实施合理搬迁避让。加强防汛抗旱的工程措施和非工程措施建设，开展病险水闸（水库）除险加固，加大主要江河及中小河流堤防工程建设及山洪灾害治理力度，有效应对旱洪灾害。开展人工影响天气能力建设。加强城乡抗震设防能力建设。

3. 提高应急保障能力

加强综合救援力量，建立健全各类自然灾害和事故灾难专业救援队伍，提高应急救援装备水平和快速反应能力，夯实基层救援力量，有序发展社会救援力量。完善自然灾害和事故灾难应急预案体系，加强应急测绘保障，提升应急准备、响应、处置和紧急救援等综合协调和联动指挥能力。加强应急物资储备，确保应急需求。加强现场急救和医疗救助能力建设，提高灾后疫病防控能力，增强公众防灾避险意识。①

八　研究结论

科学的应急教育是最大程度减轻突发公共事件带来的损失的有效途径。为此，在全球化和全面推进小康社会建设的大背景下，提高全体公民应对公共突发事件的素质，培养出一定数量的应急管理专业人才是我们现阶段必须完成的一项重要任务。为此，我国当前必须尽快完善由研究型、科普型和培训型教育组成的完整的应急教育体系，只有这三方面均衡发展才能使得整个应急管理环节得到强化。值得注意的是，这方面应急教育的发展依靠政府、企业以及第三部门整合资源协同努力，为了强化和检验所取得的教育成果必须进行适当的应急演练。

《中华人民共和国突发事件应对法》第二章第二十九条对应急演练有如下规定：县级人民政府及其有关部门、乡级人民政府、街道办事处应当组织开展应急知识的宣传普及活动和必要的应急演练。应急演练是应急管理的重

① 朱正威、肖群鹰：《国际公共安全评价体系：理论与应用前景》，《公共管理学报》2006 年第 3 期。

要环节，在应急管理工作中有着十分重要的作用。通过开展应急演练，可以实现评估应急准备状态，发现并及时修改应急预案、执行程序等相关工作的缺陷和不足；评估突发公共事件应急能力，识别资源需求，澄清相关机构、组织和人员的职责，改善不同机构、组织和人员之间的协调问题；检验应急响应人员对应急预案、执行程序的了解程度和实际操作技能，评估应急培训效果，分析培训需求。同时，作为一种培训手段，通过调整演练难度，可以进一步提高应急响应人员的业务素质和能力；促进公众、媒体对应急预案的理解和对应急工作的支持。

B.12

如何利用雇主品牌来留住员工？

——对四川省内企业的建议

钟　鑫*

摘　要：　随着我国全面深化改革的推进，企业面临的竞争环境更加复杂且不确定性增强，竞争态势日趋激烈，要求组织结构更具有灵活性和柔性，同时雇佣关系的稳定性受到极大的挑战，优秀员工面临着无边界（或易变性）的职业生涯背景，频繁跳槽成为当代职场青年才俊的一个典型特征，这也成为企业面临的重要问题。四川省一直以来受区位和历史的影响，人才招引较东部沿海来说，难度更甚。因此在努力招引优秀人才的同时，如何留住现有优秀员工将更具现实意义。本文以自我决定理论（self-determination theory）、心理契约理论（psychological contract theory）、社会交换理论（social exchange theory）为基础，构建模型，试图回答：①雇主品牌是否会显著地促进员工留任？②基本心理需求在雇主品牌与留人管理之间是否起中介作用？③进一步解释，在什么条件下，雇主品牌会促进企业留住员工？并检验了破坏性领导与工作—家庭支持的调节作用。

关键词：　雇主品牌　基本心理需求　员工留任　破坏性领导　工作—家庭支持

---

* 钟鑫，西南财经大学工商管理学院人力资源管理研究所，博士，讲师。

我国经济经历了改革开放近四十年的快速发展，经济发展方式正在全面转型和升级。当前企业竞争面临的形势是市场主导行业内的资源配置，基于此，企业竞争在资源配置的作用下回归市场化和理性化，企业间的竞争变得日趋激烈（余斌、吴振宇，2014）。传统的企业竞争模式往往依赖于企业自身所拥有的物质资源、资金资源以及社会关系资源，企业间的竞争实际上是对这些稀缺资源掌控能力的竞争（Dasam，2013）。与传统的企业竞争模式相比，目前的企业竞争更依赖于企业自身人力资本（陈忠卫、张广琦，2013）。人力资本是目前企业最具活力、最有价值以及最有潜力和能动性的战略资本（Anant Singh，2013）。员工竞争力的提升是企业保持持久竞争的关键，而这些直接依赖于企业所拥有的人力资本。

《博鳌亚洲论坛亚洲竞争力 2015 年度报告》对 2014 年度亚太地区 18533 家上市企业竞争力进行了评估，我国有 51 家上市企业进入前 300 名。优秀员工是企业最宝贵的财富，是企业核心竞争力所在（Waleed Hassan，2013）。企业要想在日益激烈的竞争中取得胜利，就必须依赖优秀员工。

四川省一直以来受到区位和历史因素的影响，省内企业在人才引进、培养、留任上往往投入大量的人力物力，却无法得到与之匹配的正向结果。其实人才竞争从全国区位来看，也存在马太效应。即人才越集聚的区域，经济发展越来越好，从而带来更多的人才集聚。因此本文试图通过对雇主品牌对员工留任的机制进行探讨，以期对四川省企业在雇主品牌及人才留任上提供积极的建议和启示。

一　问题的提出

随着当代企业员工期望和心理需求的变化，员工的流动性增大，留住员工成为企业面临的巨大挑战。企业都力争用最佳的人力资源管理措施来留住员工，从而使企业获得持续的核心竞争力。除此之外，在全球竞争环境的压力下，企业不得不树立起良好的自身形象即雇主品牌，来对员工产生强烈的吸引力，并使其能够长期留任。

本研究以企业员工自身的基本心理需求为出发点，并在以前学者研究雇主品牌与员工留任关系的启示下，借用动态心理学“刺激→感知→行为”模式，进一步探究雇主品牌（刺激）如何通过员工基本需求满足（感知）来作用于员工留任（行为）。总的来说，本文试图解决以下问题。

（1）雇主品牌对员工留任是否具有影响？（是否起作用）如何通过雇主品牌来留住企业优秀员工？

（2）企业员工的基本心理需求有何变化？如何通过优化其基本心理需求的满足来进一步提升雇主品牌对员工留任的影响？（怎样起作用）

（3）破坏性领导对雇主品牌和员工基本心理需求的边际作用是否明显？工作—家庭支持能否调节员工基本心理需求感知及其留任行为？（何时起作用）在企业人力资源管理战略中如何利用好领导和家庭这两个因素？

二 文献综述

（一）雇主品牌的概念及测量

Riel（2001）将雇主品牌定义为：企业为了创建和保持一个良好的企业声誉而系统筹划和实施的一种策略。雇主品牌站在一个全新的视角阐述了雇主与员工，雇主与潜在员工之间的关系。雇主品牌理论把企业员工视作顾客，通过在企业员工心中树立良好的雇主形象，来达到吸引、激励和保留核心员工的作用，从而增加企业的竞争力（Will Rush，2001）。本研究将雇主品牌定义为：雇主品牌通过在企业员工心中树立良好的雇主形象（含象征性特征和功能性特征），来达到吸引、激励和保留核心员工的作用，从而增加企业的竞争力。

雇主品牌的测量采用 Berthon、Ewing 和 Hah（2005）的 EmpAt 量表。

（二）员工留任的概念及测量

Frank 等（2004）将员工留任定义为“雇主为了满足业务目标而使员工乐

意留下的努力”。[①] Masood（2011）将 Frank 等人的定义细化，认为雇主所做的努力是激励手段，这些激励手段激励员工在尽可能长的时间留在组织直到项目完成。[②] 然而，员工是实际做出留任行为的主体，员工是在主观评价雇主为争取其留任所付出的努力后，与其自身基本心理需求相匹配，才做出是否留任的决定。对于员工留任的定义应该从员工自身出发。如学者 Mak 等（2001）提出员工留任应该从员工的离职倾向、工作倦怠、组织忠诚三个角度来界定。

员工留任的测量采用 Mak 等学者（2001）的量表。

（三）基本心理需求的概念及测量

基本心理需求理论被认为是自我决定理论的核心（张剑、张微、宋亚辉，2011）[③]，该理论强调影响个体自我整合活动的环境因素。在随后的研究中，Deci 和 Ryan 发现，不管是在集体主义文化中，还是个人主义文化中，自主需求（autonomy）、胜任需求（competence）和关系需求（relatedness）的满足程度都影响了人的心理健康，这表明了该理论的普遍适应性[④]。自主需求指的是自我抉择和自己做决定的需求，自我决定理论高度强调自主性需求，认为自主性的支持（autonomy support）、鼓励尊重个体的观点及选择的权力，有利于激励个体自我决策，对产生积极正面的心理效应大有裨益；胜任需求指个体乐于挑战自我，并且在这个过程中得到与自己期望相符合的需要（White，1959）[⑤]；关系需求是指人们在保障自我安全的情况下与他人保持亲密关系的需求，是一种能与他人建立互相尊重和依赖的

---

① Frank, F. D., Finnegan, R. P., Taylor, C. R. The Race for Talents: Retaining and Engaging Workers in the 21st Century [J]. *Human Resource Planning*, 2004. 27, 3, p. 12.

② Rana Zehra Masood, Stress Management: A Key to Talents Retention [J], vol. vii No. 1; June, 2011.

③ 张剑、张微、宋亚辉：《自我决定理论的发展及研究进展评述》，《北京科技大学学报（社会科学版）》，Dec. 2011 Vol. 27 No. 4，第 131～137 页。

④ Edward L. Deci, Richard M. Ryan. Self-Determination Theory: A Macrotheory of Human Motivation, Development, and Health [J], *Canadian Psychology*, 2008, Vol. 49, No. 3, 182－185.

⑤ White, R. W. (1959). Motivationreconsidered: Theconceptofcompetence [J]. *PsychologicalReview*, 66, 297－333.

感觉（Deciet al.，2000）①，这是一种归属感的需求。

基本心理需求的测量采用 Deci & Ryan（2000）的量表。

（四）破坏性领导的概念及测量

关于破坏性领导，学者们提出了许多相似的概念，五花八门而未有定论。学界广泛采用的是 Tepper（2000）的定义和由其延伸出的概念框架，他将破坏性领导定义为主管领导长期持续对员工表现出可感知到的语言或非语言的敌意行为，与身体接触无关。Tepper（2000）对破坏性领导的界定得到学界的广泛认同，后续学者对于破坏性领导的研究绝大多数都是基于这个定义而进行的（李锐、凌文辁、柳士顺，2009；高日光，2009；朱月龙等，2009；刘军、王未、吴维库，2013；颜爱民、裴聪，2013；李爱梅等，2013；毛江华等，2014）。

破坏性领导的测量采用 Tepper（2000）的量表。

（五）工作—家庭支持的概念及测量

在现有工作—家庭支持的研究中，Haar（2004）等认为，工作—家庭支持是指组织为个体提供的一种能调节个体日常生活和促进家庭工作稳定的政策。国内学者李永鑫和赵娜（2009）则认为工作—家庭支持的研究需要同时关注工作领域和家庭领域。他们认为从企业和家庭两个领域得到的支持会使员工更好地投入工作中去。学者们大致从工作—家庭积极渗溢、丰富以及促进三方面来研究工作家庭促进。本研究将工作—家庭支持定义为员工在家庭领域得到的各种支持，这种支持是对家庭和工作的双向支持，有益于促进工作家庭的平衡和稳定。

工作—家庭支持的测量采用在 King. L. A（1995）的量表基础上修订合适量表。

---

① Deci，E. L.，& Ryan，R. M. The“What” and“Why” of Goal Pursuits：Human Needs and the Self- determination of Behavior［J］. *Psychological Inpuiry*，2000，（11）：227 – 268.

三　概念模型与研究假设

基于文献综述，本研究从员工感知的视角，对雇主品牌与员工留任间的关系进行系统的讨论，确立了本研究的概念模型，并提出相应的研究假设。

（一）概念模型

自我决定理论有力地阐述了环境对个体行为的影响机制，该理论认为环境可以通过影响个体的基本心理需求来影响个体行为（Deci&Ryan，1985）。而基本心理需求的满足程度取决于环境和自我的决定。由此可见，自我决定理论为本研究提供了有效的研究框架，一方面，个体行为受到基本心理需求满足与自我决定程度的影响；另一方面，环境对个体的基本心理需求满足起到重要作用（Hannes Leroy，Frederik Anseel，William L Gardner&Luc Sels，2012）。因此，本研究选择自我决定理论作为理论基础，探讨如何利用雇主品牌留住核心员工。

本研究依托自我决定理论，比较深入地阐述了两者之间的关系及其边界条件，并构建相关模型。模型如图1所示：

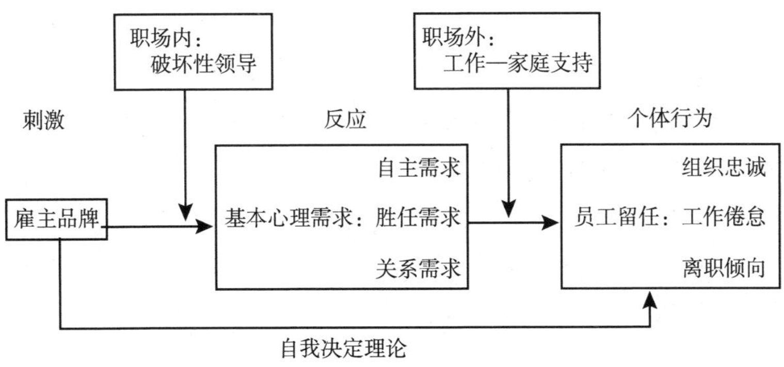

图1　概念模型

（二）研究假设的提出

1. 雇主品牌与员工留任之间的关系假设

社会交换理论认为人类的一切行为都归结为某种能够带来奖励和报酬的交换活动，这种交换活动就是彼此相互交换资源的过程（Blau，1956）。在组织中，员工通过付出自己的努力能得到雇主经常性的报酬，那么他就会重复为该雇主劳作的行为，即留在该组织。而雇主品牌表现在为员工提供的功能的、经济的和心理的利益等集合的差异化（Tim Ambler & Simon Barrow，1996），由此可见，雇主品牌是强化员工留任的必要条件。又根据心理契约理论可知，雇员和雇主之间互相对对方提供的各种责任有自己的理解和感知，在这种相互理解感知的基础上建立了心理契约（Herriotp & Pemberton，1995），那么组织对员工的责任与员工对组织的责任应是一对矛盾统一的整体，心理契约理解的一致程度高能帮助减少理解歧义而带来的消极情感（李艳芬，2010），由于雇主品牌的建设有利于提升员工和雇主双方之间心理契约的一致性，所以雇主品牌产生的雇主品牌权益能鼓励现有员工留下来并支持企业（Backhaus，2004）。基于此，本文提出以下假设：H1：雇主品牌对员工留任有正向影响。

2. 雇主品牌与基本心理需求之间的关系假设

自我决定理论有力地阐述了环境如何对个体行为产生影响，其中个体三种基本心理需求的满意度（自主需求、胜任需求、关系需求）为本研究提供了个体与组织互动的内在动力源泉（Deci & Ryan，1985）。换句话说，员工的基本心理需求受到其所处环境的影响。而对于员工而言，其所处的最大环境就是企业组织（Sorasak，2014）。雇主品牌是通过工作场所建立的企业形象，使得企业区别于其他企业，成为最优工作环境（Ewing & Bussy & Berthon，2002；Berthon Ewing，Hah，2005）。同时已有研究认为雇主品牌的基础是员工在组织中的感受，即雇佣体验（Versant，2011）。这种雇佣体验直接影响员工基本心理需求的满足（Dave Lefkou，2001；Hewitt，2005），并且雇主品牌对雇员需求满足的吸引力是一直存在的（Rust et al.，1996）。

简而言之，雇主品牌会影响员工的基本心理需求，既包括方向，也包括大小（Martin，2010；Ewing et al.，2002；Kirchgeorg & Günther，2006；Petkovic，2008；Sponheuer，2009）。与此同时，根据心理契约理论，雇主与雇员之间确实存在着一种相互期望的关系（Levinson，1962）。这种相互期望可以表现为员工和组织之间的一种内隐协议：员工希望组织创造各种条件满足其基本心理需求，作为回报，员工会对组织忠诚，减少离职倾向，维护并捍卫组织的雇主品牌（Kotter，1973）。所以，雇主品牌感知的强弱能够影响员工的基本心理需求满足。基于此，本文提出以下假设：H2：雇主品牌对基本心理需求有正向影响。

3. 基本心理需求与员工留任之间的关系假设

根据自我决定理论，自主、胜任与关系三大心理需求是人与生俱来的，个体趋向于努力寻找合适的环境使自己的这些需求得到满足（Deci，2000）。李敏（2014）提出员工的基本心理需求的满足程度高会有效提高其工作投入水平[①]。进一步，根据影响员工留任因素中的单边投入理论，员工对组织物质与非物质投入的增加会增加员工离开组织的成本。组织认同理论认为当个体的基本心理需求得到满足时，个体会加深对组织的认同，进而改变自己对组织的态度（Mowday，1982）。而个体对组织的态度会直接影响个体行为（Watson，2011）。另外，Aquino & Thau（2009）的研究已经证实了个体消极应对工作其中一个重要原因便是基本心理需求没有得到满足。当基本心理需求得不到满足时，员工会出现行为偏差，产生离职等行为（Shields，Ryan & Cicchetti，2001）。同时，基本心理需求没有得到满足也会损害个体调整行为的能力，个体会变得缺少热情和认知去调整自己的行为，最终选择离开组织（Ferris，Brower & Heller，2009；Kuhl，2000）。基于此，本文提出以下假设：H3：基本心理需求对员工留任有正向影响。

---

① 李敏：《中学员工工作投入与基本心理需求满足关系研究》，《员工教育研究》2014 年第 2 期，第 43 ~ 49 页。

4. 基本心理需求在雇主品牌与员工留任之间的中介作用假设

依据自我决定理论，雇主品牌是通过工作场所建立的企业形象，使得企业区别于其他企业，成为最优工作环境（Ewing，Bussy & Berthon，2002；Berthon Ewing & Hah，2005）。组织要想被独立个体所感知并产生融入感，必须要被个体理解和认知，而雇主品牌的基础是员工在组织中的感受，即雇佣体验（Versant，2011）。这种雇佣体验直接影响员工基本心理需求的满足（Dave Lefkou，2001；Hewitt，2005）。如前文所述，基本心理需求的满足会影响员工留任。基于此，本文提出以下假设：H4：基本心理需求在雇主品牌与员工留任之间起中介效应作用。

5. 破坏性领导的调节作用假设

近年来，领导风格被广泛认为是组织成功的关键因素，其中备受关注的是领导风格的阴暗面—破坏性领导风格（Yukl，2010）。破坏性领导是主管领导长期持续对员工表现可感知到的语言或非语言的敌意行为（Tepper，2000），高日光（2009）指出破坏性领导在中国组织情境下表现得更为明显。在组织情境下，员工与主管领导接触较多，领导也常常被看成是组织或部门的代理人，会对组织资源配置产生重要影响（Yukl，2010），而雇主品牌是组织取得差异化竞争优势的资源，为内部员工提供的品牌承诺（Backhus & Tikoo，2004）。不仅如此，破坏性领导一般会在心理、态度、行为上对下属产生不利影响（李锐，凌文辁，柳士顺，2009），即破坏性领导不仅会导致下属产生抑郁、焦虑、紧张等消极心理，影响着员工基本心理需求的满足（Tepper，2007；吴宗佑，2008），还会提高员工缺勤率，增加员工离职倾向，降低工作满意度和对上司的满意度（Macklem，2005；Schimidt，2008；路红，2010）。因此，破坏性领导的行为直接影响着员工的基本心理需求的满足程度。基于此，本文提出以下假设：H5：破坏性领导在雇主品牌和基本心理需求之间起调节作用。

6. 工作—家庭支持的调节作用假设

工作—家庭支持表现了工作—家庭关系之间的积极作用。这种积极作用主要来自配偶，分为情感性支持和工具性支持（Bamet，2001）。Edward

（2000）等通过研究发现，来自家庭的支持能够在工作与家庭之间发生积极渗透，从而影响到个体的情感、价值观、技能和行为。根据自我决定理论，环境能通过满足个体基本心理需求来影响和改变个体行为（Ryan，1995）。而家庭作为社会环境的一个重要组成部分，其对组织成员的基本心理需求具有重要影响（李永鑫，2009）。更进一步地，Wayne 等（2006）认为个体在某一角色领域（家庭或工作）中获得的资源能提升其在另一角色领域的整体效能。并且，Allen（2001）通过研究得出员工所获得的家庭支持越多，其投入工作精力就越多，感受到的工作压力就越小。可见，工作满意度、员工的情感承诺等是工作—家庭支持的重要结果变量，而工作满意度、情感承诺等又可以影响员工留任（Karatepe & Kilic，2007）。基于此，本文提出以下假设：H6：工作—家庭支持在基本心理需求和员工留任之间起调节作用。

本文假设中雇主品牌与员工留任为验证性假设，其余假设均为开拓性假设，具体研究假设汇总图如图 2 所示。

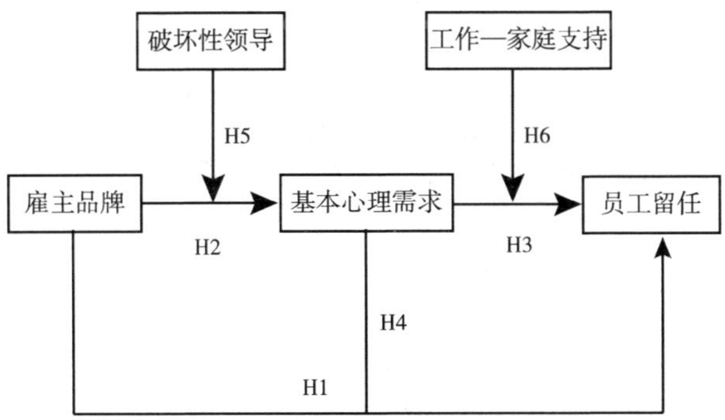

图 2　假设汇总

四　数据分析与假设检验

本研究通过深度访谈法对核心变量进行定性研究，采用问卷调查法收集全国500份样本数据，利用spss软件对研究模型的主效应、中介效应以及调节效应的各假设进行检验。

（一）雇主品牌与员工留任的关系

通过数据分析，得到雇主品牌与员工留任的分层多元线性回归结果，如表1所示。

表1　雇主品牌与员工留任的分层多元线性回归结果

变量	Beta(t值)	P值	Beta(t值)	P值
性别	-0.013***(-0.293)	0.770	0.054(1.713)	0.087
年龄	0.055(0.828)	0.408	0.117*(2.518)	0.012
学历	-0.069(-1.544)	0.123	-0.062*(-1.984)	0.048
职位级别	0.008(0.158)	0.874	0.126(3.622)	0.000
婚姻状况	0.111*(2.119)	0.035	0.057(1.565)	0.118
公司工龄	-0.156**(-2.612)	0.009	-0.040(-0.945)	0.345
雇主品牌			0.730(22.854)	0.000
F值(p值)	2.198(0.042)		78.492(0.000)	
R^2	0.026		0.528	
$R^2_{adj.}$	0.014		0.521	
ΔR^2			0.507	

注：a. 预测变量：控制变量，雇主品牌；b. 因变量：员工留任；c. *表示P<0.05，**表示P<0.01，***表示P<0.001。

资料来源：本研究整理

从回归结果发现，模型有效地解释了样本数据对员工留任的影响［F(7，492)=78.492，P=0.000，R^2=0.528］。回归系数显著（β=0.730，P=0.000），雇主品牌对员工留任的影响呈显著正相关，因此，假设H1：雇主品牌对员工留任有正向影响，得到验证。

（二）雇主品牌与基本心理需求的关系

通过数据分析，得到雇主品牌与基本心理需求的分层多元线性回归结果，如表2所示。

表 2　雇主品牌与基本心理需求的分层多元线性回归结果

变量	Beta(t 值)	P 值	Beta(t 值)	P 值
性别	-0.064(-1.418)	0.157	-0.015(-0.399)	0.690
年龄	-0.075(-1.125)	0.261	-0.030*(-0.530)	0.596
学历	-0.023(-0.524)	0.601	-0.018(-0.477)	0.634
职位级别	-0.136**(-2.771)	0.006	-0.051**(-1.206)	0.228
婚姻状况	0.096*(1.831)	0.068	0.057(1.272)	0.204
公司工龄	-0.043(-0.729)	0.466	0.040(0.781)	0.435
雇主品牌			0.525***(13.393)	0.000
F 值(p 值)	2.488(0.022)		28.531(0.000)	
R^2	0.029		0.289	
$R^2_{adj.}$	0.018		0.279	
ΔR^2			0.261	

注：a. 预测变量：控制变量，雇主品牌；b. 因变量：基本心理需求；c. * 表示 P<0.05，** 表示 P<0.01，*** 表示 P<0.001。

资料来源：本研究整理。

从回归结果发现，控制变量对于基本心理需求有显著的预测作用（P<0.05）。回归方程结果表明，模型较好地解释了样本数据对组织忠诚的影响 F［（7，492）=28.531，P=0.000，R^2=0.289］。回归系数显著（β=0.525，P=0.000），雇主品牌对基本心理需求的影响呈显著正相关，因此，假设 H2：雇主品牌与基本心理需求正相关，得到验证。

（三）基本心理需求与员工留任之间的关系

通过数据分析，得到基本心理需求与员工留任的分层多元线性回归结果，如表 3 所示。

表 3　基本心理需求与员工留任的分层多元线性回归结果

变量	Beta(t 值)	P 值	Beta(t 值)	P 值
性别	-0.013(-0.293)	0.770	0.025(0.676)	0.500
年龄	0.055(0.828)	0.408	0.100(1.850)	0.065
学历	-0.069(-1.544)	0.123	-0.055(1.529)	0.127
职位级别	0.008(0.158)	0.874	0.089*(2.211)	0.027

续表

变量	Beta(t 值)	P 值	Beta(t 值)	P 值
婚姻状况	0.111 * (2.119)	0.035	0.054(1.279)	0.201
公司工龄	−0.156 ** (−2.612)	0.009	−0.130 ** (−2.701)	0.007
基本心理需求			0.593 *** (16.286)	0.000
F 值(p 值)	2.198(0.042)		40.786(0.000)	
R^2	0.026		0.367	
$R^2_{adj.}$	0.014		0.358	
ΔR^2			0.341	

注：a. 预测变量：控制变量，关系需求；b. 因变量：离职倾向；c. * 表示 P<0.05，** 表示 P<0.01，*** 表示 P<0.001；d. VIF<3，下同。

资料来源：本研究整理。

从回归结果发现，模型较好地解释了样本数据对员工留任的影响（F = 40.786，P = 0.000，R^2 = 0.367）。回归系数显著（β = 0.593，P = 0.000），基本心理需求对员工留任的影响呈显著正相关。因此，假设 H3：基本心理需求与员工留任正相关，得到验证。

（四）基本心理需求的中介作用

本研究将雇主品牌与基本心理需求及其维度进行方差膨胀因子的计算，计算结果表明，雇主品牌、基本心理需求及其维度的方差膨胀因子均小于3，说明变量之间不存在多重共线性，可以做回归分析。基本心理需求的中介作用回归分析结果如表 4 所示。

表 4　基本心理需求的中介效应回归分析（雇主品牌—员工留任）

变量	员工留任	基本心理需求	员工留任
	模型 1—1	模型 1—2	模型 1—3
性别	0.054(1.713)	−0.015(−0.399)	0.059 * (2.001)
年龄	0.117 * (2.518)	−0.030(−0.530)	0.126 ** (2.919)
学历	−0.062 * (−1.984)	−0.018(−0.477)	−0.056(−1.944)
职位级别	0.126 *** (3.622)	−0.051(−1.206)	0.141 *** (4.370)
婚姻状况	0.057(1.565)	0.057(1.272)	0.040(1.174)
公司工龄	−0.040(−0.945)	0.040(0.781)	−0.052(−1.327)
雇主品牌	0.730 *** (22.854)[c]	0.525 *** (13.393)[a]	0.572 *** (16.473)[c’]

续表

变量	员工留任	基本心理需求	员工留任
	模型 1—1	模型 1—2	模型 1—3
基本心理需求			0.302 *** (8.840)[b]
F(p 值)	78.492(0.000)	28.531(0.000)	89.216(0.000)
R^2	0.528	0.289	0.592
ΔR^2			0.064

注：表中所列数据为标准化回归系数，括号内为对应的 t 值；VIF <3

资料来源：本研究整理。

根据温忠麟等（2004）提出的中介效应检验程序，采取 Enter 法进行回归。回归结果见表 4 所示。根据检验程序，中介效应为 0.159（a × b），中介效应占总效应的比例为 21.7%，基本心理需求在雇主品牌与员工留任之间起部分中介作用，解释了雇主品牌与员工留任之间的部分作用机理。

（五）破坏性领导的调节作用检验

通过数据回归分析，得到的结果如表 5 所示。

表 5　破坏性领导对雇主品牌与基本心理需求之间关系的调节效应

变量	基本心理需求		
	模型 1—1	模型 1—2	模型 1—3
性别	−0.064(−1.418)	−0.015(−0.399)	−0.005(−0.136)
年龄	−0.075(−1.125)	−0.030(−0.530)	−0.026(−0.465)
学历	−0.023(−0.524)	−0.018(−0.477)	−0.021(−0.564)
职位级别	−0.136(−2.771)	−0.051(−1.206)	−0.071(−1.738)
婚姻状况	0.096(1.831)	0.057(1.272)	0.059(1.355)
公司工龄	−0.043(−0.729)	0.040(0.781)	0.028(0.567)
雇主品牌		0.525 *** (13.393)	0.567 *** (14.806)
雇主品牌 X 破坏性领导			−0.238 *** (−6.353)
F(p 值)	2.488(0.022)	28.531(0.000)	32.007(0.000)
R^2	0.029	0.289	0.343
ΔR^2		0.26	0.054

注：a. 表中的 *b* 值为标准化的回归系数；b. * 表示 P <0.1， ** 表示 P <0.05；c. 以上分析时变量均已做中心化处理，参考温忠麟的有中介的调节处理办法

资料来源：本研究整理。

从回归结果发现，破坏性领导在雇主品牌和基本心理需求的关系产生负向调节的作用（β = -0238，p = 0.01），因此假设 H5 得到验证。即破坏性领导的影响越强，雇主品牌对基本心理需求的正向影响越弱。

（六）工作—家庭支持的调节作用检验

通过数据回归分析，得到的结果如表 6 所示。

表 6　工作—家庭支持对基本心理需求与员工留任之间关系的调节效应

变量	员工留任		
	模型 1—1	模型 1—2	模型 1—3
性别	-0.013(-0.293)	0.025(0.676)	0.025(0.702)
年龄	0.055(0.828)	0.100(1.850)	0.084(1.590)
学历	-0.069(-1.544)	-0.055(-1.529)	-0.052(-1.463)
职位级别	0.008(0.158)	0.089*(2.211)	0.090*(2.287)
婚姻状况	0.111*(2.119)	0.054(1.279)	0.053(1.265)
公司工龄	-0.156**(-2.612)	-0.130**(-2.701)	-0.114*(-2.408)
基本心理需求		0.593***(16.286)	0.562***(15.376)
基本心理需求 X 工作-家庭支持			0.149***(4.122)
F(p 值)	2.198(0.042)	40.786(0.000)	38.972(0.000)
R^2	0.026	0.367	0.388
ΔR^2		0.341	0.021

注：a. 表中的 *b* 值为标准化的回归系数；b. * 表示 P < 0.1，** 表示 P < 0.05；c. 以上分析时变量均已做中心化处理；d. 因变量：员工留任。

资料来源：本研究整理。

从回归结果发现，工作—家庭支持对基本心理需求和员工留任的关系产生正向调节的作用（β = 0.149，p = 0.01），因此假设 H6 得到验证。即：工作—家庭支持程度越高，员工基本心理需求对员工留任的正向影响越强。

五　结论与管理启示

本研究依托自我决定理论、心理契约理论和社会交换理论，提出雇主品牌对员工留任的影响机制模型，比较深入地阐述了两者之间的关系和边界条件。研究发现，在无边界职业生涯时代，雇主品牌是影响员工留任的重要影响因素（“是否有作用”），初步阐述了雇主品牌对员工留任的内部作用机制（“怎样起作用”），进而揭示出员工做出不同选择的情境变量（“何时起作用”）。这些结论一定程度上丰富了雇主品牌与员工留任的研究内容，有助于后续相关研究的开展。

结合四川省企业实际，本研究从个人层面和组织层面分别探讨管理启示。

（一）个人层面

1. 满足自主需求对员工留任的影响

组织作为一种特定的体系（Chester，Harold，Herbert，1988），是一种以目标导向的、经过精心构建的社会团体（罗珉，2009）。“目标导向”意味着组织要实现某种目标，每个员工都要完成自己的任务内容，而这些任务的内容对员工的能力提出了要求，如果该任务是员工自主选择的，任务的不能完成将导致员工的自主需求不能得到有效满足。“精心构建”意味着组织目标的完成需要员工之间的协作。而与他人协作则表明个人之间的行为会相互影响，这就是说作为个体的每个员工不可能得到不受限制的自主权，这可能会让自主需求较高的员工感到自主决定受到了忽视，从而产生对组织的抵触情绪，四川一直以来都享有“天府之国”的美誉，历史上形成的休闲文化根深蒂固，企业与员工之间关系相对来说较为松散，如组织不重视这方面需求，会导致员工在组织中找不到自我，失去对组织的归属感，从而增强其离职倾向。

2. 满足胜任需求对员工留任的影响

胜任需求是指个体感觉自己有能力克服困难的需要，能在最适宜的、富有挑战性的任务上取得成功并能得到期望的结果（White，1959）。Deci & Ryan（2000）的自我决定理论，提出基本需求没有得到满足会损害个体调整行为的能力，并且个体会表现出缺少热情和认知去调整自己的行为，如工作时间睡觉或者迟到、缺勤等（Ferris，Brower & Heller，2009；Kuhl，2000）。省内企业常常困扰于员工的能力和态度无法达到企业的要求。通常情况下，员工感到能力不足无法胜任工作和完成任务，可能是因为本身专业技能不够成熟，也可能是因为其上司总是对他/她提出苛刻的要求。总之是一种胜任需求无法满足的状态。因此，个性化的培训能通过对员工行为、态度及技能的改变，来达到提升员工的胜任力、提高生产效率和达到组织目标的目的。进一步的研究表明，胜任需求得到满足的员工会对组织有更高的忠诚度。员工应该意识到，对组织的忠诚有利于组织和员工双方产生共赢的效果，组织给员工提供更好的职业发展机会和平台，员工报以组织忠诚，以此良性循环，对组织完成其目标和员工得到自我提升都是有利的（Greguras & Diefendorff，2009）。

3. 满足关系需求对员工留任的影响

在传统的中国社会文化和组织文化中，“关系”是无所不在的。中国人做生意、办事情都要讲“关系”，否则，人们将一事无成[①]。在当下这个快速发展的社会中，各组织之间的竞争日益激烈，导致组织内部结构也面临各种变化，员工团结协作，共同努力才能进一步增强组织的核心竞争力。作为组织的员工，应该明白单打独斗的时代已经过去，只有更好地融入团队，主动与他人链接、沟通形成团体，才能在和周围的人接触的过程中感受到别人的关爱，更加舒心的工作，从而提高自己对组织的满意度，减少在工作时因不顺心产生的抵制情绪，同时，也为自己更美好的职业生涯做下铺垫。当员工的关系需求得到满足，也就是说员工之间存在亲近关系和私人交流时，员工能够感觉到自己是组织的一分子，并且可以自由地表达自己的意见，能够发挥出自己最大的潜能，更好地完成工作。在这样融洽的关系环境之中，员工的工作压力会相对减少，自然而然，员工的抱怨声也会消失，随之而来的也就是工作倦怠的降低。员工能不被负面情绪所困扰，就能更加高效的工作，最后赢得更加美好的职业生涯成就。

（二）组织层面

1. 顶层设计，持续发力，长期建设雇主品牌

四川省近些年正处于国家西部大开发、“一带一路”重大战略期，各类

① 罗珉：《现代管理学》，西南财经大学出版社，2005 年 6 月。

政策对四川省带来广阔的人才资金技术的聚集。而对于企业来说，重要的是“得员工者得天下”。企业只有拥有卓越的企业文化和先进的管理制度，才能赢得优秀员工的青睐，才能够实现长远的发展。现在的员工选择企业不单单只看重物质性报酬，也重视企业的文化建设、社会形象以及管理制度等软实力，雇主品牌作为企业对外的形象，是吸引员工的重要标志。对于企业而言，雇主品牌的建设在当下激烈的员工竞争中显得极其重要。雇主品牌的建设，关键在于强化与发展雇主品牌的个性，寻求品牌的差异化。

（1）为员工创造良好的工作环境，使之“越努力，越幸福”

只有在自己满意的环境中，员工才能发挥出最大的潜能。企业可以通过创造轻松的组织内部环境，提倡温暖的组织氛围，努力引导员工情绪，增强组织的凝聚力。组织应该在企业内部提倡“越努力，越幸福”的工作生活模式，充分调动员工的工作积极性，让员工认识到工作不再单调乏味，而会丰富多彩，这种感受是吸引优秀员工留任的重要因素。

（2）对于内部员工高度负责，使之专心工作

建立良好的雇主品牌，企业需要意识到以下几点：一、给予员工人人平等的感觉，分工可以不同，但人不能因为分工而被分为三六九等，人人都是平等的，人的发展轨迹没有差别，想要成功，人人都可以通过努力，拥有相同的发展机会；二、注重员工职业生涯的发展，应该形成一种传统，对于新员工的发展，老员工要给予指导和帮助，企业要加大对员工的培训，优秀的雇主，不会担心员工因技能的增长而离开企业；三、企业要实行合理的考评制度，避免有人浑水摸鱼，扰乱组织氛围；四、建立企业“以人为本”的文化氛围，本着爱护人、关心人的管理理念对待每一位员工；五、在注重人的需求的基础上，让员工的薪酬水平在市场上具有竞争力。综上所述，当企业对员工的各个方面做到尽职尽责，就会让员工产生心理依附，从而选择留下。

（3）完善的体制建设，使沟通无死角

“无规矩不成方圆”。企业完善的体制建设，是管理之本，也是树立雇主品牌的强有力保障，这决定着雇主品牌建设的成功与否。特别是要重视沟

通在管理中的重要性，建立完善的员工意见反馈体系，协调员工与领导者之间的关系，使员工的想法和建议及时传递，对员工的意见建议要认真处理，妥善对待，这样才能够让员工产生主人翁意识，提升积极性。

（4）履行企业社会责任，树立良好的社会形象

雇主品牌的形成，是需要得到社会认可的，也是需要在社会上进行传播的。所以企业应该时常关注社会道义、关心社会弱势群体等，视之为应尽的责任，维护好企业声誉，而不是一味地唯利是图。若只关心企业的发展，对于诸如环境污染等问题不闻不问，成为掠夺自然资源的工具，这样的企业必将不能得到社会认可，自然也无法吸引优秀员工，难以长久的生存下去。所以，社会责任是雇主品牌建设不可或缺的部分，因为企业需要社会的认可，品牌也需要社会的传播。

2. 多管齐下，措施到位，满足员工的三种基本心理需求

马斯洛需求层次理论指出，当人只有在生理、安全需求得到满足之后，才会追求情感、尊重、自我实现的需求。当前员工需求日趋多样化，组织要想留住员工，关键要识别并满足员工的基本心理需求。换句话说，优秀人才如果从东部到西部，或是留在西部，因素有许多，但是从人力资源管理角度来说，西部在三种基本心理需求满足上有着得天独厚的优势，因此当组织给予员工的各项支持充分满足了员工的基本心理需要，依据社会交换理论，作为回报，员工会提高工作投入水平和对组织的忠诚，降低离职率，而这能为组织节省成本，增强其核心竞争力，这与组织的目标一致。

具体可以从以下几个方面入手。

（1）人在其位，企业有意识创造自主支持的工作环境

研究发现，员工需要更多的自主权来决定如何分配工作时间或是如何进行工作，以便在工作中探索新想法和应用创造力①②，这要求企业注重满足员工的自主需要，给予员工自我抉择的时间和做决定的空间，在企业内部创

① Ford, B. Kleiner, B. H. Managing Engineers Effectively［J］. *Business*, 1987, 37,（1）: 49 –52.

② 王端旭：《赵轶：“工作自主性、技能多样性与员工创造力：基于个性特征的调节效应模型”》，《商业经济与管理》2011 年第 10 期。

造一个能够帮助员工实现自主性的支持环境，比如：在某些事务性工作方面，将权力进行下放，让员工能够自己选择工作时间和工作方式来完成，这样一来，不仅可以让员工觉得组织尊重自己的想法和观点，也能充分体会到自主选择的乐趣；将员工的工作丰富化，增强其主人翁意识，激励员工的自我决策，从而产生积极正面的心理效应，让员工得到自主需求的满足，最终增强对组织的依赖，并留任组织。

（2）人尽其才，企业要努力提升员工胜任感

我国古代有言："世有伯乐，然后有千里马。千里马常有，而伯乐不常有。"现在社会的人，需求有别，做事的方式、擅长的领域各有不同，这就需要企业去识别员工的不同用处，世上没有废人，没有无用的人，李白说过："天生我才必有用"，只存在由于安排不当不能发挥其才能的情况，这就要求企业要识别出各类员工的胜任能力，了解其胜任需求，尽量做到人岗匹配，人职匹配。因为，如果员工做与自己能力和期望不符合的事情，很容易受到打击，不仅得不到锻炼，反而会使其工作效率低下，产生工作倦怠，最后可能选择离开企业。与之相反，如果员工能够在适合的岗位，做着期望做的事情，满足其胜任需求，那么员工一定会有高昂的工作激情，高效的工作效率，自然也会更加希望留在企业，以期长远的发展。所以，对于企业而言，人在其位，人尽其才，满足员工的胜任需求，是企业留下员工的有效做法。

（3）人有所属，企业要加强员工归属感

对大多数员工来说，到企业工作并非只是为得到基本生活保障，而是需要感觉自己是安全的，并希望与他人保持密切关系，建立互相尊重和依赖的感觉。ERG 理论包含三种需求即生存需求、关系需求和成长需求，在基本生存需求的基础上，组织还需要进一步满足员工的关系需求，这就要求企业需时常关注员工的生活，维护好企业内部的员工关系，比如：年会的定期召开，不定期的企业内部联谊等，使得员工在企业内部找到归属感，给予员工家一般的感觉，这样才能最有效地使员工留下来，并且做到人在企业，心在企业，全心全意为企业服务。

3. **以家留人，以情为媒，建立员工家庭关怀体系**

随着经济和科技的快速发展，无边界职业生涯时代的到来，家庭和工作的界线不再棱角分明。家庭作为社会最基本的细胞，支撑着整个社会的伦理格局。Greenhaus 等（2006）提出了工作—家庭的丰富（enrichment），他们认为个体可以从工作（家庭）的角色中收获有意义的资源，从而帮助其在另一角色中更好的表现。因此，家庭和工作二者是无法完全分开的。而从四川省实际出发，四川人对家庭、对家庭的建设有些时候胜过工作本身。省内企业往往困惑于员工会因为家庭的因素请假、旷工甚至离职。本研究认为企业应该重视员工家庭因素，通过相应的措施关心和帮助员工家人，努力促使员工获得正向的家庭支持。（1）企业除了调整家属福利政策外，还应该切实关注员工的家庭实际困难，解决其最关注的问题，通过员工家庭关怀体系的建立，全方位地满足员工及其家庭的基本心理需求，从而进一步提高员工工作满意度和幸福感，促进优秀员工留任。（2）员工家庭关怀体系的建立，需要了解和掌握员工家庭需求。企业可以通过搭建畅通的员工家庭诉求渠道以及相关处理平台，整合企业传统的工会资源，在控制成本的前提下高效地并且尽可能多地解决员工合理的家庭需求。合理满足员工家庭需求，能帮助留住员工的家庭，而只有这样，才能更好地调动员工工作积极性，从而留住员工。

4. **完善程序，转介压力，避免破坏性领导的消极面**

调查显示，5% ~10% 的人在工作中至少受到过一次欺辱，而在其中，80% 的欺辱行为都是由上级实施的。① Lombardo & McCall（1984）通过一项对 73 位管理者的研究发现，74% 的人都曾在工作中遇到过令人难以忍受的上司。② Namie. G & Namie. R（2000）发现 89% 认为在工作中受到欺凌的人将其原因

① Zapf, D., Einarsen, S., Hoel, H., & Vartia, M.（2003）. "*Empirical Findings on Bullying in the Workplace.*" In S. Einarsen, H. Hoel, D. Zapf, & C. L. Cooper (Eds.), Bullying and Emotional Abuse in the Workplace. International Perspectives in Research and Practice (pp. 103 – 126). London: Taylor & Francis.

② Lombardo, M. M., & McCall, M. W. J.（1984）. "*Coping with an Intolerable Boss. Greensboro*," North Carolina: Center for Creative Leadership.

归结为其领导。这一系列的研究清楚地表明，在面对下属时，领导很容易表现出破坏性领导行为。① 而通过本研究会发现，破坏性领导的出现会抑制雇主品牌建设对于员工留任带来的积极作用，给组织增加多余的成本，造成组织效率下降。那么针对如何抑制破坏性领导的出现对于组织所带来的不利之处，本研究建议如下。

（1）完善领导甄选程序。现有的领导者甄选过程中，对候选人的胜任能力和道德品质都有较为系统的选拔程序和管理办法，但是破坏性领导行为在职场中时有出现，企业进一步加强对领导者甄选时，就必须对其进行全面的考核，尤其是预防可能出现的破坏性行为。根据 Hogan 等（2001）研究表明，通过领导者甄选过程能够识别出潜在的破坏性领导。而与以往的领导者的甄选环节相比，我们需要进行全面的设计，既能挑选出合适的领导者，同时也能避开可能出现的有害的领导行为，这就要求我们增加能够识别有潜在的破坏性行为的有效程序。该程序既能考察领导者积极、有效的领导风格与特征，也包括对有害的领导风格与特征的检验。

（2）破坏性领导风格可进行心理干预。破坏性领导风格的形成可以是千差万别的，但是研究发现破坏性领导风格是可以通过心理干预进行调整的，Friedman（1992）发现对当事者的心理干预能够降低其敌对情绪，因此，组织一旦发现领导出现破坏性的行为，应鼓励他们接受适当的应对压力情境的心理辅导治疗和学习一定的纾解方法。需要说明的，这些有意义的改变不是短期的事情。

---

① Namie，G.，& Namie，R.（2000）. The Bull Yat Work. What You Can Do to Stop the Hurt and Reclaim the Dignity on the Job. Naperville：Sourcebooks，Inc.

B.13
四川省大学生创新创业现状、问题及对策研究

陈涛　许莹*

摘　要：　在“大众创业、万众创新”的社会背景下，大学生成为创新创业的一支重要力量。四川高等教育资源丰富，大学生创新创业潜能巨大，通过梳理近年来四川大学生创新创业现状及高校创新创业教育探索进展，不难发现其组织建制仍处于初级阶段，制度建设仍以政策为主，教学活动仍缺乏理论研究，师资队伍仍以学校为主。在借鉴国外高校创新创业教育优秀经验的基础上，本研究提出高校创新创业教育应建立耦合松散性组织、协调聚合性机制、理论研究性教学和双向流动性师资。

关键词：　创新创业　创新创业教育　大学生　高校　四川省

党的十八大以来，我国产业结构升级转型进入了改革关键期，以习近平总书记为核心的党中央提出了实施创新驱动发展战略，“大众创业，万众创新”掀起了全民创新创业的热潮。大学生作为创新创业的一支重要力量，青春活泼、思想活跃、潜力巨大，如何挖掘大学生的创新创业潜能，是高

* 陈涛（1984～），甘肃兰州人，西南财经大学发展研究院助理研究员，教育学博士，管理科学与工程博士后研究人员，主要从事高等教育与人才发展研究；许莹（1995～），山西运城人，西南财经大学公共管理学院管理学硕士研究生，主要从事人才发展和劳动关系研究。

校创新创业教育的重要工作。就四川高校而言，省委、省政府为了认真贯彻和落实《国务院办公厅关于深化高等学校创新创业教育改革的实施意见》精神及要求，已经出台多项举措，采取多种尝试，为全省高校开展创新创业教育和实践提供平台和园区，为大学生创业提供各项政策支持，四川高校内部也积极开展创新创业教育，积极探索创新创业人才培养，为在校大学生提供创业实践平台和机会。本研究旨在梳理四川大学生创新创业现状及高校创新创业教育进展，总结四川部分高校的实践经验特色，探寻高校在创新创业教育和实践中存在的主要问题，通过借鉴国内外高校中优秀的创新创业教育实践经验，进一步提出改进和完善四川高校创新创业教育的对策建议。

一　四川省大学生创新创业的现状分析

四川高等教育资源十分丰富，既有四川大学、电子科技大学、西南交通大学、西南财经大学、四川农业大学等一批普通本科高校，还拥有四川建筑职业技术学院、工程职业技术学院、交通职业技术学院等优秀的高职高专院校。据《四川统计年鉴 2015》数据，全省普通高校共计 107 所，在校人数达 1327816 人。[①] 如此大的学生保有量，说明四川大学生创新创业具有相当大的发展潜能，只有把握好四川大学生创新创业现状，才能精准寻找问题，提升大学生创新创业水平。

（一）四川省大学生创新创业总体情况

近年来，四川省大学生创新创业人数不断增加，在就业人数统计份额中的比例有所提高，这说明四川大学生的创新创业热情和需求也越来越高。根据《2015 年四川高校毕业生创业意向调查报告》，91% 的受访学生有创业的

① 四川省统计局：《四川统计年鉴（2015）》，http：//www. sc. stats. gov. cn/tjcbw/tjnj/2015/index. htm. 2016. 10. 29。

意愿，其中创业意愿很强和较强分别占 19.4% 和 24.6%。其中，专科院校学生的创业意愿达 94.3%，比本科和硕/博类学生分别高 4.9 个百分点、4.8 个百分点。[①] 但就实际情况而言，四川大学生创新创业率仍然较低。2013 年，四川共有 4100 多名高校毕业生选择创业，创业率仅为 1.3%，低于全国 0.3 个百分点；2014 年，四川高校毕业生总数为 34.2 万人，其中有 6182 名大学生选择创业，创业率为 3.2%，比上一年增长了 43%；2015 年，四川高校毕业生人数达 39.2 万人，选择创业的大学生比例上升为 6.3%。[②] 为了提升四川大学生创新创业率及其成功率，2016 年四川省人力资源和社会保障厅在《关于做好 2016 年全省大学生就业创业工作的通知》中提出，确保促进 1 万名大学生成功创业，提升创业成功率成为创业之关键。

目前，四川为支持大学生创新创业，提供了有力的政策支持和畅通的服务渠道。[③] 譬如：在政策支持方面，省委、省政府相继发布了《关于完善体制机制、大力促进大学生和科技人员创新创业的意见》（2014）、《关于加大力度促进高校毕业生就业创业的意见》（2014）、《关于全面推进大众创业、万众创新的意见》（2015）、《关于进一步做好新形势下就业创业工作的意见》（2015）。向大学生创业提供资金支持，为科技创新苗子项目建立创新驱动发展专项资金（重点项目不超过 10 万元、培育项目不超过 5 万元），为大学生创新创业俱乐部设立天府英才工程专项资金。提供创业担保贷款，为领办创业实体的大学生提供不超过 2 年、不超过 10 万元创业贷款；提供青年创业基金贷款，为创业青年提供不超过 3 年、不超过 10 万元的贷款。给予创业培训补贴，大学生在校期间可享受一次创业培训补贴（900 元/人）；向省级大赛获奖项目前期孵化提供补贴，每个创业项目 1 万元，领办多个创业项目，最高不超过 10 万元，对省级创业大赛获奖项目进入前期孵

① 四川省统计局：《2015 年四川高校毕业生创业意向问卷调查报告》，http：//www. sc. gov. cn/10462/10771/10860/2015/7/9/10342347. shtml. 2016. 10. 29。

② 梁海波：《全国 2015 届高校毕业生　创业人数比往年翻番》，http：//edu. newssc. org/system/20151204/001802605. htm. 2016. 10. 29。

③ 四川省人民政府：《四川省人才发展规划纲要（2010 ~ 2020 年）》，2015。

化，给予5万~20万元补助，由大赛承办部门负责发放；建立创业吸纳就业奖励，大学生创办企业新增吸纳2名以上劳动者提供不超过10万元。

在服务渠道方面，建立创业服务平台，目前省级大学生创新创业园区（孵化基地）已设立了成都天府软件园、锦江区青年（大学生）创业园、金牛区青年（大学生）软件园、成都武侯青年创业园、电子科技大学创新创业中心等83家，四川的目标是扶持100家①；建立高校大学生创新创业活动中心，2015年全省各高校大学生创新创业活动中心开展活动131场，直接服务大学生37.5万人次；组建省创业指导专家志愿团，共招募32名专家②，现已规划并入省大学生创新创业活动中心“两团一组”，且多数市（县）都建有创业指导专家服务团队；建立大学生创新创业俱乐部，2014年由省委组织部牵头，首次命名8家高校大学生创新创业示范俱乐部，2016年遴选产生24家拟资助俱乐部和31名创业典型拟资助人选，力争2017年在全省普及大学生创新创业俱乐部建设工作③，并成立四川大学生创新创业俱乐部联盟；组织大学生创业大赛，由省团委牵头，人社厅、教育厅等部门参与，组织“创青春”四川青年创新创业大赛，由人社厅和教育厅联合组织“中国创翼”青年创业创新大赛四川赛区选拔赛；提供“我能飞”创业提升培训，由省人社厅组织对已在四川成功举办企业或从事个体经营的大学生，以及在园区（孵化基地）内有创业项目的大学生参与；建立实施“春蕾绽放”女大学生微创业计划，由省妇联牵头，教育厅、人社厅和省团委参与，推动女大学生创新创业；开展创业指导进校园活动，由人社厅牵头，各高校协同组织，通过就业创业形势介绍、政策宣讲、专家指导等方式，引导大学生创业就业；开展“名师导航”行动，由教育厅和人社厅共同组织

---

① 四川省人力资源和社会保障厅就业促进处：《关于认定省级大学生创新创业园区（孵化基地）的公示》，http：//www.sc.hrss.gov.cn/zwgk/gsgg/201512/t20151204_33819.html. 2016.10.31。

② 《四川省大学生就业创业政策介绍》，http：//wenku.baidu.com/view/dc171ed0647d27284a735193.html. 2016.10.31。

③ 王李科：《四川48高校建大学生创新创业俱乐部　推动200余项目落地》，http：//mt.sohu.com/20150719/n417071731.shtml. 2016.10.31。

全省高校从事就业指导、创业指导和创业培训工作的教师参与师资培训，组织高校教师参加创新创业指导课程教学大赛。

（二）四川省高校创新创业教育新进展

为了有效促进大学生创新创业，四川高校通过大力发展创新创业教育，积极付诸实践并主要从组织层面、制度层面、教学层面和师资层面进行了有益的探索与改革，特别是在机制建设方面下了大功夫，近年来取得了一定的进展和成效。

1. 从组织层面规划和保障创新创业教育

当前，四川多数高校，如西南石油大学、西南交通大学、西南财经大学等都成立了校级创新创业领导小组，负责宏观统筹学校的创新创业教育改革工作，各学院也相应成立了创新创业教育工作小组，具体开展本学院创新创业工作。还有一些高校，如电子科技大学、西南石油大学、西南交通大学等还创建了大学生创新创业学院，旨在结合本校学科布局和特色，承担本校大学生创新创业领导小组办公室职能。像电子科技大学创新创业学院就结合“一校一带”计划，其建院目的就是打造以培养 IT 领域创新创业精英人才为宗旨的新型人才培养机构。此外，为了强化大学生创新创业实践，省内高校纷纷建立了创新创业实践平台（如：大学生创业孵化中心、大学生创新创业俱乐部、创客空间等），现已有 83 所高校建立了大学生创新创业园区（大学生创业孵化中心）。如：四川大学成立了创业类学生组织——四川大学大学生创业就业促进部，指导学生创业就业；西南交通大学建立了大学生创新创业教育中心，其创新创业俱乐部还获首批“四川省大学生创新创业示范俱乐部”称号；西南财经大学提出构建“一圃一园两基地”的创业实践平台，通过大学生创新创业中心建设，积极打造“中国互联网金融硅谷”。

2. 从制度层面促进和完善创新创业教育

创新创业教育组织犹如一位“施力者”，只有将所施之“力”转化为一系列机制才能有效推动组织运转、促进制度创新、完善体系建设。因此，近年来，四川各高校创新创业领导小组和创新创业学院提出并实施了有利于创新创业教育发展的机制。一是建立创新创业教育工作激励机制。如：西南石油大学鼓励教师通过科技成果转化带动学生创新创业，鼓励教师指导学生开发新产品、举办创新创业报告会、指导扶持大学生创业实践，并对有利于提高大学生创新创业能力的工作，计入教师教学工作量。基于此，西南石油大学已将创新创业教育作为衡量人才培养质量、考核单位和领导班子的重要指标，并将其纳入教学和学科评估指标体系，把创新创业教育列入教学质量年度报告和毕业生就业质量年度报告。

二是建立创新创业教育工作配套机制。随着四川各高校逐步推进大学生创新创业，要求对既有教学管理和学籍管理制度进行配套改进，建立健全符合创新创业教育发展要求的机制。如：四川大学、西南交通大学、西南石油大学等高校已制定了《关于鼓励广大师生员工进入科技园创业的若干意见》《关于鼓励科技人员兼职兼酬离岗转化科技成果、创办领办科技型企业试点方案》等配套性机制，通过弹性学制和学分制改革，将学生创新创业活动纳入社会实践和科技创新等综合测评体系的考评内容，允许学生休学创业，休学创业期间学生可申请选修学分，修满学分可准予毕业，在创新创业方面有显著成效的学生，可转入相关专业学习。完善实验项目管理机制，实行实验项目选修制，促进大学生创新创业成果转化。

三是建立创新创业教育工作协作机制。通过建立校校、校企、校地、校所以及国际合作的协同育人新机制，提高创新创业人才培养质量。如：西南石油大学与新都区政府和企业签订了有关创新创业协议，向大学生提供实践岗位；四川大学与成都市政府签订了《深入推进全面创新改革、共建世界一流大学》的战略合作框架协议，到 2025 共同将四川大学建设成为国际一流的创新创业大学，并协同引进海内外高端创新创业人才，共建成都产业技术研究院、成都喜马拉雅国际研究院等科研机构，高新区还将累计投入 10 亿元资金，整合全球创新创业资源，助推川大建设成为世界一流大学。另外，川大与工商银行共同设立了 5000 万元“大学生创业贷款风险补偿基金”，与高新区政府共同设立 1 亿元的“双创”专项资金，面向全球校友倡导成立四川大学创新创业基金，规模已达 20 亿元。[①]

3. **从教学层面开展和拓展创新创业教育**

人才培养是高校的核心职能，教学与课程是人才培养的主渠道，通过优化课程设置，开设有关创新创业的必修课和选修课，将创新创业课程学习纳入人才培养体系，融入学生的知识结构中。如：四川大学、四川农业大学、西南石油大学等高校都开设了有关创新创业的课程和培训，像四川大学开设了“创新创业型”和“实践应用型”课程 2506 门，实施“万门课程计划”，并于 2012 年开始推行“实践及国际课程周”[②]；作为行业性高校的电子科技大学也开设了创新创业课程 10 余门[③]；西南交通大学则通过课上课下联动实施，第一课堂开设了创新创业课程 12 门，第二课堂设置“学术科技与创新创业”模块，要求本科生必修 2 ~ 6 个创新创业学分[④]；西南石油大学打造“飞翔大讲堂”精品讲座，邀请知名专家教授、成功企业家来校讲学；组织学生到科技园入驻企业实地考察见习。总之，四川高校通过促进大学生学科专业教育与创新创业教育有机融合，改革课堂教学方法，加强课堂理论学习与实践实训相结合，扩大创新创业教学的覆盖面。

4. **从师资层面支撑和引导创新创业教育**

高校开展创新创业教育教学和研究，离不开创新创业教师的指导，加强师资队伍建设成为促进创新创业教育的必要支撑。因此，聘请各行各业优秀人才担任创新创业导师，负责创新创业指导和培训工作，开展创新创业教育科研活动，高校实施创新创业训练计划，支持、鼓励和指导学生申报课题，选拔学生参与科研训练与创新创业实践。如：四川大学、西南石油大学等高

---

① 陈淋：《川大启动学生创业贷款风险补偿基金拟资助 5000 万》，http：//news. 163. com/14/1229/16/AEL7BCPM00014AEE. html. 2016. 11. 1。

② 四川大学：《四川大学创新创业教育改革行动计划》，http：//www. scu. edu. cn/xxgk2013/rootfiles/2016/09/19/1474247358891669 – 1474247358906477. pdf. 2016. 11. 2。

③ 电子科技大学：《电子科技大学着力深化创新创业教育》，http：//www. moe. edu. cn/jyb_xwfb/s6192/s133/s211/201508/t20150812_ 199713. html. 2016. 11. 2。

④ 西南交通大学：《西南交通大学全方位推进大学生创新创业教育》，http：//www. moe. gov. cn/jyb_ xwfb/s6192/s133/s210/201506/t20150630_ 191750. html. 2016. 11. 2。

校通过创新创业教育研究所（中心），引导专业教师、就业指导教师积极开展创新创业教育理论与实践教学研究工作。像四川大学现有创新创业指导教师2136名，校外创新创业兼职导师1372名，海外创新创业特聘导师154名。[①] 正如四川大学一样，四川多数高校已经开始推行校企双导师辅导制，成立大学生创新创业教育指导委员会，积极依托大学生创新创业俱乐部、大学生创业孵化中心等创新创业组织，聘任校内外专兼职创业导师，对在校创业大学生的创业项目，特别是贫困大学生的创业项目进行全程化指导，建立了一支由校内外专家教授组成的创新创业指导师资队伍。

二　四川省大学生创新创业教育存在的问题

人才培养是高校的第一职能，创新创业教育是高校在大学生创新创业中的核心着力点，如何在认清四川高校创新创业教育实践的基础上，有针对性地提出问题是有效促进大学生创新创业工作的突破口。基于此，本研究仍然从组织建制、制度建设、教学活动和师资培养四个方面探寻高校创新创业教育实践中的问题。

（一）创新创业教育组织建制仍处初级阶段

当前，四川高校内部同期涌现了一批创新创业教育组织（如大学生创业孵化中心、大学生创新创业俱乐部、大学生创新创业教育中心等），这与国家产业结构升级转型，提倡“大众创业、万众创新”的发展战略密切相关。2014年，四川省教育厅出台《关于在高校内建立大学生创新创业俱乐部的通知》，计划用2年时间在全省高校普遍建立大学生创新创业俱乐部。显然，这一组织是在特定发展阶段应运而生的“产物”，同时也有着较强的政府驱动痕迹。因此，当高校还不具备建设自觉性和自发性，其内部准备还

① 四川大学：《四川大学创新创业教育改革行动计划》，http：//www. scu. edu. cn/xxgk2013/rootfiles/2016/09/19/1474247358891669 – 1474247358906477. pdf. 2016. 11. 2。

不充分时，外部的政策引导势必会使新生组织建设处于“被动”地位，甚至会流于形式、有名无实。在创新创业教育组织建设初期，不免会出现组织属性不清晰、功能“行政化”、运作“科层化”等理论与现实问题，这些问题不解决就无法充分发挥应有作用和达到应有效果。

（二）创新创业教育制度建设仍以政策为主

四川省高校现有的大学生创新创业教育制度多以政府政策的指导、鼓励和扶持为主，涉及休学创业、创业补贴、税收优惠、创业贷款等多个方面，可以说政府为大学生创新创业提供了良好的政策环境。然而，政策好不代表效果好，政策宣传、政策落实和政策的机制转化都是创新创业教育制度建设的重要环节，缺一不可。就政策宣传而言，根据《2015 年四川高校毕业生创业意向调查报告》数据，受访大学生对中央和地方政府出台创新创业政策普遍缺乏深入了解，如表示“不了解国家给予创业培训补贴”的受访大学生高达 57.8%，表示“知道一点”的占到 31.5%。从调查中，至少说明宣传不到位，政策就难落地。事实上，这样的制度形态和现状已成为当前创新创业教育制度建设的主导，但随着创新创业教育深入推进，如何建立系统性、可操作性和可协调性的具体机制是问题关键。

（三）创新创业教育教学活动仍缺理论研究

四川高校现开展实施的创新创业教育教学活动，和全国多数高校一样，普遍缺乏深入的教学学术和理论研究。如此就引发了相关教学实践的困惑，如：究竟什么课程才算得上创新创业课程，如何将创新创业教育理念融入专业课程教学之中，如何实现创新创业理论课程和实践课程的有机结合，如何建立与创新创业课程体系相匹配的教学管理和评价机制等问题成为推行创新创业教育的阻碍。这些问题解决不清，很可能导致教师依旧延续传统专业课程的教学模式套用创新创业教育，依然是“教师讲、学生听、满堂灌、照单收”的教学模式，如此教学方法和模式显然不适用于创新创业教育。因此，当务之急就是要从教学学术和理论层面重新认识创新创业教育，特别需要借鉴国外高校的优秀经验，但同时也要把握好外国经验与本土特色的融合问题，如此才能有效发挥创新创业教育作用。

（四）创新创业教育师资队伍仍以学校为主

国家提出“大众创业、万众创新”战略是面向全社会各个行业和领域，其中企业是创新创业的主体。而创新创业教育是从高等教育领域提出来的，是从高校内部建立起来的概念，因此其教育体系和教师组成基本上来源于高校内部，这就导致创新创业教育师资的单一化。高校教师属于知识精英群体，多数都具有硕士和博士学位，其知识结构基本属于专业型、学术型和研究型，实践性知识和技能较为匮乏，而这并不完全符合创新创业教育的实践性特征的要求。如果只通过高校自身的师资队伍开设创新创业教育课程，显然无法使学生较为全面、完整地获得创新创业的知识和技能。因此，如何破解高校创新创业教育师资队伍结构单一化问题成为创新创业人才培养的主要问题之一，当然这还会涉及师资引进选聘、教师发展和培育以及教学管理等连锁性问题，这些都是难以避免的现实问题。

三　四川省大学生创新创业借鉴及对策

从高校层面审视四川省大学生创新创业，其存在的问题与全国具有一定的关联性和相似性。根据上述问题的分析视角，本研究主要在借鉴美国高校创新创业教育的基础上，提出以下 4 个基本特征，即耦合松散性组织、协调聚合性机制、理论研究性教学和双向流动性师资，这也是下一阶段四川高校创新创业教育及大学生创新创业改革的基本路径和方向，其中还要考虑国际与本土融合的适应性。

（一）高校创新创业组织具有耦合松散性特征

正如上文所述，我国高校创新创业组织的建立是政府驱动的结果，以相对集中的方式推行创新创业，譬如：创业学院（中心）、众创空间（孵化器），甚至还有以管理学院为依托，其组织的自发性和自觉性明显不足。然而，就创新创业相对发达的美国而言，其组织形态恰恰相反。如亚利桑那大学工程学院提供“技术创业与管理”理学学士学位，新闻学院则提供数字媒体创业项目；像耶鲁大学的创业教育项目则主要出自学校的跨学科创新中心等。如此依托学院（研究中心），以学科专业或研究项目形式推行教育已成为美国高校创新创业组织的普遍做法。据《美国创业教育全国调查报告2012～2014》，参与调查的206所四年制高校中，有76所提供创业学本科主修专业，93所提供本科辅修专业，43所设立MBA创业学位，24所设立创业学硕士学位，23所设立创业学博士学位。[①] 显然，美国高校创新创业组织具有耦合松散性特征，既保持联系又彼此独立，创新创业像是“理念之种”，播撒在学校的各个角落。事实上，这又解决了创新创业难融入学科专业教育的问题，创新创业要建立在专业知识的基础上。因此，四川高校创新创业组织建设应从前期集中的基础上逐渐泛化到各个二级学院及研究中心。

（二）高校创新创业机制具有协调聚合性特征

创新创业需要政府施政以营造良好的生态环境，但并不代表创新创业完全依赖于政府的政策指导、鼓励和扶持，创新创业是一项主动积极、合作共赢的进取性活动，需要可协调和可操作的具体机制，才能保证其正常运转。譬如：享誉世界的著名大学——美国斯坦福大学首创了“科技工业园区”模式，这是一种互动互利式的合作机制[②]。一方面企业得到最新的科研成果以求高速发展，通过斯坦福大学引入最新的科学研究成果以及尖端的技术人才，企业效益得到进一步的扩大；另一方面，学校同企业签订长期的合作计划，得到企业支持更好更快地完成科学研究项目，持续为企业服务，从而形

① 梅伟惠、孟莹：《中国高校创新创业教育：政府、高校和社会的角色定位与行动策略》，《高等教育研究》2016年第8期。

② 常建坤、李时椿：《美国的创业教育及其启示》，《光明日报》2005年12月28日。

成斯坦福大学和硅谷之间互利互惠的创新网络集群。[①] 像这样的创新网络集群，还有英国的 M4 走廊、意大利的第三产业集群、法国的索菲亚以及德国的钢铁集群等。[②] 从上述国外经验中，不难发现创新创业机制更多是一种以利益双边为核心的“三重螺旋”（政府、大学和企业），即政府是校企合作的桥梁，但合作机制的关键在于大学和企业。因此，高校创新创业机制应以政策为前提，在此基础上大力发展协同创新的工作机制，否则创新创业只能停留在政策文本上，缺乏协作性机制，无法实现创新创业政策真正落地。

（三）高校创新创业教育具有理论研究性特征

创新创业教育实践之困源于理论研究的缺失，缺乏理论指导的实践容易走偏走错。即便是奉实用主义为圭臬的美国高校，对创新创业教育的理论研究也是十分关注。美国百森商学院作为全球最著名的创新创业管理教育及研究的最高学府，以培养创业意识为主，倡导创新创业精神，通过创新性课程教学、外延拓展计划教学为支撑。可以说百森商学院创新创业教育的课程设计、课程内容和教学方法均是通过“实践探索——上升为理论研究——再指导教学实践”的循环过程探究完成的。[③] 就课程设计而言，百森推行了著名的系统化课程设计，提供切合实际、以需求为导向的教学课程，并制定循序渐进的课程教学计划；就课程内容而言，百森将创业中所需的知识融入创业过程中，使学生有机会学到创业商机识别、企业成长学、融资与风险等基础知识和实战技能，通过不断丰富课程内容完善课程体系；就教学方法而言，百森采用“问题中心”的教学方式，给学生们提供集趣味性与知识性于一体的教学环境，以企业所处的社会生态环境作为切入点，将创业过程中每个细节进行现场教学。显然，如果没有深入的教育理论研究，

① 金辉：《解读美国硅谷地区高校的创新创业教育》，《湖州职业技术学院学报》2009 年第 3 期。

② 邵云飞、唐小我、陈有新：《基于网络视角的产业集群创新——创新网络结构特征对集群创新影响的理论与应用》，电子科技大学出版社，2008，第 2 页。

③ 雷家骕：《国内外创新创业教育发展分析》，《中国青年科技》2007 年第 2 期。

没有把教学和课程视为学术研究，创新创业实践就无法迅速走上规律可循之路。

（四）高校创新创业师资具有双向流动性特征

师资队伍结构单一化是制约高校创新创业教育发展的瓶颈，因为无法从实践层面培养学生的创业核心素养。如：美国百森商学院拥有 40 多名教师专门讲授创新创业课程，同时配备有相当数目的创新创业助教及全职教员。学院的师资必须有企业方面的经验，像风险资本家、创业投资家、创业家和实业家、新创立企业的高级管理者。这些教师不仅拥有参与创业或者企业高管的亲身经历，同时还需要同企业保持紧密联系，通过争取企业支持，为学生带来更多的模拟实践的机会。显然，百森商学院的师资队伍结构已有相当高的水平，拥有企业管理经验的教师队伍。① 然而，当四川省高校创新创业教育师资结构还没有达到这个水准时，建立校企合作为基本模式的师资双向流动机制将更具有现实意义，即企业的管理者和技术工程专家可以进入高校做兼职教师，在高校工作的教师可以进入企业和工厂挂职，从事相关实践工作，积累实践教学经验。随着校企合作的深入发展，经过企业挂职锻炼的在校教师将逐渐建立成一支相对稳定且实践经验丰富的创新创业教育师资队伍。同时，高校教师和企业教师的合作教学模式有助于学生掌握理论与实践知识技能，改变现有创新创业教育中缺乏实践的“短板”和困境。

---

① 汤建、张晶：《美国创业教育师资队伍建设的经验与启示——以百森商学院为例》，《集美大学学报（教师发展研究）》2016 年 4 月。

专家观点篇

Experts' Viewpoints

B.14
西部人才发展论坛

一　会议简介

2015 年 9 月 24 日，由西南财经大学主办，发展研究院承办的“西部人才发展论坛”在西南财经大学柳林校区举行。参会嘉宾有知名人才专家王振教授、崔大伟教授、李晓西教授、王辉耀教授、四川省委组织部高端人才服务中心主任杨瑛、西华大学党委书记边慧敏、西南财经大学副校长史代敏。发展研究院院长王辉耀为此次论坛的主持人。本次论坛的主题为“探讨创新创业与人才战略，包括学生如何成为创新创业人才、如何培养创新创业人才、如何建设高校创新创业培养机制等问题”。

二　专家观点

1. 史代敏

创业创新是社会经济发展的活力之母、动力之源，意义重大。成都虽然地处西部，但“创新、创造、创业”的文化精神一直蓬勃发展，在我们这片土地上创业创新的案例更是不胜枚举，为促进经济发展、带动社会就业、推动技术创新、创造社会财富做出了重要贡献，也为更多人创业创新、追求梦想提供了成功范例。创新创业，离不开人，其实施主体还是人，人才队伍的建设，是创新创业的决定性力量。在人才引进培养方面，西财长期以来坚持“校以才立，业以才兴”的战略思路，坚持人才资源是大学的第一资源，人才优势是学校获取持续竞争力的关键。

2. 边慧敏

人才战略问题，包括探讨建立高校创新人才培养机制问题。西南财经大学发展研究院成立 6 年来的历程，本身就是高校创新研究和人才培养机制的一个很好的典范。

3. 王辉耀

中国现在进入了创新创业时代，目前国家很重视，也是此次西部人才发展论坛的主题。第一，国际人才时代的到来。像西南财经大学就是一所很国际化的学校，在座的同学也有志成为国际化人才。第二，我们发现全球的移民和人才流动已经达到一个很大的程度。留学生跨境数量激增，全球留学生的增数高于高等学校的增数。现在的人才流动包括南南流动和南北流动，也有很多外国人来华，在政策上还需要突破来增加更多的吸引力，创业型人才应该得到更大的重视。第三，国内海归人才在创新创业方面的成功因素。从个人具体的微观方面分析，海归创业成功有九大要素，一是高学历现象；二是高科技领域创业，如互联网、IT、工程通讯等；三是必须有丰富的工作经验；四是要创业就要有很强的社交能力；五是组建创业团队很重要；六是有风险投资的参与；七是最佳创业年龄是 30～35 岁；八是不同的海归企业有不同的战略选择；九是市场环境的不确定性。

4. 王振

上海的“人才 20 条”，主要解决三大问题。第一，继续大力引进海外高层次人才。因为上海引才的重点就是面向海外人才，人才培养也是走国际化方向，这是上海所在位置决定的。另外我们可以看到上海的“双自联动”。什么叫“双自联动”呢？一个是上海自贸区建设国家战略，另一个是国家自主创新示范区。这两个政策的导向是不一样的，我们希望把这两个政策叠加起来发挥更好的效用。第二，推动人才特区建设。人才特区可以推行特殊优惠政策。比如配套奖励、住房优惠，还有大家非常关心的个人所得税。第三，“千人计划”，国家级的人才计划。从以上三个问题的认识，希望对西部的人才发展提供借鉴和启示。

5. 崔大伟

首先，为什么有的人不回来？一方面是国家建设和国外的要求不同，上海最近的改革有一些相同的希望。另一方面，主要是单位内部的改革。调查表明人之所以不来的一个很大的问题是工作单位里的人际关系太复杂，过来申请一些基金的规章太复杂。研究发现，没有回国也没有参加国内任何计划的，即不在千人计划、百人计划的学者，他们是最好的。其次，长江学者、千人计划和百人计划的对比，说明长江学者、千人计划比百人计划要好，而且千人计划比百人计划好得多。这里也可以看出，短期回来的人还更好。一是项目内部没什么差别，长江学者短期回来的、长期回来的和千人计划长期回来的发表文章一样，千人计划短期回来的发表的文章弱一些。我们发现，有国际博士学位的校长的学校吸引外来人才多。有的校长并没有在国外待很长时间，但愿意进行改革也会不错。二是发现校长有两种，第一种是从外部调过来的，第二种是从内部晋升的。外部调过来的比内部的吸引人才要多。因为本校进来的关系户很大，要支持很多人，可能不愿意吸引更多的人才进来。我们总的概念是，要吸引最好的人，不一定给多少钱，不一定安排孩子及家庭，当然这些是很重要的，而是要创造良好的内部环境。

6. 李晓西

就如何培养创新创业人才，谈谈我个人的认识。第一，独立思考，带着批判精神来学习，我们要进行批判性阅读，敢于提出自己的想法，自己觉得不对，一定要修改。所谓增强创新思维，就是要有想象力，敢于想象。第二是注重概念的命题。第三是善于给自己的判断一个范围和条件。第四是借助多学科思维，文科思维和理科思维各有好处，理科的思维一定要经历一个严密的推理过程，文科需要有一个基本的波动幅度，没有这个波动幅度，文科思维基本上就没有一点余地，水至清则无鱼。因此，理工科要和文科的思维相结合，方法论相结合。第五是在问答中提升自己的思维。第六是论文题目不要太大。第七是定量说话。第八是化结为论。第九是要有强大的“胃”。我们要善于运用各种各样的网络渠道，比如很多高校的网络平台，要善于查找，善于运用。第十是要会“梳辫子”。首先是梳大辫子，大辫子就是主题。再有就是梳小辫儿，梳小辫儿就是要学会分类，写论文的时候分类有几个原则，一个就是同质，这是基本的，再有就是取样原则。需要强调的是，分类的时候不能让形式化的东西影响你创新性的东西。

B.15

第二届“发展与展望圆桌论坛”：国外人才与智力引进工作研讨会

一　会议简介

2016 年 2 月 24 日，由西南财经大学主办、中国国际人才专业委员会协办，西南财经大学发展研究院、中国与全球化智库承办的第二届“发展与展望圆桌论坛：国外人才与智力引进工作研讨会”在西南财经大学柳林校区召开。四川省外专局、四川省公安厅出入境管理局、四川省对外友好协会、成都市外专局等单位负责人，国家外专局“中国引进国外人才和智力报告蓝皮书项目”项目组成员，国家千人计划代表，国外人才代表，企业界代表，中国与全球化智库代表和西南财经大学学者代表等参加会议。副校长杨丹教授出席会议并致开幕辞。国务院参事、发展研究院院长王辉耀教授主持会议。本次研讨会的主题为“国外人才与智力引进工作”。

二　专家观点

1. 杨丹

外专工作本身是人才工作，人才工作跟“走出去”“请进来”都有关系，我们急需培养：尖端人才、国际组织的人才、小语种人才、国别和区域研究人才、来华青年及杰出人才。巩固提升欧美，扩展亚非拉，重点突破“一带一路”的战略。通过“一带一路”的机遇，将中国的教育资源传播到欧亚大陆中部，将西南财经大学打造成为世界一流大学。首先，国际化不是终极目标，而是建设一流大学的手段。中国外专需求非常迫切，中国正因为没有产生顶尖人才，因此外专工作特别迫切；其次，国际化不是迷失自己，而是在差异中找到自己的发展方向；最后，现阶段可以带来更好的人才和经验。走出去让别人了解自己，用别人爱听的方式宣传中国，讲中国故事。国家战略角度上“两个一百年”的目标要利用国际国内两种资源，这也是外专战略。

2. 王辉耀

中国引进外国人才，引进外国专家，包括引进外国留学生都会引来一个大发展的新时机。现在大量外国留学生进来后可以申请实习和创业签证，未来有工作经验还可以申请绿卡，甚至未来申请国籍，一系列渠道已打通。

3. 李强

“十二五”以来，四川省引进国外高层次人才总体增长迅速，引进外国专家的数量超过了重庆，引进的高层次外国专家和前几年相比增幅非常大；基础能力建设，特别是搭建高端引智平台也取得了新的进展。从引智来讲，四川作为内陆开放前沿的地位得到了凸显。当前工作中面临的困难和问题：在引进高层次人才数量上和东部差距非常大，在实际工作中很多用人单位和国外接触不多；制度建设还有需要完善的地方，现行的人才评价制度，工作许可制度，引进办法和社会保障制度还不适合引进外国高端人才的需要；引智公共管理和公共服务能力提升还与引进国外高层次人才的要求有差距，有待提升。目前，四川的基本工作思路是明确提出外专工作就是要聚焦创新、服务发展，着力提升区域创新能力；今年和今后一段时间要做的就是抓住两条主线进一步深化，一条主线是围绕实施更加积极的引智政策；另外一条主线是围绕让海外高层次人才来得了、留得住、流得动，配合公安、外办一起从工作许可、签证办理、居留管理方面给予支持等。

4. 申再望

一是希望把握外国专家、外国人才在四川的分布情况，以便开展工作和使用这些人才；二是国家收紧签证应该更有针对性，不同国家实行不同的政策把握，比如对一些敏感国家收紧，但是对于一些像从美国这样的国家来教书的签证可以放松；三是希望能出台新政策，对在四川居住了十年以上，或者跟成都人结了婚的外国人，在续签证的问题上有一些比较灵活变通的规定，同时，帮助外国人在中国找工作。

5. 杨玉龄

2004 年出台的外国人永居的审批管理办法所设申请门槛过高，对人才引进有很大的限制；后来，两办的永居指导意见出台，使得门槛放宽，推动了向市场引进人才。在落实给予外国人发放绿卡资格待遇的工作上，早在 2012 年中组部带领 25 部委就出台了外国人在中国永居享有的待遇，但以红头文件下发，没有被有关行业部门认可，导致落实不到位；直到去年年底，两办以中央政府名义下发该指令，指导各个行业系统，在他们的业务系统范围内进行落实；受理审批进一步的便利化，对于高层次人才办理审批的时限大大缩短。因此建议：一是进一步完善国家移民管理机构设置，成立移民局，把移民局专业队伍剥离出来，专门从事人才引进工作；在人才待遇落实上需要相关部门的配合；尽快落实特殊人才的永居申请渠道。二是细化外国高层次人才入境和居留管理办法，把外国留学生在四川省高校毕业后直接留川就业工作试点及配套改革举措单独提出来。三是针对四川省情参考已有的出入境支持政策，依据外籍人才的需要，在政策允许范围内，争取提出创新的政策。

6. 罗茜

目前，针对北京、上海特殊的试点政策，进行学习是必要的，但也要打造出属于我们比较新的东西，比如投资移民。宣传上的各部门联动仍有一些问题需要解决，要留住人才应是整个政府，不光是出入境或者外专一家，它是涉及整个层面的，是一个系统工程，需要政策的支持，以及社会融入和社会系统工程的建设。

7. 唐兴霖

就外国人才引智工作的建议：从政策方面来讲国家和学校要加强顶层设计，根据每个学院的情况加强引智分块的计划；人才引进和智库建设方面要建立权质一致的国外专家工作体制，使来的专家能够在企业高校和科研院校发挥他们的作用，激发他们的活力；提供学校层面的培训，帮助国外专家适应国内环境，快速适应学校的环境和学院环境，他们才能更好地发挥作用；国外人才的引进包括引智，它是介于市场之间的问题，政府要转变职能，发挥外国专家的作用，也要发挥市场在配置外国人才资源中的作用。

8. **袁松阳**

财大引智工作的机构设置。如：西南财大引智工作由杨丹副校长分管，国际交流与合作处是归口管理部门，牵头负责，实行校院两级管理，各个学院分管外事的领导负责各个学院外专管理，各学院也有干事负责联系管理工作。引智工作的规划。注重外专引智工作立项和学院特色结合，外国专家项目的立项工作紧密围绕着质量优先、内涵发展的战略主题，立足以我为主、按需引进、突出重点、讲求实效的原则，突出高端紧缺的取向。学校聘请外国专家更加注重转向大金融学科群，以及其他金融管理类的学科，特别是财大这些重点学科的专家为主。引智工作的制度实施。制度建设方面，通过到各个学院调研，结合实际制定了比较全面的管理办法进行顶层设计；经费投入方面，通过积极申报外专项目，争取了教育部和外国专家局的支持，每年投入大量经费，对这些经费有严格的管理办法，确保专款专用，促进引智项目出好成绩、好成果；重视信息化和网络建设，为了提高引智工作的效率，我校引进了由国家外专局推荐的引智工作管理软件；在外专外教的环境建设方面和后勤保障方面，学校每个月都要以住房补贴的形式给外国专家提供补贴，短期外国专家可以住在有外国人接待资质的宾馆。引智工作的成效：2015 年西南财大申请了外专项目 19 项，实施 19 项，执行率 100%，总计邀请外籍专家学者 416 人，教授占了 72%，副教授 16%，助理教授 8%，各类机构和企业高管有 4%，平均每个月有 41 个外籍专家来校讲学访问，其中有 1 个诺奖获得者，千人计划专家 2 人，外国科学院或者工程院院士有 4 人，海外高层次文教专家 1 人，海外名师 3 人，2015 年新增高端外国专家项目 1 人，我校金融研究院院长菲利浦 2014 年获得中国政府的友谊奖。在专业课教学方面，学校部分专业课程设置与国际接轨，采取了国际通行的英文教材，以海归博士和外籍专家为教学主体，大量的外聘国际知名学者和业界的精英来讲授课程。

9. 卿涛

在总结经验教训的基础上，进行新定位、新课题、新部署。新的定位，在过去的基础上重新定位；提出新的课题，我们面临新的问题，肯定要不断解决，所以新的挑战，新的问题，新的需求把它搞清楚，这样我们会更加清晰地去做；建立更加灵活的用人机制。把握国际人才流动规律特点，建立一个灵活的机制，使外国人才来得了、待得住、用得好、流得动；提高薪酬待遇，提供一个良好的环境和合理的激励机制，系统化地去推进灵活的机制。完善服务。简化办事程序，要有良好的服务态度，尽量满足外国人的需求。

10. 陈元伟

人才引进到国内后水土不服，就医和就学问题难以解决，外来人才的家属难以适应国内环境，没有医疗保险、社会养老基金。

11. 钟治晖

需求匹配的问题，即需求不能满足，信息不对称。收集、汇总协会或企业的招聘需求，由成都市或者四川省政府牵头负责，招聘信息在网上公开。对高端人才的引进中，可将高端人才的信息整理汇总，提供给成都有需求的机构，这样就能非常有效地把高端人才引进来。

B.16
第二届“中国人才50人圆桌论坛”暨第三届发展与展望圆桌论坛

一　会议简介

2016 年 12 月 17 日，西南财经大学联合中国与全球化智库召开了第二届中国人才 50 人圆桌论坛暨第三届发展与展望圆桌论坛。参与会议的领导和专家包括全国人大外事委员会副主任委员、中国继续工程教育协会理事长，人力资源和社会保障部原副部长王晓初；中国人才研究会会长、人力资源和社会保障部原副部长何宪；西南财经大学党委书记赵德武；全国政协委员中国领导人才专业委员会会会长，原中国人事科学研究院院长吴江；国务院参事、欧美同学会副会长、西南财经大学发展研究院院长，中国与全国化智库主任王辉耀等在内的五十多位国内人才研究领域的知名专家学者、政府有关部门领导和企业界人士。会议围绕贯彻习近平总书记关于人才工作重要论述、五大发展理念，聚焦中国人才体制机制改革的重点、热点、难点问题，就推进人才发展体制改革、建立具有国际竞争力的中国人才制度优势以及新一轮西部大开发中系统推进全面创新改革试验区背景下的四川人才发展战略进行深入探讨。

二　专家观点

1. 赵德武

经过长期的建设和发展，西南财经大学形成了以经济学、管理学为主体，以金融学为重点，多学科协调发展的办学特色，积极融入全球人才竞争，广揽英才，从哈佛、斯坦福、剑桥等世界名校引进全资海外人才250余名，形成了学校海外人才引进的群聚效应，被誉为中国金融人才库。西南财经大学人才队伍建设工作遵循的原则有：一、强化理念共识，创新人才特区引才机制，广开渠道招聘人才，创新方式，储备人才；二、构筑制度优势，建立分类评价体制，加强平台团队建设；三、优化人才服务，创新人才特区留才机制，以思想引领引领人才，以情感认同连接人才，以精细服务关心人才。

2. 何宪

中国依赖廉价劳动力实现经济增长的模式已经成为历史，科技创新将成为推动经济发展的新动力。我国经济进入新常态，人才工作成为影响全局举足轻重的工作。党中央、国务院高度重视人才工作，国家“十三五”规划也把人才工作作为重要的内容放到突出位置。在人才工作方面提出两点建议，供四川参考：一是打破盆地意识，四川的人才不仅要服务于四川，还应该要辐射西南，甚至更广阔的地区。二是加强人才体制改革的探索，发挥市场的作用，进一步开放市场，鼓励人才竞争；建成西部地区的人才中心；通过职业技能培训等多种方式，提高劳动者素质。

3. 吴江

要把改革作为四川发展的后发优势，并以美国新一任总统特朗普与硅谷群英会谈求和解为例，说明了政府支持创新、引进人才的重要性。将对外开放度提高到新的水平，让人才的开放成为首要的开放方式。在引进外国人才的工作中，要实现：三个转变和三个突破。第一个转变是必须从引进国外智力向引进外国人才转变；第二个转变是从政府主导引进向市场主导引进转变；第三个转变是注重引进，向更加注重使用转变。第一个突破是突出柔性引进方式，搭建国际合作平台，在项目中汇聚国际高校、科研机构和跨国公司的人才；成立研发中心，引进外国人才团队技术；鼓励现在的国有企业、民营机构、高校、研发机构、社会组织以及个人走出去。第二个突破是突出强调引进外国青年人才，面向全球，吸引青年来华留学，留下来工作，完全放开外国留学生来华工作的限制。第三个突破是重视解决外国人融入中国社会的问题，保障其公共服务权益，享受国民待遇，除政治权力和其他法律权力以外，原则上凡是居留的外国人都和中国公民享有同等权利，负有同等义务。

4. 王辉耀

人才体制机制改革的根本要求：一是人才资源是我们生产力要素中最活跃、主动性最强、潜力最大的一个资源要素，要以用为本，激发人才的活力，使人才的作用充分地发挥出来；二是深化改革是解放和增强人才活力的必由之路，充分发挥市场在人才资源配置中的决定性作用，打破束缚人才发展的思想观念和体制机制障碍；三是解放和增强活力的关键是管活，管的指导思想就应该是活，制度安排就是活，机制作用就是活，政策导向就是活。

5. 史代敏

西部高端人才发展的主要问题：一是缺乏国际级的重大科研平台，高端人才的承载力薄弱。二是人才投入不足，高端人才流失严重。三是人才竞争态势激烈，人才优势先天不足，特别是在一些紧缺的学科方向上，引进人才的难度更大。国内高校之间相互挖人，无序竞争，科研经费上相互攀比。四是西部高校面临产学研协同创新，能力较弱。五是人才发展环境还不完善，社会配套政策相对滞后，高端人才引进、流动、辞退相衔接的工作机制还有极大的改进空间。我的思考和建议：一是在国家层面，研究制定更加贴近西部高校人才发展的专项政策，在重大平台建设、精准对口支持、培养补偿机制、专项资金资助、学科布局优化等方面进一步加大支持力度。加大重大人才平台建设，探索精准对口支持机制，加强东西部高校之间学科和人才精准对口支持，建立健全人才补偿机制，实施西部专项资金资助，大力推进学科布局优化，积极落实国务院《关于加快中西部教育发展的指导意见》。二是地方政府层面，对地方院校在人事分配制度方面进一步放权，明确主管部门和高校的权限关系，下放高校办学自主权，下放岗位设置权；加大人才财政投入，特别是加大地方政府对高校的投入力度；搭建高水平产学研协同创新平台，加强关键技术协同攻关，在短时期内提升产学研的整体水平；着力完善人才公共服务体系，营造更有利于吸引用好人才的发展环境。

6. 侯晓春

中高端人才教育中值得关注的问题：一是为官不为的问题，加强制度建设后，过去的许多方法不适应当前状况，因此，表现出不会为、不善为甚至不作为。将创新与官员作为相结合将成为一个深刻课题；二是人才需要与时俱进，需要与时代结合；三是人才问题不是引进的问题，而是发现的问题；四是建立人才高地有三个不可缺少的因素：情感，事业和待遇。

7. 胡建华

深化人才体制机制文件出台的目的：从管理体制机制上简政放权，扩大用人单位的自主权，冲破束缚，发挥人才的关键作用，建立科学规范、开放包容、运行高效的人才发展治理体系，形成具有国际竞争力的制度优势，通过这样的制度优势实现可持续性的创新发展，达到人才强国的目的。当前主要任务是全面贯彻落实好意见，打通人才创新创业脉络，把各方面人才凝聚到党和国家的事业中。

8. 张光伟

四川部分人才的工作情况：一是出台了促进全面创新改革驱动转型发展的实施意见，《四川省“十三五”人才发展规划》和四川省高层次人才特殊支持办法；以引进专业技术人才、高技能人才、党政人才为重点，大力引进海外人才。二是深化行政审批制度改革，构建更加高效便捷的外国人才管理体系；在外国专家来华就业和许可证方面，在全国率先按照要求开始整合工作，现已按照整合后的机制在运行。三是“十三五”期间人才发展的基本思路：进一步抓好专业技术人才队伍宏观管理，突出抓好高层次人才队伍建设，推进知识更新工程，大力实施更积极、更开放的外部人才政策。

9. 桂昭明

聚焦提升人才发展和经济发展的融合度的问题：一是提供打造人才发展平台，创建人才使用的环境，加大人才的科技投入，人才聚集度是创新发展的前提。二是人才融合度是创新驱动发展的本质与标志，聚集人才应以用为本，集聚度并非优势，融合度才是真正的优势。三是人才绩效科学评价是人才驱动创新发展的关键环节。首先是人才导向，引进人才之初进行预评价；

其次是管理抓手，把绩效评估的设计单作为项目管理依据；再次是升级的标尺，将绩效评价情况作为评优升级的依据；最后是绩效评估的结果作为项目清理退出的依据，打破能上不能下、能进不能出的现象，既要有宽容度，也要有发展紧迫感，而不是无限的容忍。

10. 高书国

打造教育高地，成就人才高地。数据显示，四川在人均受教育年限这方面跟全国水平还有一定差距，根据国家的教育总体发展，制定四川的人才发展格局，如何将经济发展规划、教育规划、人才规划合在一起？一是制定2030年西部人才或者四川人才的发展战略；二是50人圆桌论坛应建立一个方便经常沟通的平台；三是聚集高校力量，对为什么要建设、怎么来建设、由谁建设、什么时间建设提出可行性报告。

11. 刘宏

南洋理工大学的人才管理制度：一是以预算和编制为导向的机制，学院在预算使用上有充分自主权；二是招聘制度，面向全球的招聘，对应聘人的要求是，以教学为第一要务，注重考查科研素质，经过严格筛选，保证录取的质量；三是薪资方面，提供具有国际竞争力的待遇，各种的经费支持，包括科研启动经费，包括个人的工资，个人的奖金、退休金，以及带薪休假、医疗保险、加班费、子女教育津贴、津贴性住房等这一系列的总体待遇。四是评估机制，所有教职人员在一个相同的标准下来做评估，评估程序包括量化和定性程序，按评估结果分成五个等级支付报酬，同时，对于表现不好的教职工也会实施相应的惩罚机制；此外，终身教职评估也是一个重要的人才管理机制。

12. 赵永乐

外国人就业和外国专家工作许可在四川试点，外国人在这里工作实行分类工作全省各市州同步进行试点。对于高端人才，A类我们简化了审批手续，很多原来在国外要提供的东西；对青年人才，四川在成都、德阳、绵阳三个市试点，取得硕士以上学位的外国留学生在四川就业。通过这个制度设计和具体的改革，为四川的高端人才在四川创新创业提供了更多的方便。中国具有全球竞争力的人才制度体系是中国特色社会主义制度体系的重要组成部分，其最大的特色是中国特色，最大的优势是党管人才；与美国相比，我们的短板是市场机制，要让市场起作用，就要发展人才高端的服务业，进一步确立人才优先发展的战略道路，构建一个具有全球竞争力的制度体系。

13. 韦智敏

中央重视人才多，地方重视人才少；讲的多，真正关心人才的少。人才发展体制机制改革的问题，从宏观上讲关键在政府；中国的体制机制改革关键在用人单位；管理者或者人才自身反过来也会影响体制机制。希望加强宣传，加快推进，加深理解；简政放权，转变政府人才管理职能；做到"四个把握"：把握解放和增强人才活力的改革主线，把握发挥市场决定性作用的改革方向，把握构建人才发展治理体系的改革目标，把握促进人才发展与五大建设高度融合的改革标准。转变政府职能，政策分开、政事分开、管办分离；加深理解，理解现在的问题、原因、根源，理解现在的政策。

14. 唐兴霖

高校二级学院角度的人才引进工作：人才到大学来的目的是要做科研、教学、学科建设，培养更多人才，这一目的和指向要明确；虽然去中心化的世界趋向明显，人才流动有障碍，但地域不是主要问题，关键在于明确行动目的。

15. 黄玖辉

四川人才高地建设要抓好的几个方面：一是加强体制机制创新。转变观念，采取一些变通的方式，和江浙的开放观念对接，加强体制和机制的创新。二是树立更加开放包容的人才观。人才不能只局限于某个机构或单位，应采取更包容的态度促进人才流动，从而释放科技人才的生产力。三是搭建好政产学研用的平台。人才要集聚，引进团队，并且要有产业支撑，要更加致力于政产学研平台的研究，包括生产性平台和生活性服务的平台，全方位支持人才引进激励和培养使用。

16. 汪怿

建设海外人才立案创新创业基地的过程需要：一是要让更多的人零成本

来零成本走，在流动过程中要更加自由，要有相应的政策来吸引，来集聚，来支撑海外人才创新。通过建构这个平台能吸引最具有引领潮流的人；要配备最具有资源的，掌握全球资本、全球信息、全球技术的人；要实现集聚，让最有影响的人进入创新创业过程中。二是提高自由度，包括在这个基地中获得创新创业活动的自由，资本进出的自由度，经营和注册的自由。三是在立案创新创业基地中，制度、管理、治理体系非常重要。政府治理的透明和快速响应是推动人才发展最重要的治理体系；立案创新创业基地中也要有一个完善的服务体系和支撑，包括配套的资金服务和人力资源的服务支撑。

17. 李强

以产业聚集来带动人才聚集，产业发展，人才聚集来促进产业经营发展，充分发挥人才的马太效应；利用资本把人才与产业融合发展起来，从而充分发挥资本的作用；具体建议，在关于高级工程师方面，突破企业和事业单位在职称评估上的双轨制；在经济师方面，建议设立正高级经济师。

18. 王晓初

人才工作取得了很大的进步，受到了各方面的关注，不光国内很有成绩，对国外也产生了重大影响；中国的人才工作是中国特色，只有强烈的中国特色的人才理论、人才实践，最后才能被国际上认可，要依据中国国情参考国外的理论，要走中国自己的路，也只有这样的路才能引领中国走下去，才能实现中华民族的中国梦。

19. 闫月勤

高等院校在国际化人才培养方面，从观念上都达到了高度共识，所有的样本学校，几乎都有自己的国际化发展战略，人才培养目标中也提出了对国际视野和人才培养这方面明确的要求，中长期规划也都有专门的国际化发展战略的分战略；对国际化人才和留学生培养与国外的差距在于外语授课课程门类数各学校都很少，数据不足以支撑国际化的人才培养，多项支撑国际化人才培养的数据均增长缓慢。高校的国际化已经开始，从原来的发展到新时期的发展是从内涵发展和提升教育质量的要求上面，我们现在的差距依然很大，高水平国际化程度也依然很低。

20. 江冰

跨境教育：近二十年全球的跨境教育已经有200多所，在海外不同的地方建立了各种各样的机构和分校，跨境教育的挑战是全球竞争的加剧；最近有一个新的苗头，以深圳为代表的国际社区，以中国大学为核心引进优质教育机构搭建产学研平台已经落地。创新教育：创新教育在美国已经是一个主题，而成都讲双创，也不是简单争世界一流大学，起码有大概的想法，一流大学绝不是排名，它不同的层次都有一流的学校；同时，大学就要有使命，有特色。中国在建设一流大学过程中要沉住气，进行研究，研究机制，研究全球化，要站在世界的角度，一步一个脚印的走向世界。

B.17
后 记

《四川人才发展报告（2017）》的编写，得到了多方的支持、启发、帮助和指导。首先要感谢四川省委组织部和人才办领导、四川省外国专家局领导、西南财经大学领导的大力支持。其中，特别感谢西南财经大学党委书记赵德武、校长张宗益，他们得知本书即将付梓出版，欣然答应为本书作序，这充分显示出学校领导对智库建设和人才发展研究的重视；感谢西南财经大学副校长史代敏对发展研究院工作的大力支持，感谢李晓西名誉院长对发展研究院工作的关心和帮助；感谢四川省外国专家局、西南交通大学、浙江警官学院、西南财经大学、中国与全球化智库、北京东宇全球化人才发展基金会等参与本书编写工作的所有研究人员和工作人员。

在本书的成书过程中，也离不开西南财经大学发展研究院同仁的支持，他们是李丁、李卫锋、晏凌、刘金石、陈涛、陆毅茜、朱春辉等，工商管理学院肖慧琳；以及中国与全球化智库的苗绿、郑金连、李庆等研究人员的贡献。

另外，我们还要感谢社会科学文献出版社的谢寿光社长、皮书出版分社邓泳红社长、陈颖编辑对本书的顺利完成所提供的积极支持。

由于本报告撰写和编辑时间紧促，加之水平能力有限，书中难免出现纰漏。我们欢迎社会各界批评指正，以使我们在未来的研究中改进。衷心希望本书能为公众、专家、学者和政府对四川人才发展状况的系统了解起到帮助作用，对政府建言献策有所裨益，积极推动四川人才发展。

王辉耀

2017 年 2 月

Abstract

In order to reflect the latest situations of talent development and work and analyze the hot issues during the process of regional talent development in Sichuan since the 18th National Congress of CPC, we organized and compiled the *Report on Falent Development of Sichuan* (2017), which consists of such five parts a general report, the development of talent in Higher education, the introduction of foreign talent, the innovation of regional talent and experts' opinions.

From the macro perspective, the general report analyzed the talent situations of Sichuan province since 18th, its problems in the work and the "short board". Especially along with such series of national strategies and policy supports as "The Belt and Road Initiatives" and "comprehensive innovation reform pilot area", learning from the experience of the New Deal of talent in such coastal developed areas as Shanghai and Shenzhen and constructing and improving the supporting system of talent development become a realistic path of talent development in Sichuan.

The development of talent in Higher education is divided into 6 parts, the first is that the real problems and countermeasures about high-end talent construction of universities in the west region; the second is the investigation to present situation of the talent cultivation of 5 Universities in Sichuan with the international development of teachers and students in colleges and universities as the starting point; the third is the review of ten years of exploration to the school's construction of modern personnel system, taking Southwestern University of Finance and Economics as an example; the fourth is the analysis of current situation and problems of talent development of 12 universities in Sichuan by the questionnaire and proposition about countermeasures; the fifth is taking a university in Sichuan as a case, the problems of the differences evaluation about college counselors' competency through empirical investigation to students, instructors and administrators; the sixth is the analysis of the different types of colleges' mechanisms of the overseas talent introduction in Sichuan under the background of construction of "double top".

The introduction of foreign talent article is divided into 2 parts. The one is the working situations of foreign experts during the "12th Five-Year" period in Sichuan and the introduction of introducing policy of foreign talent and intelligence; the other is introduction of the specific practice of foreign talent introduction, management and development in Sichuan and suggestions about the life and integration of foreign talents in Sichuan.

The innovation of regional talent includes 4 parts. The first is referencing decisions about cultivating innovative talents gathering force, taking the "national district" ——the Chengdu Tianfu New Area as a case; the second is the comprehensive explanation of cultivating mode of the emergency management of innovative talents and analysis on the system of emergency management education innovation from such multiple perspectives as foreign countries, China and Sichuan province; the third is the analysis of how provincial enterprises employing the employers' brand to attract talents by the mode based on the perspective of the location at Sichuan; the fourth is the current situation and problems of university students' innovative venture in Sichuan and active suggestions on the education model of innovative entrepreneurship of universities under the background of "the public venture, people innovation".

Experts' opinions mainly collect the ideas and suggestions from relevant West China (Sichuan) Talent Development Strategies of Western Talent Development Forum, The Second Development and Prospects Round Table Forum, and the China Talent 50 Round Table Forum · the Third Development and Prospects Round Table Forum.

Contents

Ⅰ General Report

Abstract: The competition of comprehensive national strength is the competition for talents. At present, the development of the world economy has entered into a new crossroads where globalization and anti-globalization are carrying out a more fierce game than ever. Talents, especially international top talents, will still be the most important source for global competition. As a proverb says, achievements depend on talents; business is expanded due to talents. Since the 18th National Congress of the CPC, under the leadership of the CPC Central Committee centered on Comrade Xi Jinping, Sichuan has made outstanding achievements with distinct advantages in talent development and work. Along with the powerful support from a series of national strategies and policies, such as "The Belt and Road" and "Comprehensive Innovation Reform Pilot Area", Sichuan's talent development work has entered into a period of historical opportunities, along with severe challenges. Based on a comprehensive grasp of the characteristics of Sichuan's talents, this paper deeply analyzed the problems and disadvantages of Sichuan's talent development and work by building a SWOT Analysis model.

Drawing from new talent policies from Shanghai and Shenzhen, especially from the experience on the construction of the talent development support system, this paper presents some advice for Sichuan's talent development, as well as for the building of a theoretical and operational system, from the following four aspects: the transformation of the talent development strategy, the improvement of the external environment for talent development, the emphasis of talent development theory research, and the optimization of the talent support system.

Keywords: The Supporting System of Talent Development; Talent Work; Comprehensive Innovation and Reform; Transformation Development Driven by Comprehensive Innovation and Reform; Continuous Improvement; Sichuan Province

Ⅱ Development of Talents in Higher Education

B. 2 Dilemma of High-end Talent Team Construction in Western Colleges and Universities and Reflection *Shi Daimin* / 043

Abstract: Along with the incresing emphasize on construction of talent team of colleges and universities in China, talent competition is extremely fierce, especially for colleges and universities in western region, which mainly embodys weakly bearing capacity of high-end talent, serious outflow of high-end talent, insufficient advantage in talent introduction, weak ability of synergy creation of production, learning and research and under developed envrioment of talent development. In order to solve above problems, the study proposes according suggestions and counte rmeasures from the national and local perspectives.

Keywords: High-end Talent; Talent Development; West China

Abstract: After the selection of five hing-level universities as samples in Sichuan, the investigations from teachers' and students' perspectives to the development status of colleges' internationalization in our province found that the development trend of internationalization of Sichuan's colleges is good. But investigations with different kinds, various degrees and distinct contents are unbalanced and high-level comprehensive universities, which have a large gap and strengths compared with high-level universities in developed areas, are better than universities with engineering advantage. But the internationalized level is low as a whole. With the help of national development strategy "One Belt And One Road" and service for nation's overall diplomacy, we need to make full use of good policies of education's opening up in the new period and cultural and geographical environment in Sichuan province. What's more we also need to vigorously implement the strategy of university internationalization by actively expanding the scale of foreign students and creating more opportunities of international academic exchanges between teachers and students to energetically introduce foreign intelligence and foster a teacher's team with high level internationalization and a large number of talents with internationally competition.

Keywords: Universities; Internationalization; Teachers and Students; Evaluation System; Rank

B.4 Deepening Reform to Break the Barriers, Stimulating Energies to Gather

—*Elites Review and Prospect of Reform of Personnel System over Ten Years in Southwestern University of Finance and Economics*

Huang Haibo, Feng Weidong, Qi Xiangnan, Zhang Yiyun and Liu Jinshi / 069

Abstract: As one of the high-level universities in Sichuan province, in 2006 Southwestern university of finance and economics took the lead in building brand new system of modern personnel in the whole province by such a series of major initiatives as "classified employment system", "segment-based management", "high-level talents introduction", "three-dimensional training" and "lowering the power of personnel" over the decade. It gradually explores new situation of gushing vitality of talents and scientific development of talents work, realizing the rapid ascension of school teaching, scientific research, personnel training and internationalized level and initially establishing highland of talents, which is adapted to the characteristically researched university of finance and economics with high level. But at the same time personnel system reform in school is still facing with such problems as unsound scientific research system, unscientific evaluation mechanism, disadvantaged developing environment of talents and lagging-behind supporting social policies. Only by constantly improving the mechanism of talents introduction and discovery, enhancing the intensity of high-level talents' introduction, continuously optimizing the mechanism of talents' management and evaluation, building a long-term system of retaining talents, strengthening the construction of the developing environment of talents and building advanced highland of talents and culture, we can open up the new height of personnel system reform in Southwestern university of finance and economics.

Keywords: Personnel System Reform; The System of Modern personnel; Southwestern University of Finance and Economics

Abstract: In recent years, positive progress of talents work in Sichuan's colleges provides powerful talent supporting and innovation drive for local economic and social development in Sichuan. Facing with new goals, new demands and new tasks of talent development in new era, the talent development of colleges in Sichuan is still confronted with many challenges. By questionnaires, the study analyzes the basic status of talent development in Sichuan's 12 colleges and universities and proposes the key points of the link of talent work needing to strengthen in Sichuan's colleges, combining with the investigation of the main problems of the talent development of colleges. In the view of the key points of investigating problems and construction, the study puts forward the suggestions of strengthening talent development and improving talent work from ten perspectives with the hope that improve the matching degree between talent development of colleges in Sichuan, especially provincial colleges and universities, and economic and social development strategy by further improvement and optimization of talent policies.

Keywords: Provincial Colleges and Universities; Talent Development; Talent Work; Sichuan

Abstract: The research aims at studying the constitutive factors of counselor's competence. By investigating three main groups in colleges and universities, that is students, counselors and administrators, it finds that different group evaluates counselor's competence differently, and comes to the conclusions as follows: 1. the constitutive factors of counselor's competence lie in four aspects, including individualism, Job characteristics, organizational characteristics, environmental characteristic, and each aspect shows different importance; 2. counselor's role of administrator has been strengthened while educator weakened; 3. there is a deviation between the theory and practice of the counselor's service objects.

Keywords: University Counselor; Competence; Differentiation; Evaluation

B.7 Study on the College Introduction Mechanism of Oversea Talents in Sichuan Province under the Background of 'Double-top Construction'

Yan Ling, Chen Tao and Mou Xiang / 120

Abstract: In the tidal wave of the national strategy of "talents-driven leads innovation-driven" and the construction of double-top universities, the introduction of oversea talents growingly becomes the focus of the university talents work. After the thorough review of the work of oversea talents introduction in colleges of Sichuan province, the article specifically explores that introduction mechanism from such four perspectives as "selection standards", "work nature", "introduction program", "treatment and conditions" towards colleges in Sichuan province, founding that the weakness of the college introduction of oversea talents in Sichuan province still is "weakly correlated", "unclearly strategic" and "insufficient systemic". Based on this, the article puts forward such policies and suggestions as emphasizing the discipline construction, improving the talent system, adjusting measures to local conditions to formulate strategic mechanism, collaboratively innovating to get through linked mechanism.

Keywords: Oversea Talents; Introduction Mechanism; Double-top; Colleges and Universities; Sichuan Province

Ⅲ Introduction on Foreign Talents

Abstract: Talents are the fundamental support to realize the great Chinese dream. Nowadays the congregation and employment of talents are mainly consisted by international and domestic talents. Realization of the great rejuvenation of the Chinese nation not only needs the entire Chinese peoples to strive for but needs extensively to introduce oversea talents, especially high-level innovative talents. In each period of Chinese revolution, construction and reform and opening up, foreign experts and international friends all made a historic contribution. They exerted beneficial influence in such aspects as leapfrog development of promoting key areas, critical breakthrough of important scientific researches, Chinese and foreign exchanges of science, technology and culture and cultivation of high-level talents. During "Twelfth five-year" period, the number of foreign experts working in Sichuan is on the rise, which makes grate contributions for transformed development of Sichuan's economy in the new period. Along the more positive and opening policies of oversea talents and intelligence introduction of our nation and Sichuan province, there are still some new problems deserving us to research and solve facing the new challenges and opportunities.

Keywords: Introduction of Oversea Talents and Intelligence; High-end Plan of Sichuan Introducing Talents

Abstract: China has been a major country of emigration for decades, and now it is an emerging immigration country as well. In recent years, to explore the "demographic dividend" of foreign populations in China, Sichuan province has implemented policies, provided services, and developed a variety of initiatives to facilitate the recruitment, management and development of foreign talent in Sichuan. The report provides a snapshot of the foreign population in Sichuan and explores the recruitment of foreign experts and the development of "talent attraction projects" in Sichuan province as well as some of its major cities. It explains a series of policies and initiatives developed by the Sichuan provincial government as well as the Chengdu municipal government to attract high level foreign talent. The report also discusses the policies for managing the foreign population as well as the services provided by the government to help foreigners' settlement in Sichuan. Lastly, it summarizes foreigners' general experiences and perceptions of living and adapting in Sichuan and their suggestions for improvement.

Keywords: Foreign Talent; Talent Development; Talent Recruitment; Talent Management; Sichuan

Ⅳ Innovation of Regional Talents

Abstract: The process of industry agglomeration is also the process of talent aggregation. The Tianfu new district, the rising "national new district" is the new growing pole and modernized industrial cluster in the western China. While during its rapid development, it also falls into the troubles of weak human capital and insufficient innovative talents. Although governments at all levels in Sichuan province issued a series of policies to attract the talents, which is still hard to meet needs of industrial development for talents' quantity, quality and structure yet forming the real innovation. Based on the theory of industrial cluster, the report arguments that in order to get out of the talents trouble and infuse talent-driven power for the sustained development of industry cluster in Tianfu new district, expect providing such hardware conditions as funds and resources, the government should focus on the fundamental construction of soft environmental of talents by the way of building the professional environment of innovative talents' gathering, learning communication environment and relaxed cultural atmosphere to enhance the gathering power of innovative talents. Towards the talents of innovation of technology, finance and service, the report proposes the suggestions of building the system of amalgamation of industry, education, and research, setting up the mechanism of talents convection and adhering to market-orientation for decision-making reference.

Keywords: The Gathering Power of Innovative Talents; The Cultivation of Innovative Talents; Tianfu new District of Chengdu

Abstract: Emergency personnel need to be able to adapt to rapid changes and complicated situations of public security, not sticking to one pattern but breaking the routines to effectively cope with complex environments and situations. We should adjust and determine such targets and plans of cultivation of talents as the quality of emergency personnel, the cultivation, management and strategy of talents to adapt the transition and innovate the cultivating models of the emergency and foster the creative emergency talents. What's more we ought to give full play to emergency training mechanism and positively create emergency method to achieve the innovation of theory, technology and command. The practice of emergency management shows that organized the ways and systems of coping to sudden public emergency in different countries and regions are distinguished but they all have deep understanding about the educations of emergency management and the designs and implements of the system of emergent education management. Therefore carrying out the effective education of emergency management is a crucial link in the innovation of emergency management.

Keywords: Emergency Management; Emergency Personnel; Emergency Education; Emergency Training

B. 12 How to Retain Employees Through Employer Brand?

—An Analysis From the Perspective of Self-determination

Abstract: With the rapid development of economical globalization and science and technology and the prosperity of knowledge economy, competition environment which enterprises face is more complex and more uncertain, which requires that structure of the organization should be more flexible. Under such condition, the stable employment relationship faces extreme challenge, and talents are under no boundary (or protean) career background, hence, frequent job-hopping becomes a typical character of the contemporary young talents. From the perspective of needs satisfaction theory, the unsatisfied needs of the talents are the motivation to talents' actions, and talents will pursue organization environment which can satisfy their autonomy, competence, and relationship need. Therefore, most enterprises face actual challenges like how to create environment which can satisfy basic psychological needs of talents, how to improve talents´commitment to the organization, and how to promote talents retention.

In order to explore the practical problem mentioned above, this paper will further transform the problem into: study the relationship among employer brand, basic psychological need and talents retention. This study builds the model based on self-determination theory, social exchange theory, psychological contract theory in psychology theory, and tries to answer: (1) Will employer brand significantly promote talents retention? (2) Will basic psychological need play an intermediary role between employer brand and talents retention? (3) How will employer brand construction

promote talents retention in the future? Suppose that basic psychological need has played an intermediary role, this study will bring in destructive leadership and work-family support, and examine whether destructive leadership and work-family support have moderating effect among employer brand, basic psychological need and talents retention. This will build a model which has moderation effect with mediation role and mediation role with moderation effect, and will further study the mechanism among variables

Keywords: Employer Brand; Basic Psychological Need; Talents Retention; Destructive Leadership; Work-family Support

Abstract: In the social background of "public entrepreneurship and mass innovation", the innovation and entrepreneurship of college students have become a significant force. With the abundant resource of higher education in Sichuan province, college students present enormous potential of innovation and entrepreneurship. By analyzing the status quo of college students' innovation and entrepreneurship in Sichuan province and the progress of higher education of innovation and entrepreneurship in recent years, it is not difficult to find that the organizational constructions are still at the primary stage; that system constructions are dominated by policies; that pedagogical practices are still lack of theoretical researches and teaching staffs give priority to schools. Based on excellent experience of innovation and entrepreneurship of foreign universities, the study proposes that the innovation and entrepreneurship of universities should establish the loose coupling organization, coordinately polymerized mechanism, theoretically research-based teaching and two-way flowing teachers.

Keywords: Innovation and Entrepreneurship; The Education of Innovation and Entrepreneurship; College Students; Universities; Sichuan Province

V Experts' Viewpoints

Abstract: Hosted by Southwestern University of Finance and Economics, and organized by Institute of Development Studies (SWUFE), the Western Talent Development Forum took place at the Liulin Campus of Southwestern University of Finance and Economics on September 24, 2015. Forum guests include famous talent expert Dr. Zhen Wang, Dr. Dawei Cui, Dr. Xiaoxi Li, and Dr. Huiyao Wang. Ying Yang, director of the High-end Talent Center at the Organization Department of Sichuan Provincial Party Committee, Huimin Bian, secretary of the Party Committee at Xihua University, and Daimin Shi, vice president of the Southwestern University of Finance and Economics, also attended this forum. Huiyao Wang, president of Institute of Development Studies, presided over the forum. With a theme on "Innovation, Enterpeneurship and Talent Strategy", this forum discussed how students could become innovative and entrepreneurial talents, how to cultivate innovative and entrepreneurial talents, and how to build a cultivation mechanism for innovation and entrepreneurship in universities.

Keywords: Talent Development Forum; Innovation and Entrepreneurship; Talent Strategy; Cultivation Mechanism

B. 15 The 2nd Development and Outlook Forum: Foreign Talent and Intelligence Introduction Workshop / 233

Abstract: Hosted by Southwestern University of Finance and Economics, co-organized by China Global Talents Society (CGTS), and organized by Institute of Development Studies (SWUFE) and Center for China and Globalization (CCG), the 2nd Development and Outlook Forum: Foreign Talent and Intelligence Introduction Workshop took place at the Liulin Campus of Southwestern University of Finance and Economics on February 24, 2016. Unit directors from Sichuan Provinvial Administration of Foreign Experts Affairs, Bureau of Exit and Entry Administration of Sichuan Provincial Public Security Department, Sichuan Provincial People's Association for Friendship with Foreign Countries, and Chengdu Administration of Foreign Experts Affairs, attended the forum. Attendants of the forum also include: project members from State Administration of Foreign Experts Affairs P. R. China's project on *Blue Book on China's Foreign Talent and Intelligence Introduction Report*, representatives from The Recruitment Program of Global Experts, foreign talents, the business community and Center for China and Globalization (CCG), as well as scholars on behalf of Southwestern University of Finance and Economics, etc. Dan Yang, vice president of Southwestern University of Finance and Economics, attended the forum and delivered an opening speech. With a theme on "Foreign Talent and Intelligence Introduction", Huiyao Wang, State Department counselor and president of Institute of Development Studies (SWUFE), presided over the forum.

Keywords: Development and Outlook Forum; Foreign Talent and Intelligence Introduction; Talent Work

Abstract: Abstract: On December 17, 2016, Southwestern University of Finance and Economics and Center for China and Globalization (CCG) held The 2nd China Talent 50 Forum and the 3rd Development and Outlook Forum. More than fifty people in the field of talent research, including famous experts and scholars, leaders from relevant government agencies, as well as businessmen, attended the forum. Among them, there were: Xiaochu Wang, vice chairman of The National People's Congress of the People's Republic of China, director of China Association for Continuing Engineering Education, and former vice minister of Human Resources and Social Security of the People's Republic of China, Xian He, president of China Talent Research and former vice minister of Human Resources and Social Security of the People's Republic of China, Dewu Zhao, Secretary of the Party Committee at Southwestern University of Finance and Economics, Jiang Wu, president of China Leadership Society and former president of Chinese Academy of Personnel Science, and Huiyao Wang, president of Center for China and Globalization (CCG), etc. Around the implementation of President Xi Jinping's significant address on talent work and the Five Development Concepts, this forum focused on the key points, hot points, and difficult problems of China's Talent System Reform. In-depth discussions carried out during the forum covered the following topics: how to promote Talent System Reform; how to build an internationally competitive talent system for China; and under the background of Innovation and Reform Pilot Zone's construction, how to advance Sichuan's talent development strategy systematically in the new round of the Great Western Development.

Keywords: Development and Outlook; Talent System Reform; China's Advantage; Sichuan's Talent Development Strategy

图书在版编目(CIP)数据

四川人才发展报告.2017 / 王辉耀主编. --北京：社会科学文献出版社，2017.4

（中国人才研究丛书）

ISBN 978-7-5201-0568-2

Ⅰ.①四… Ⅱ.①王… Ⅲ.①人才-发展战略-研究报告-四川-2016 Ⅳ.①C964.2

中国版本图书馆CIP数据核字（2017）第063407号

·中国人才研究丛书·

四川人才发展报告（2017）

主　　编／王辉耀

编　　者／西南财经大学发展研究院　中国与全球化智库

出 版 人／谢寿光

项目统筹／邓泳红　陈晴钰

责任编辑／陈　颖　周爱民　刘毅航

出　　版／社会科学文献出版社·皮书出版分社（010）59367127

地址：北京市北三环中路甲29号院华龙大厦　邮编：100029

网址：www.ssap.com.cn

发　　行／市场营销中心（010）59367081　59367018

印　　装／北京季蜂印刷有限公司

规　　格／开　本：787mm×1092mm　1/16

印　张：17.75　字　数：267千字

版　　次／2017年4月第1版　2017年4月第1次印刷

书　　号／ISBN 978-7-5201-0568-2

定　　价／79.00元

本书如有印装质量问题，请与读者服务中心（010-59367028）联系